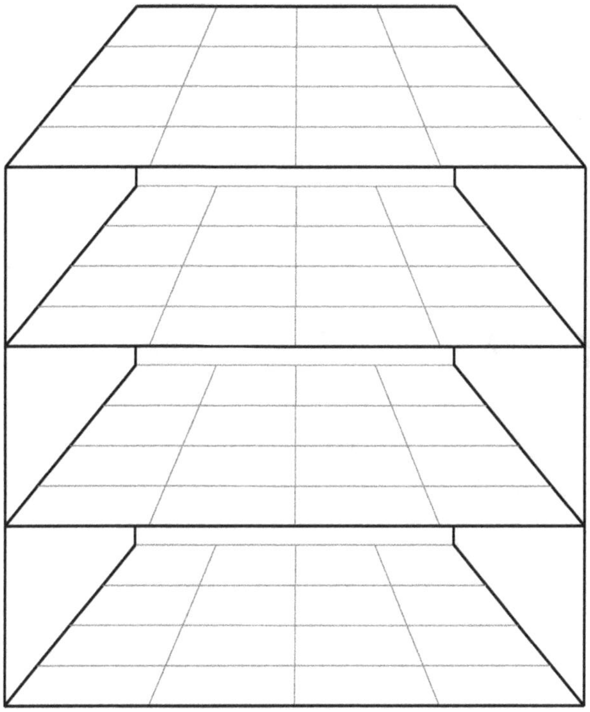

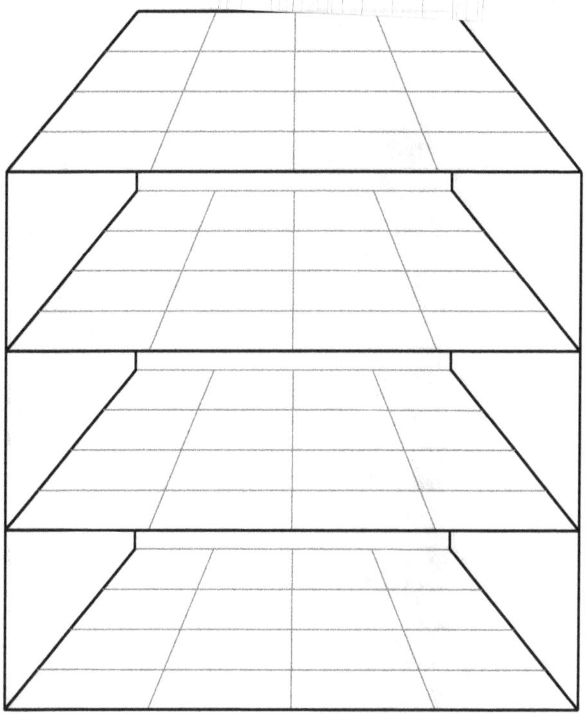

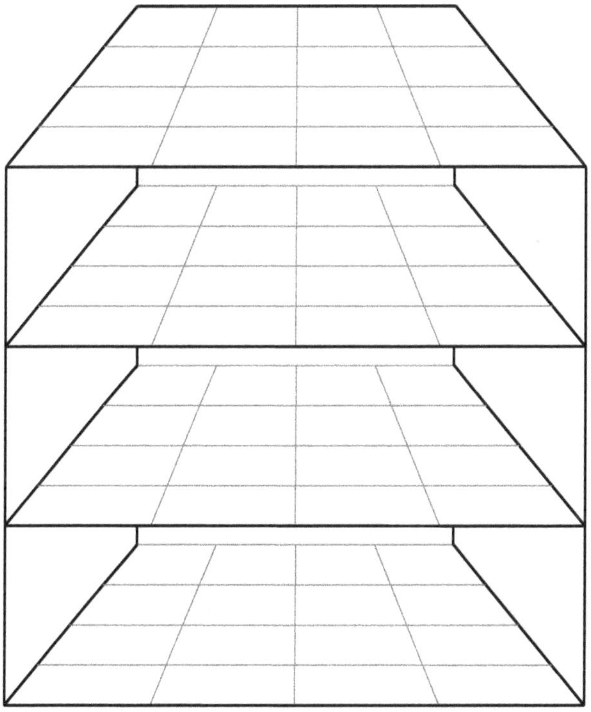

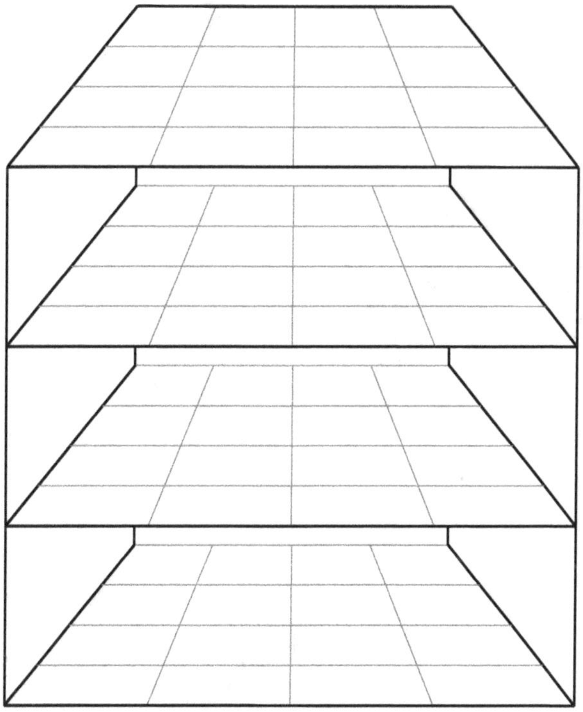

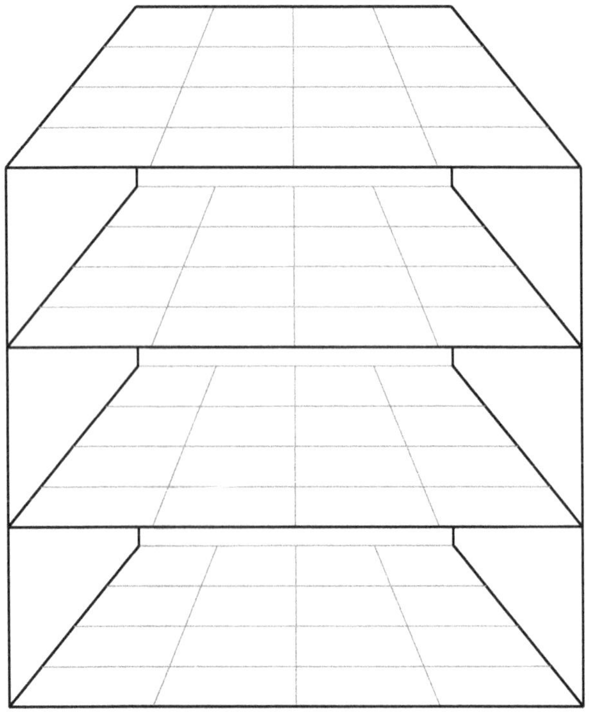
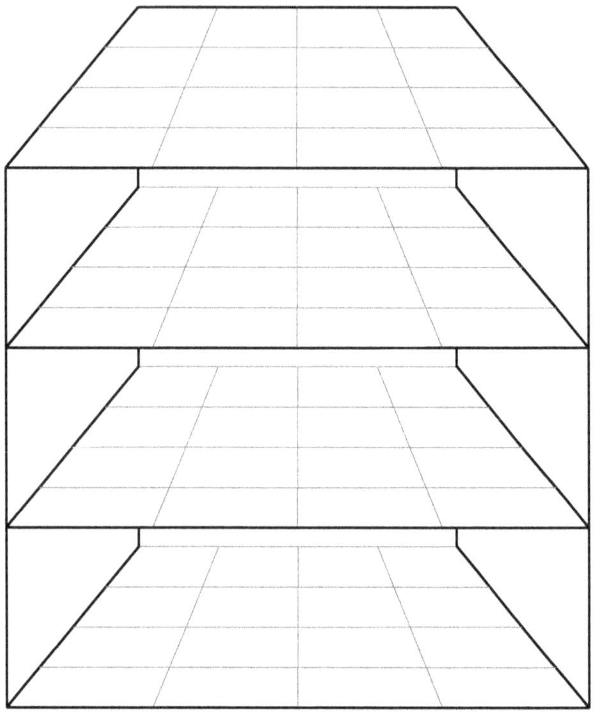
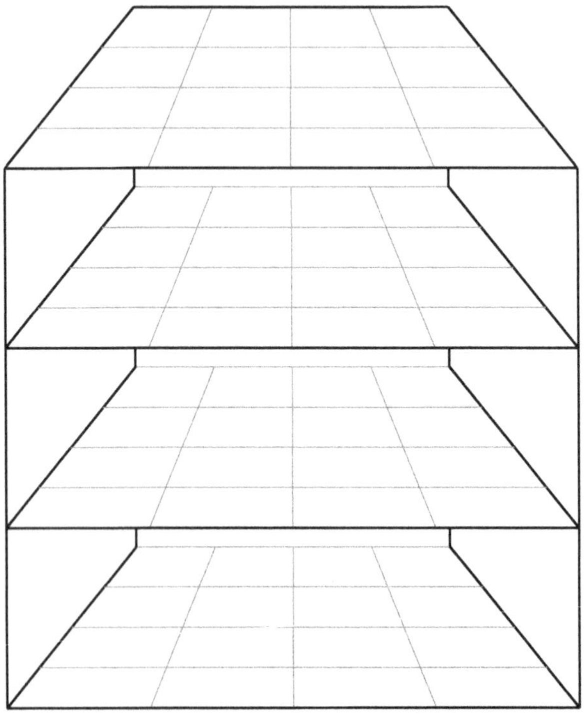
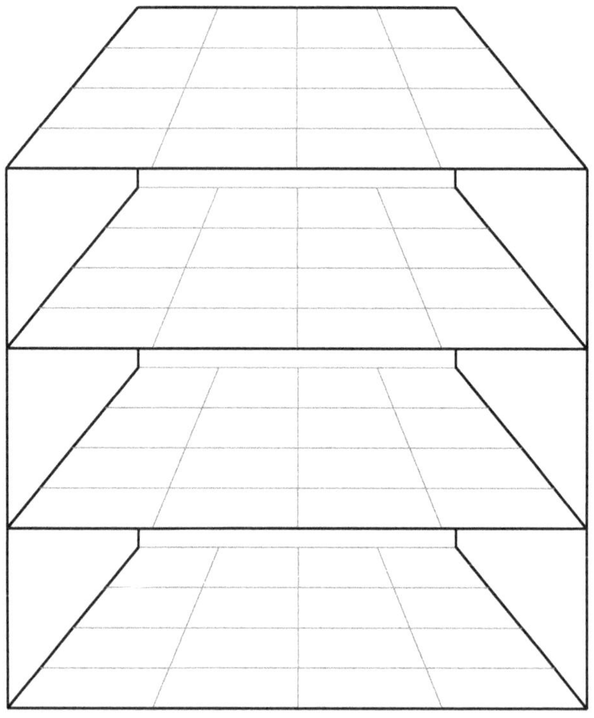

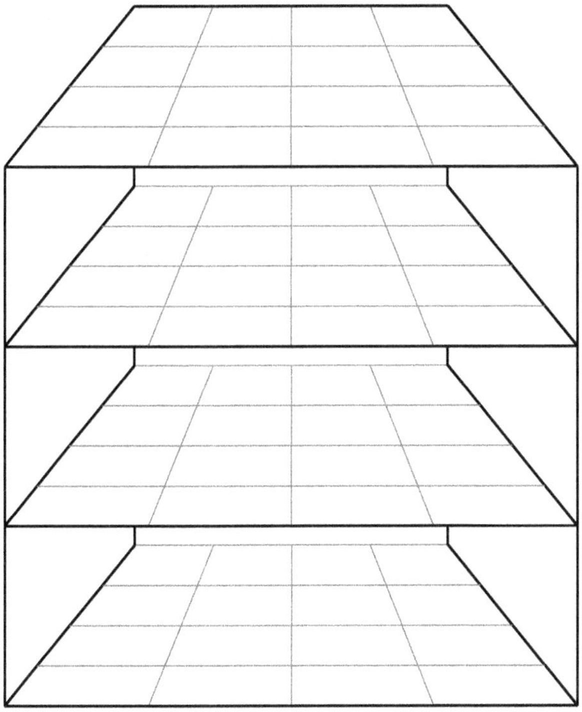
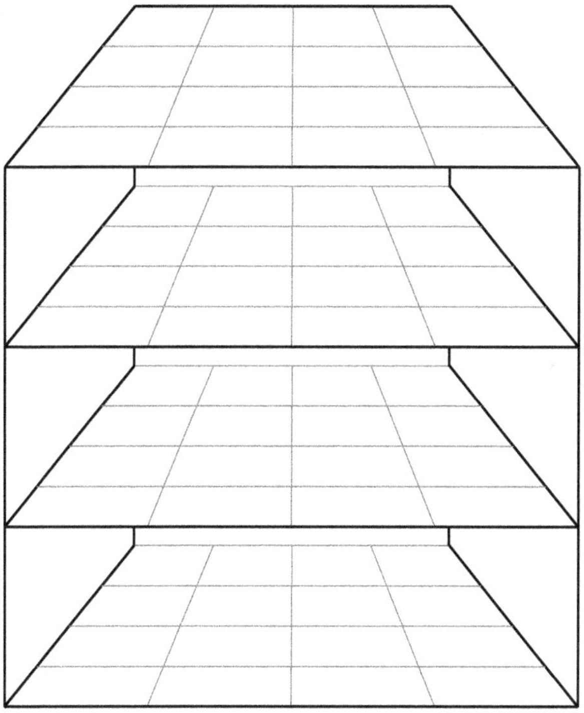
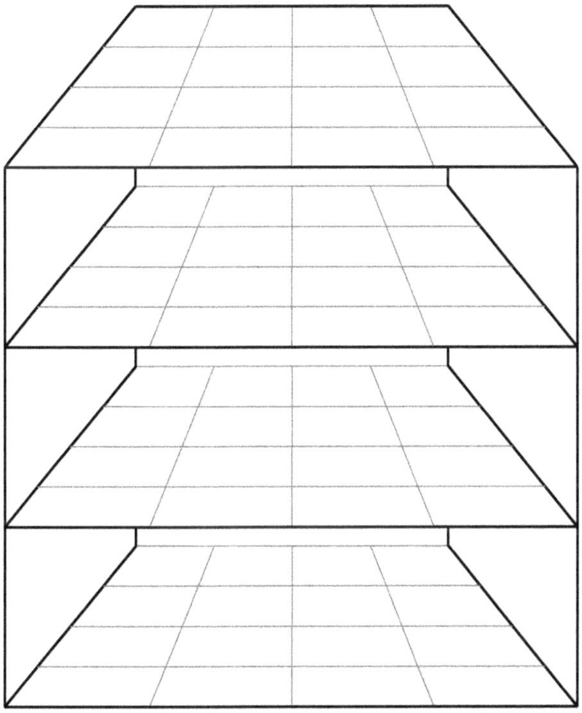
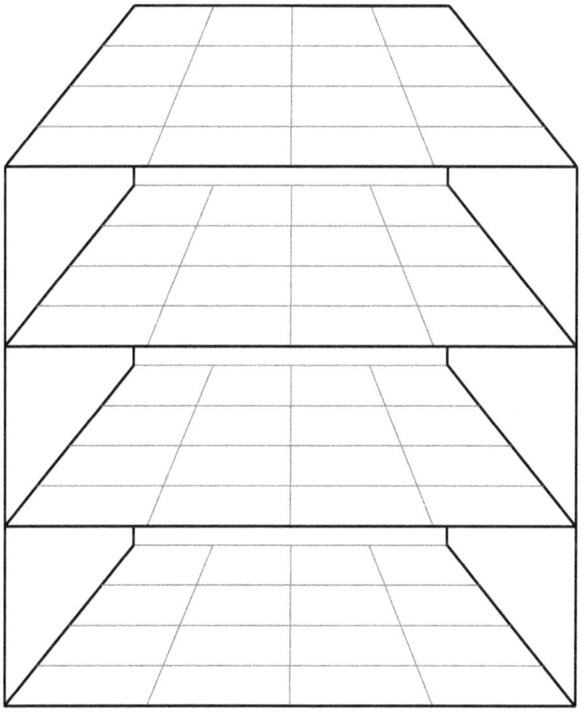

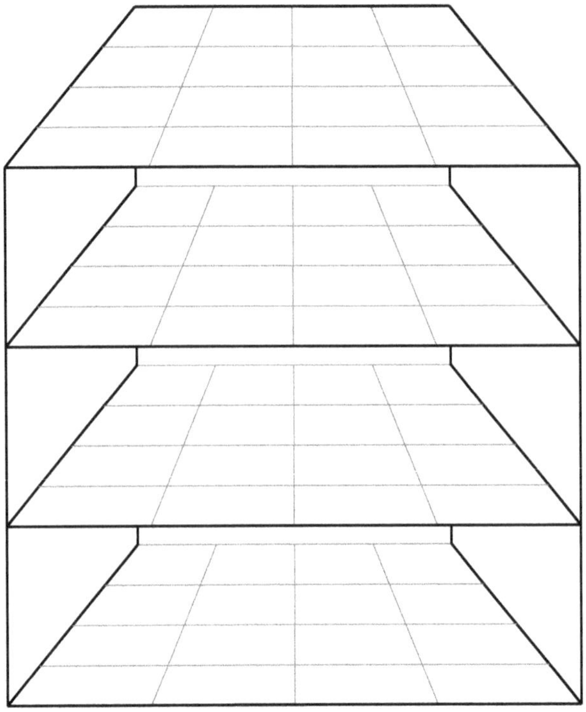
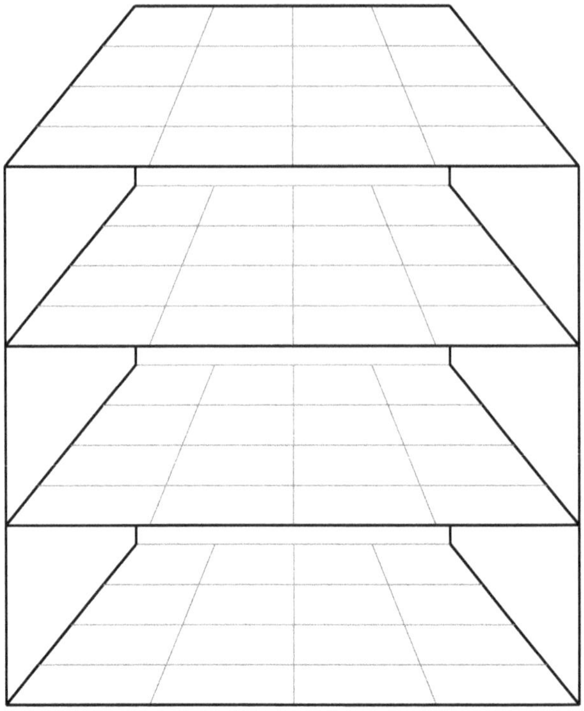
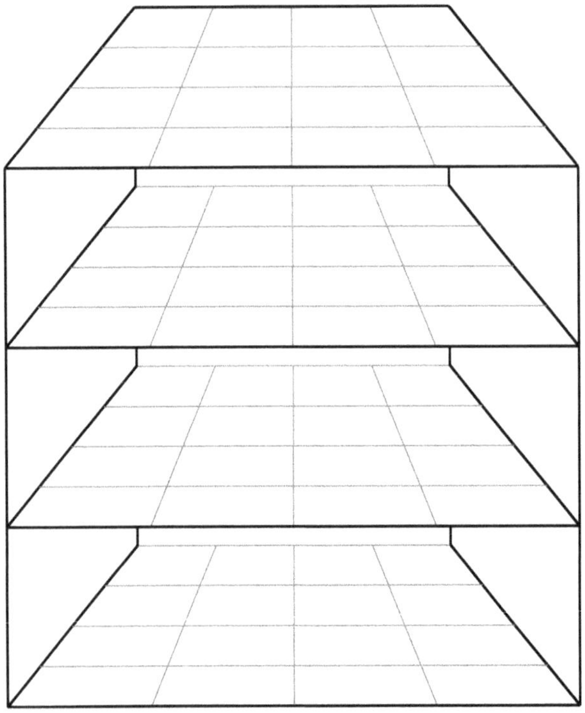
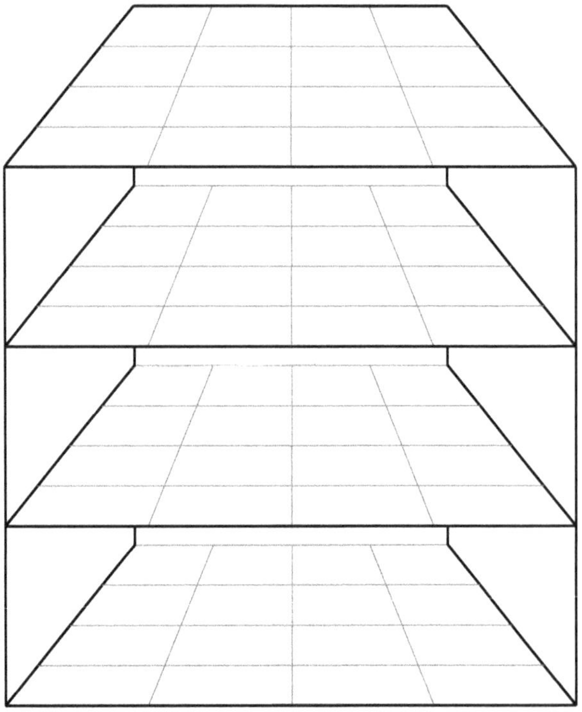

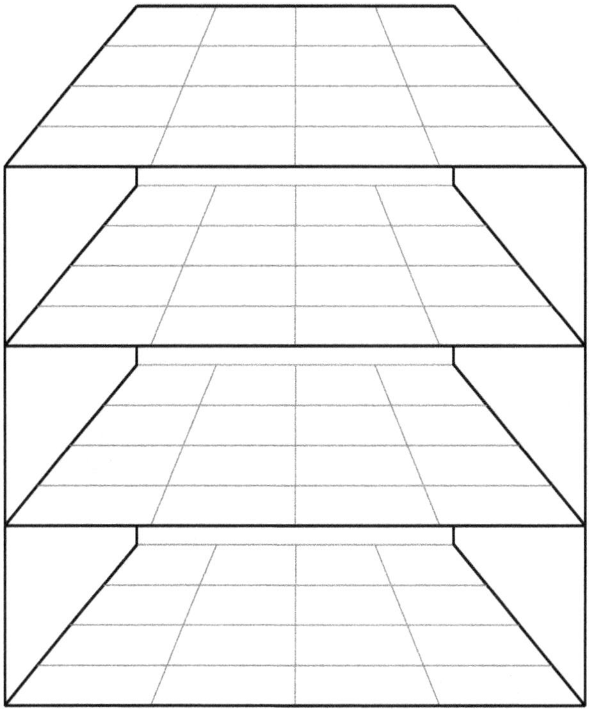
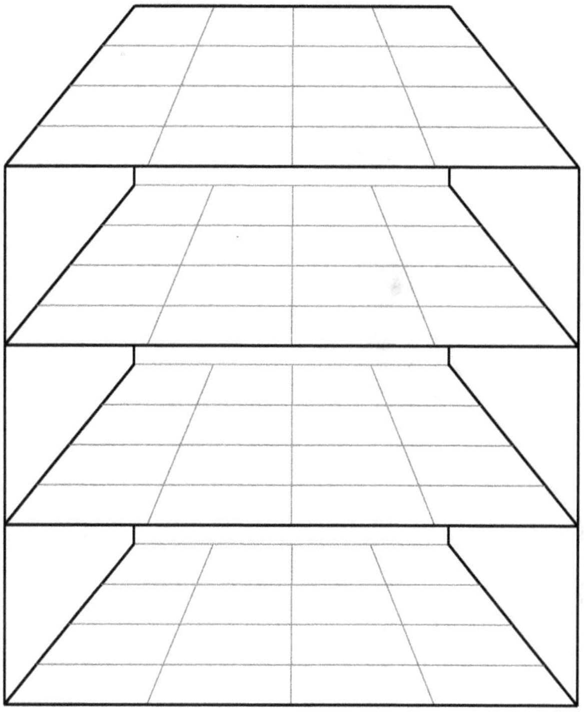
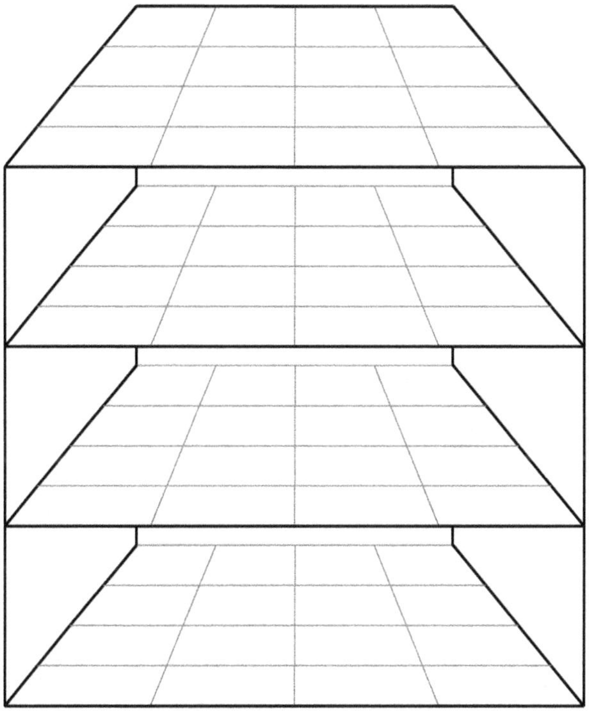
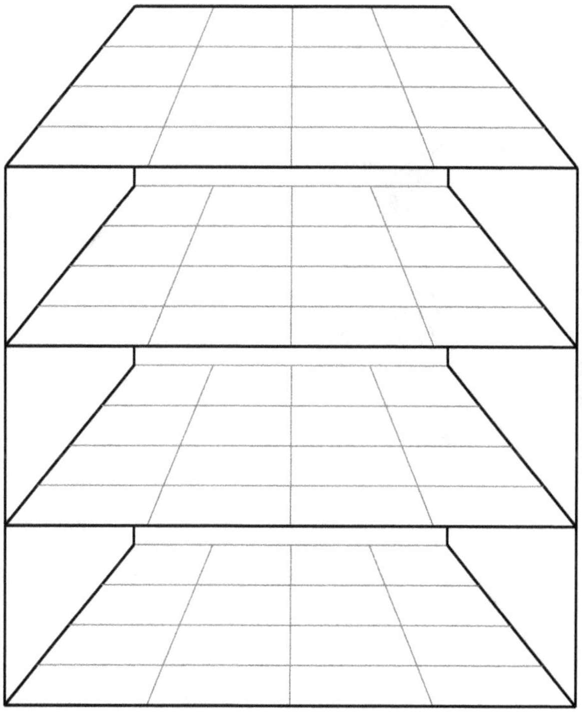

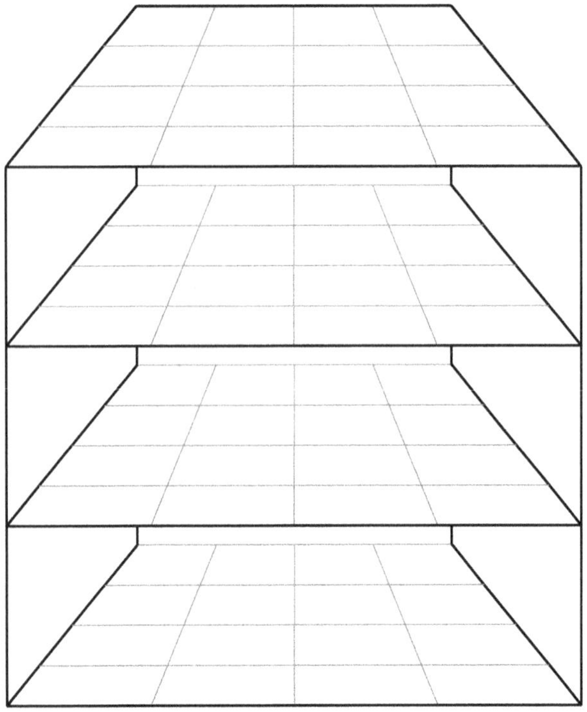
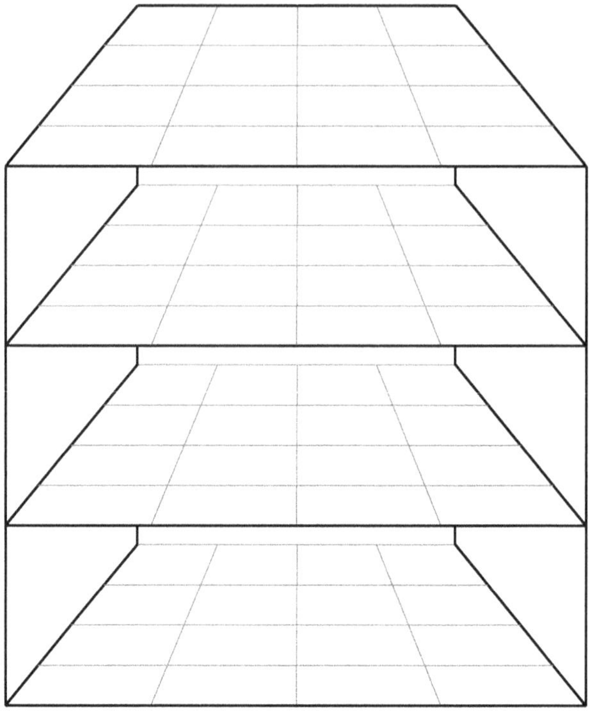
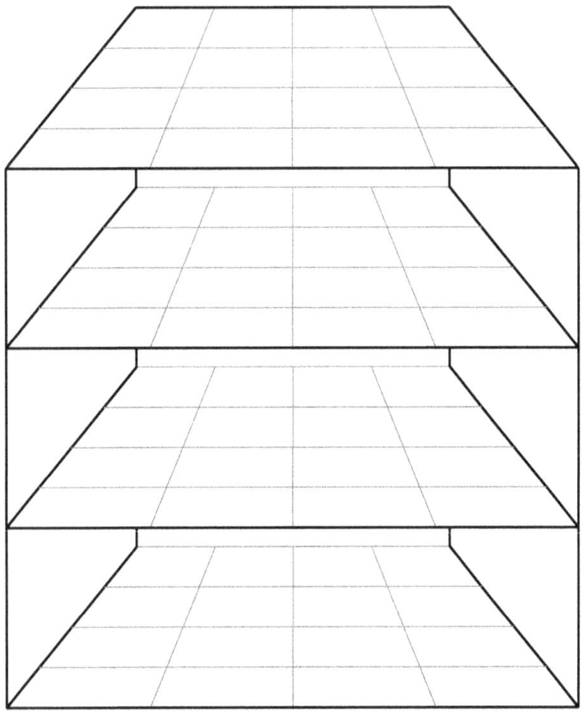
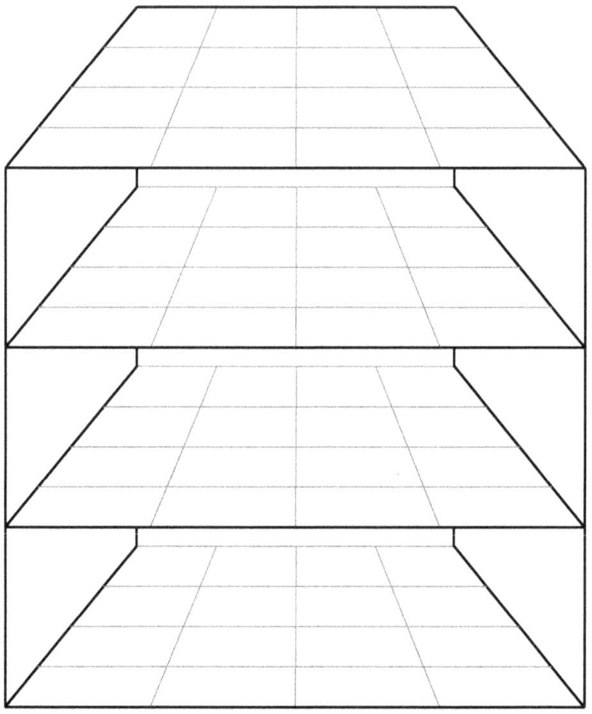

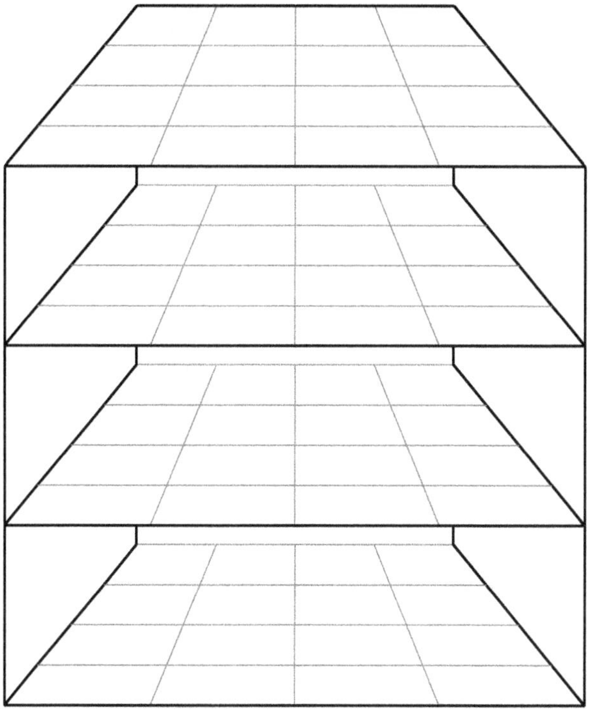
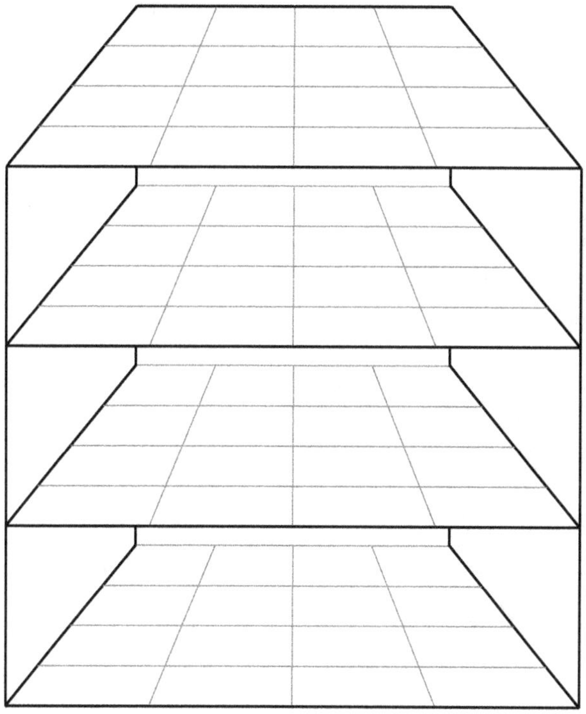
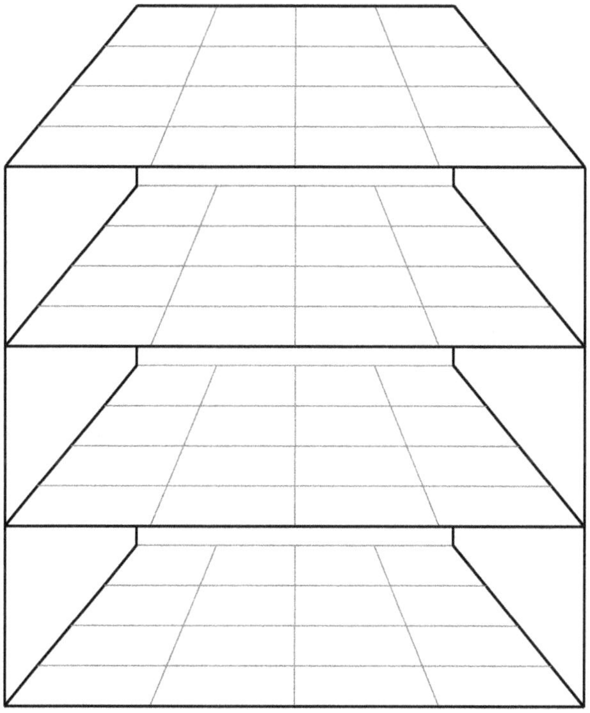
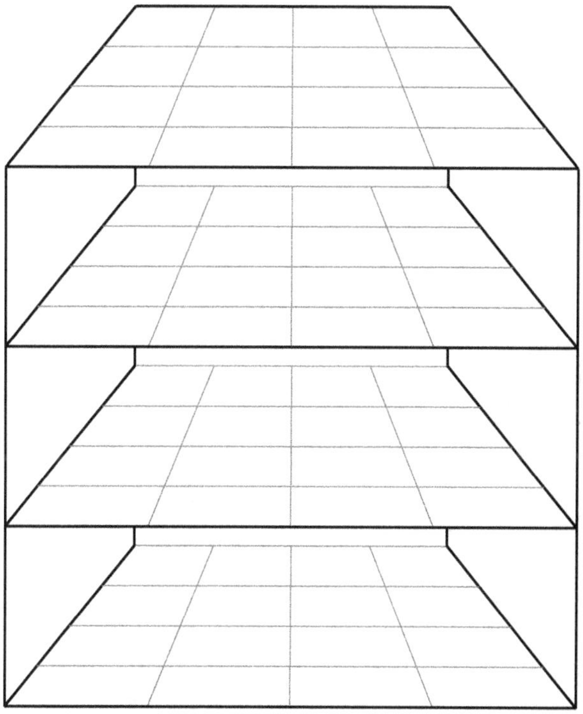

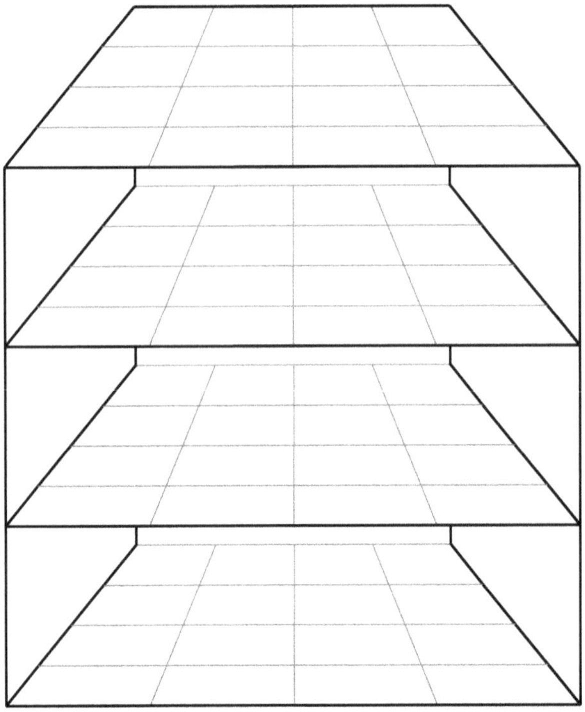

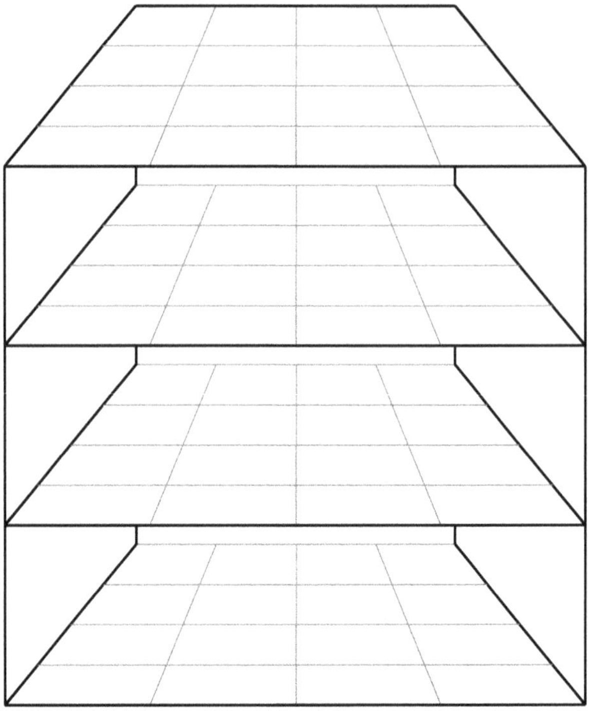

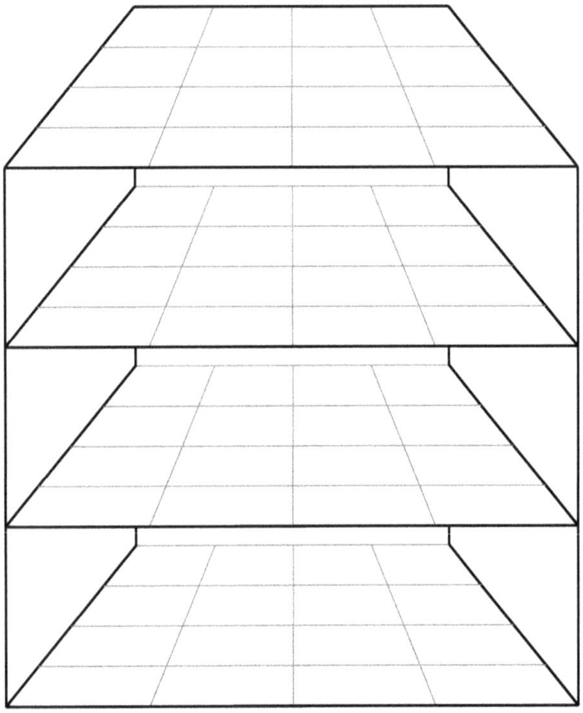

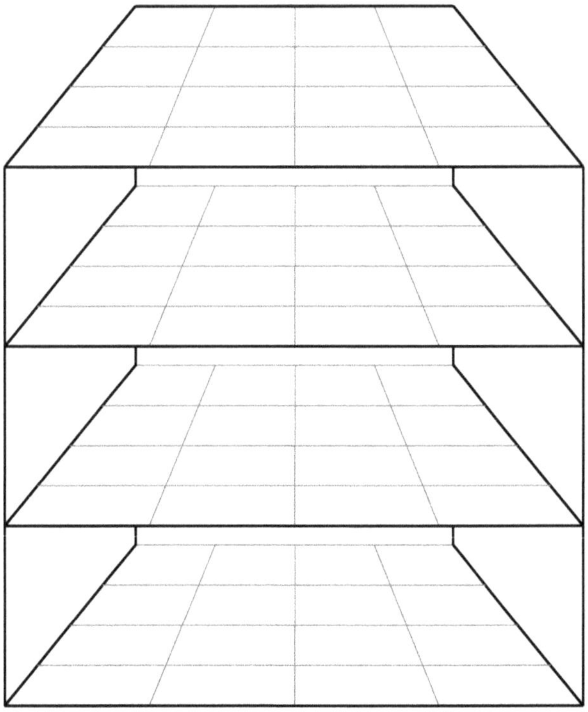

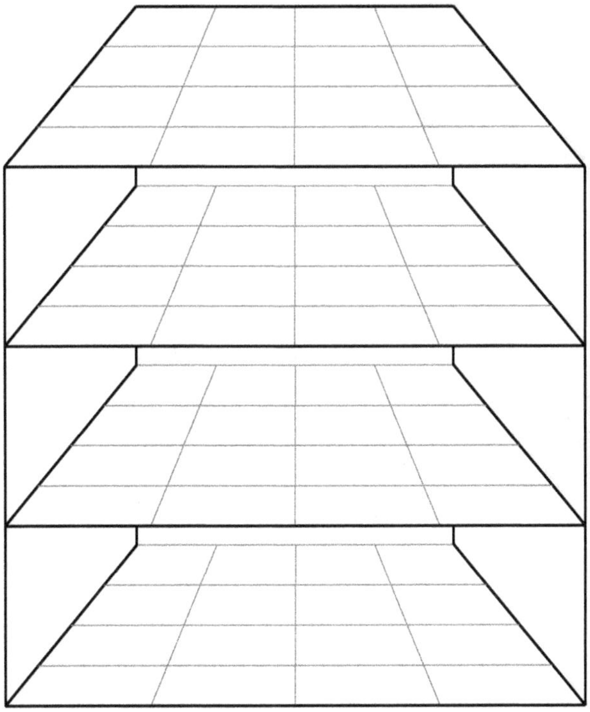
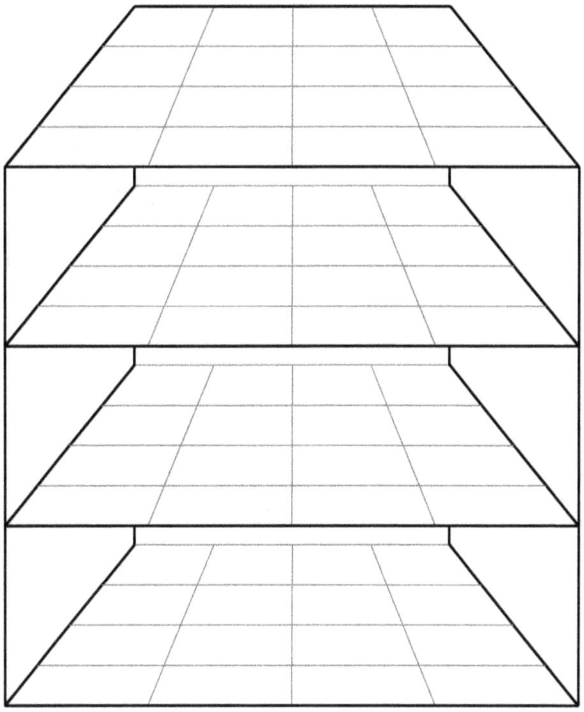
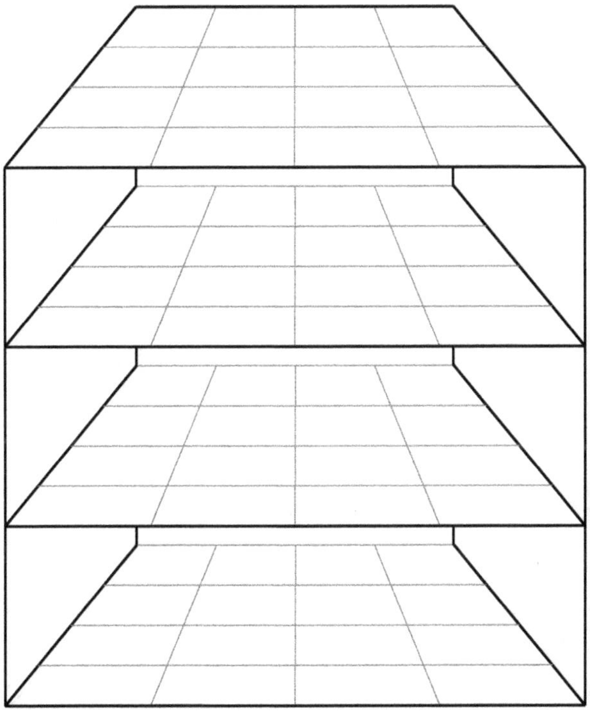
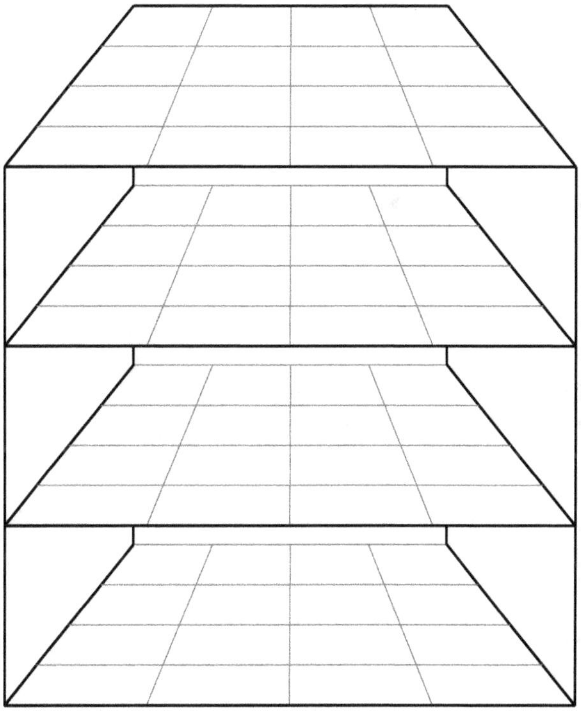

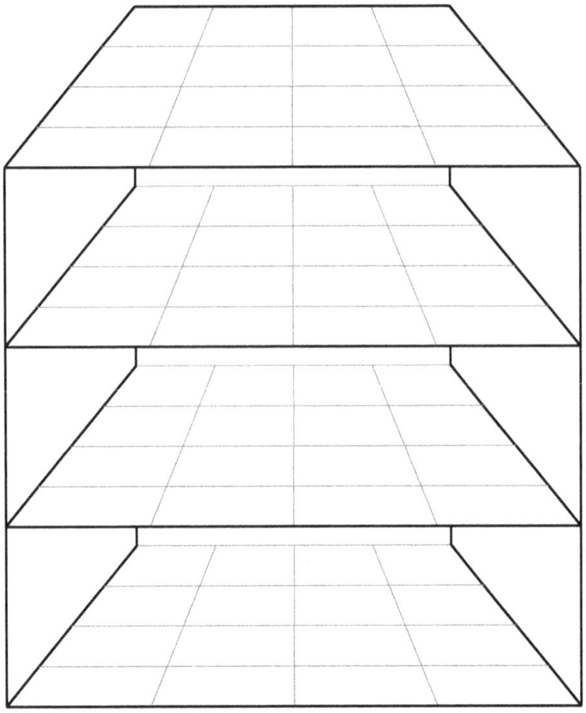

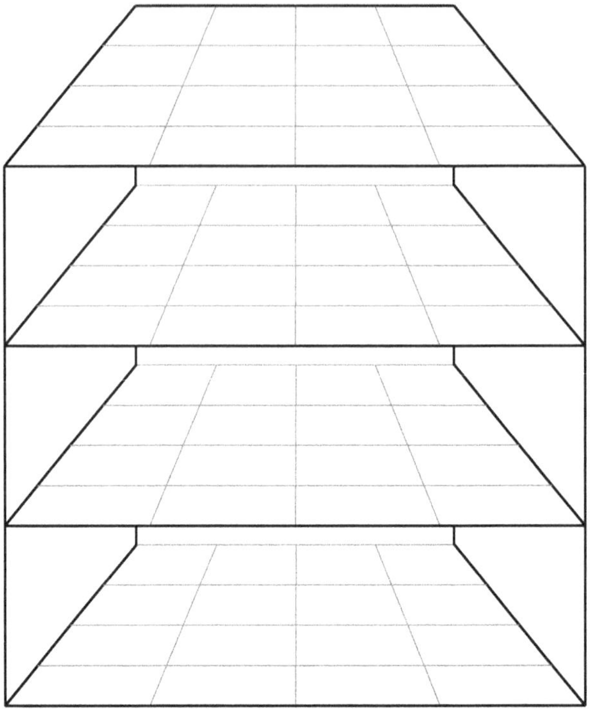

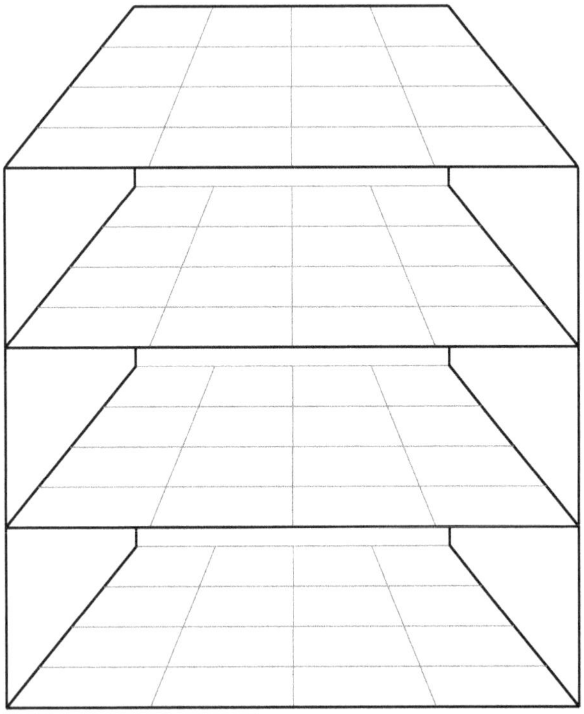

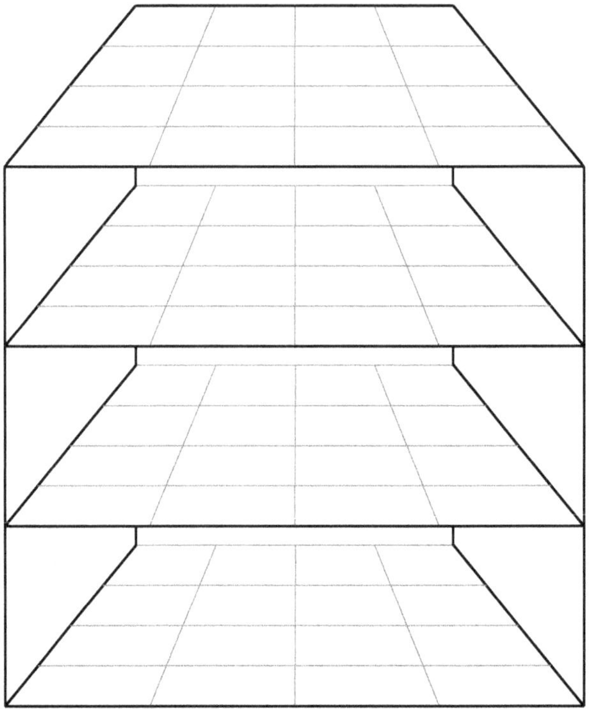

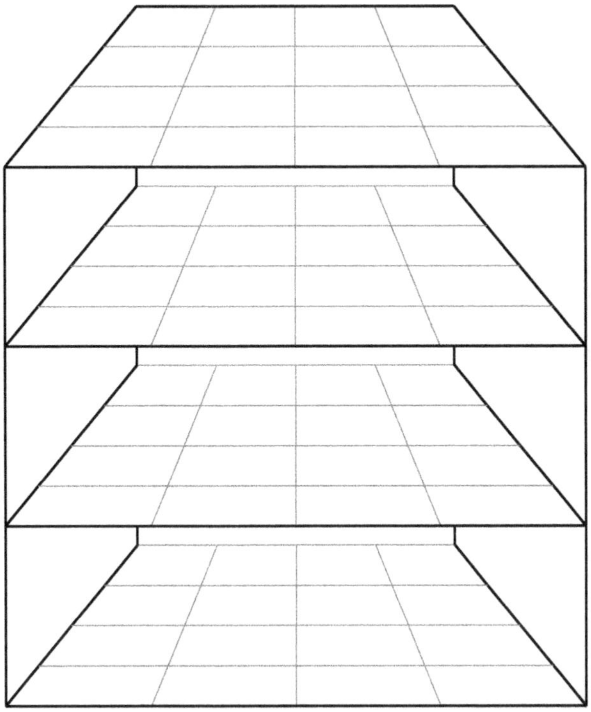
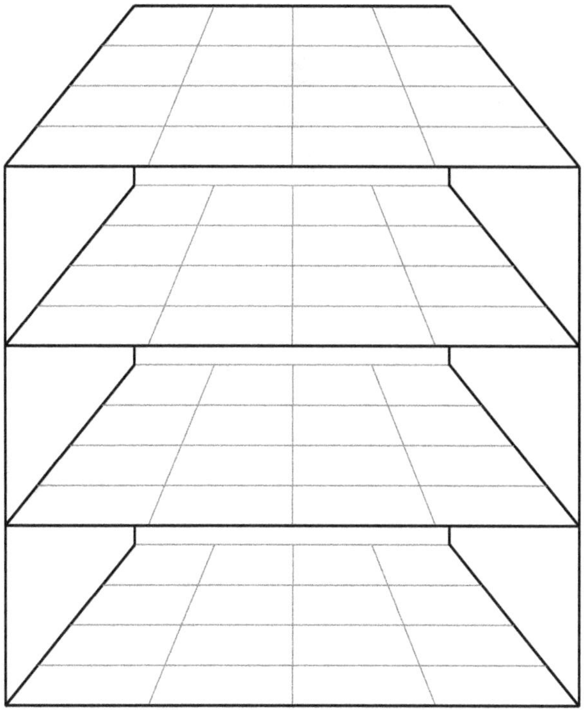
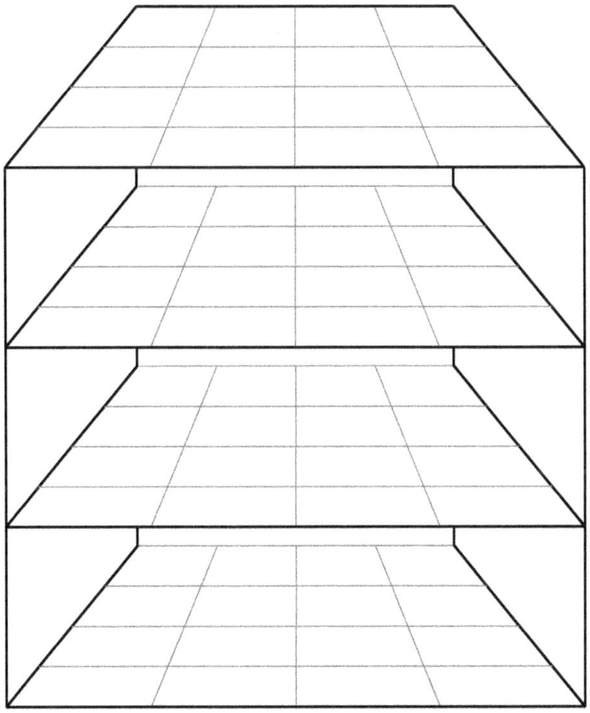
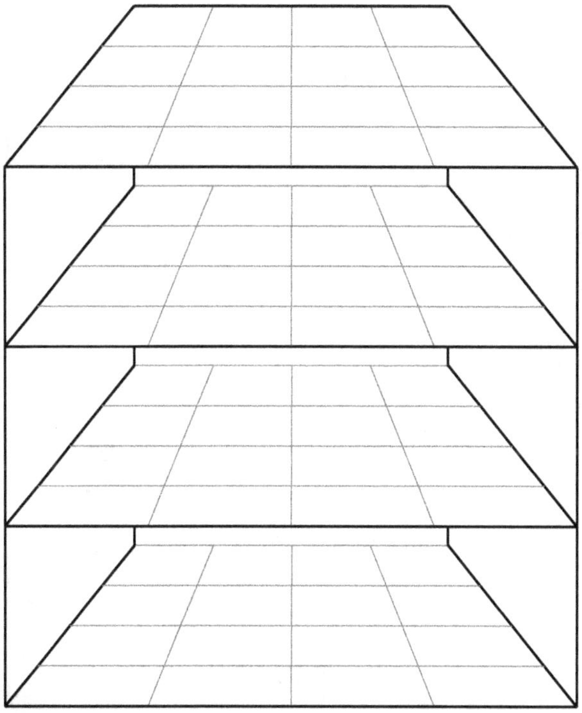

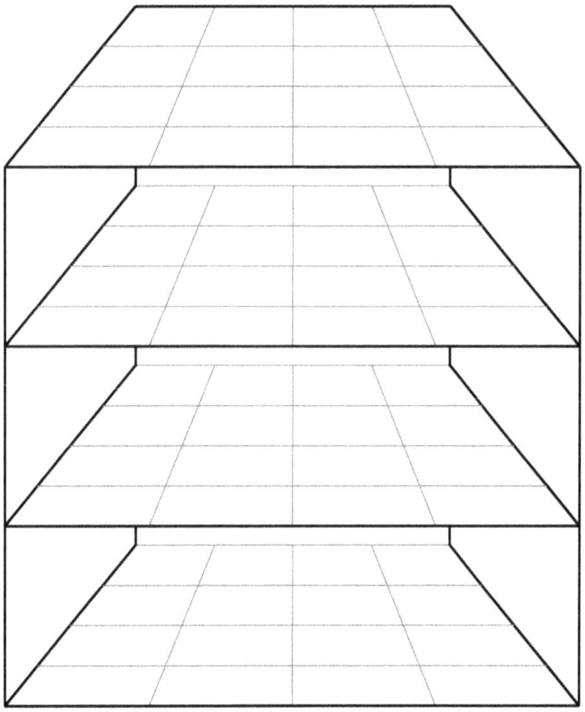
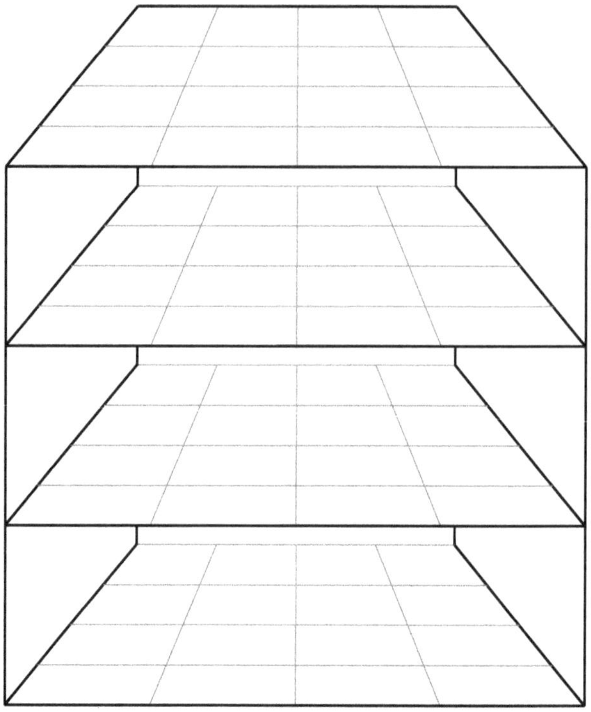
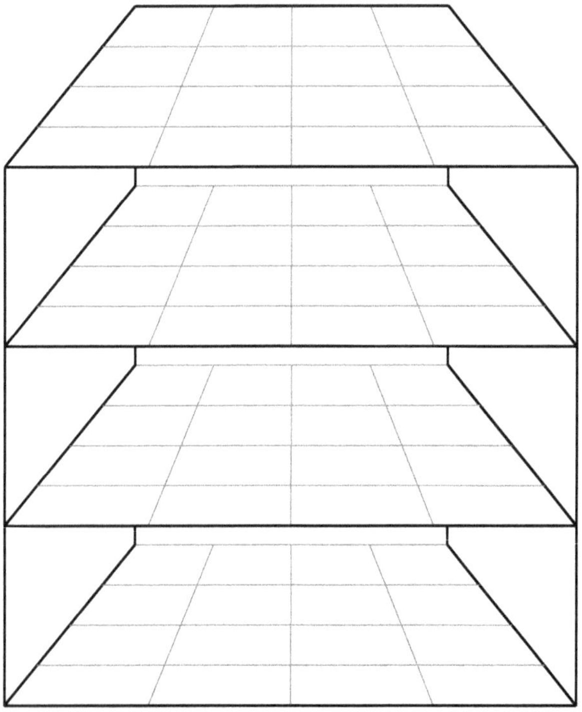
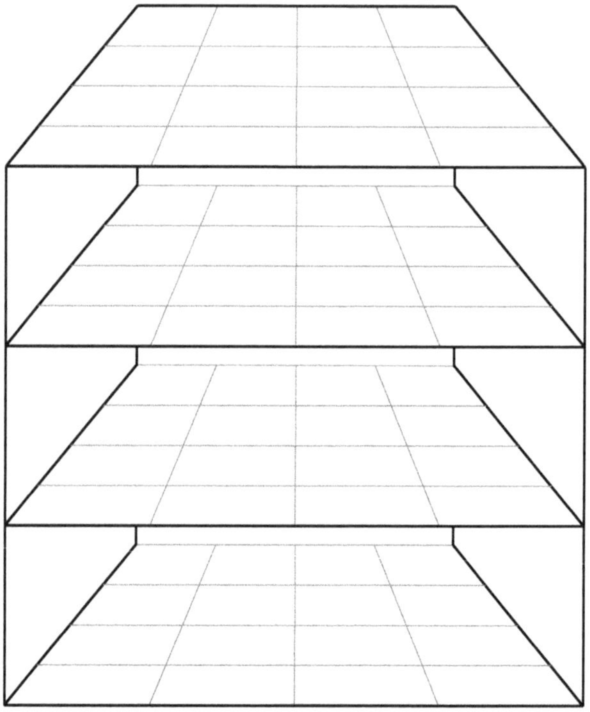

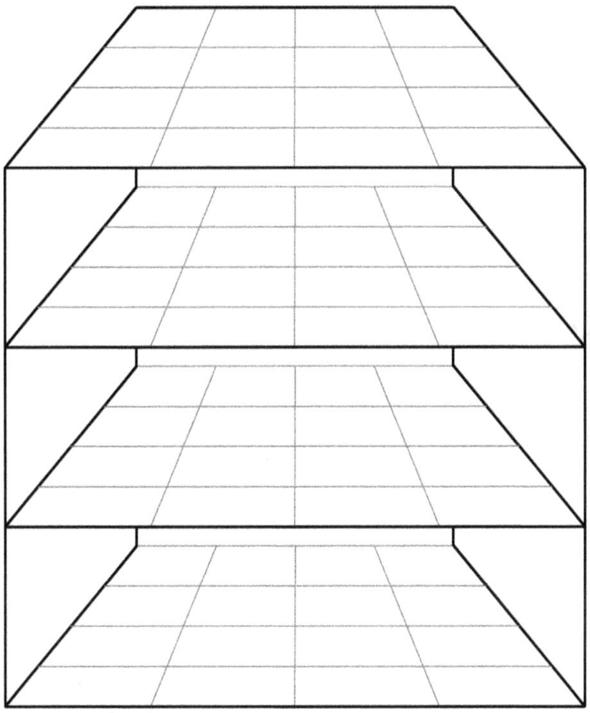
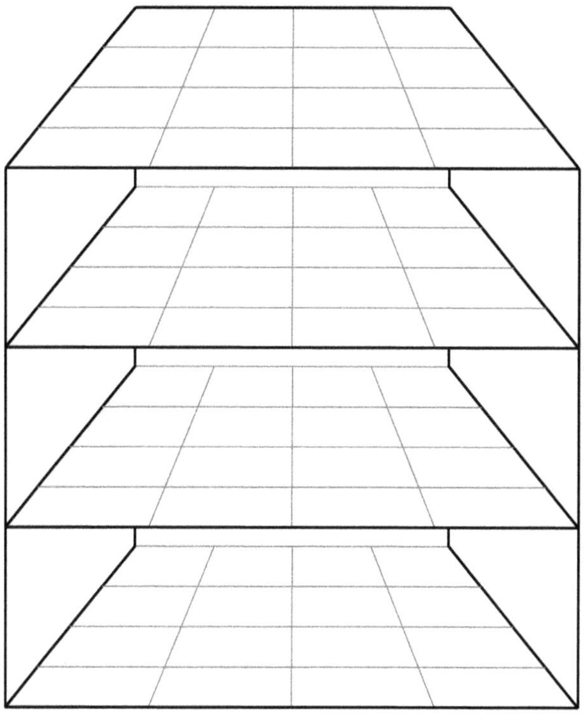
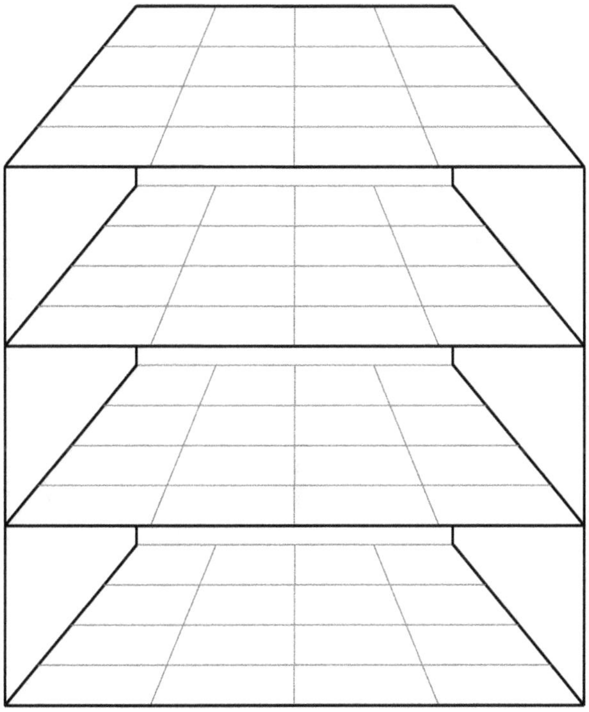
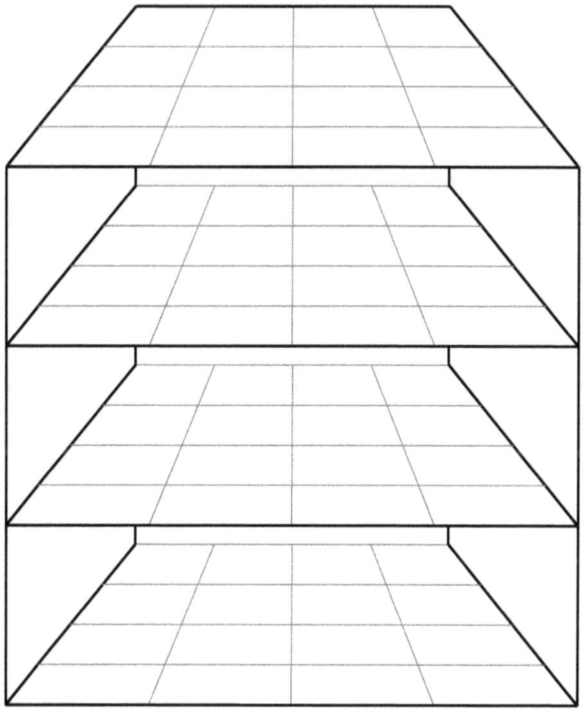

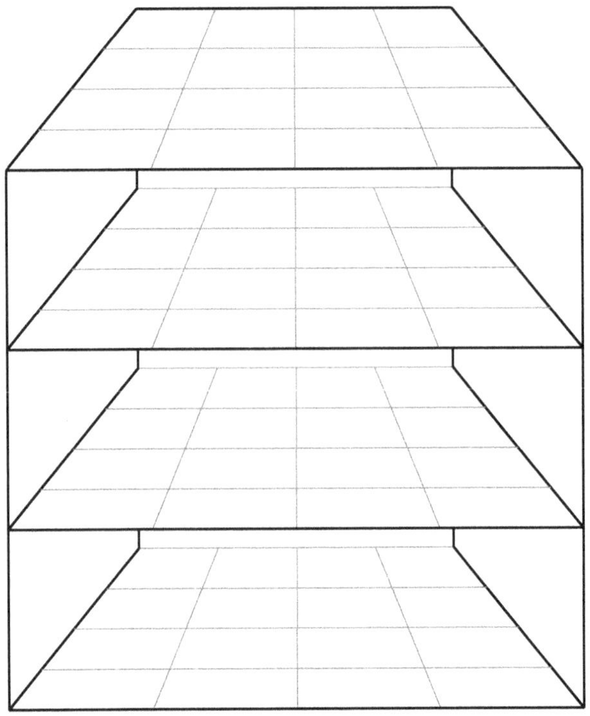

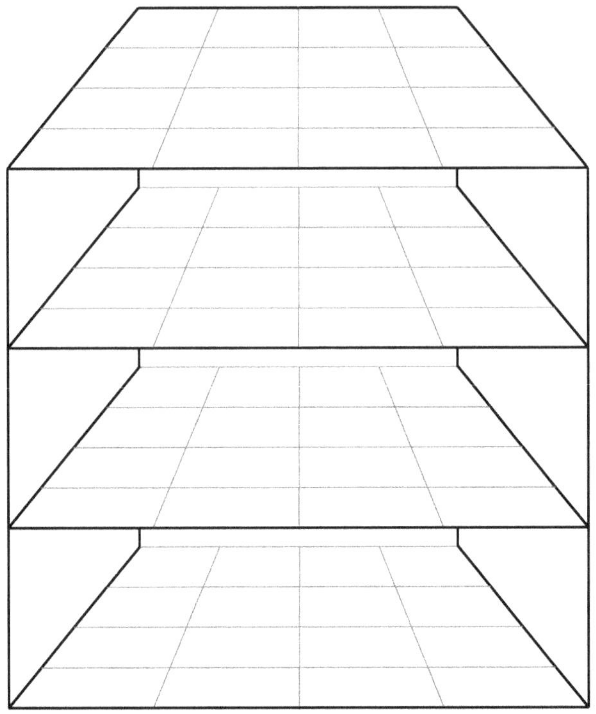

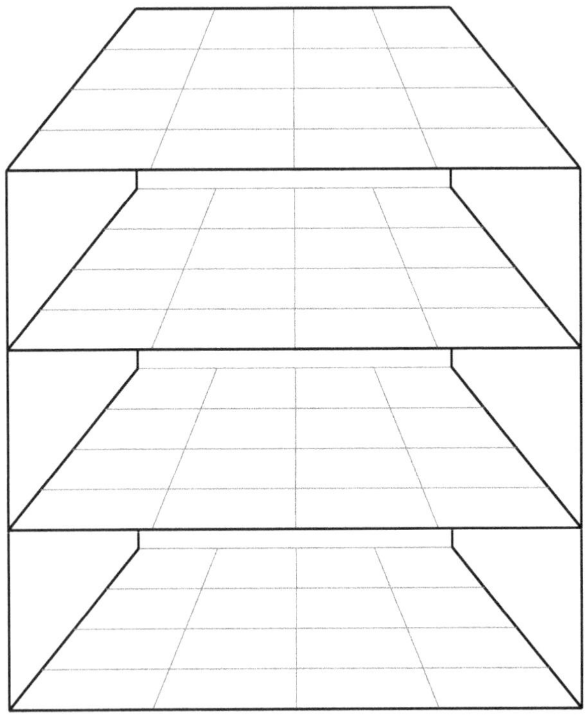

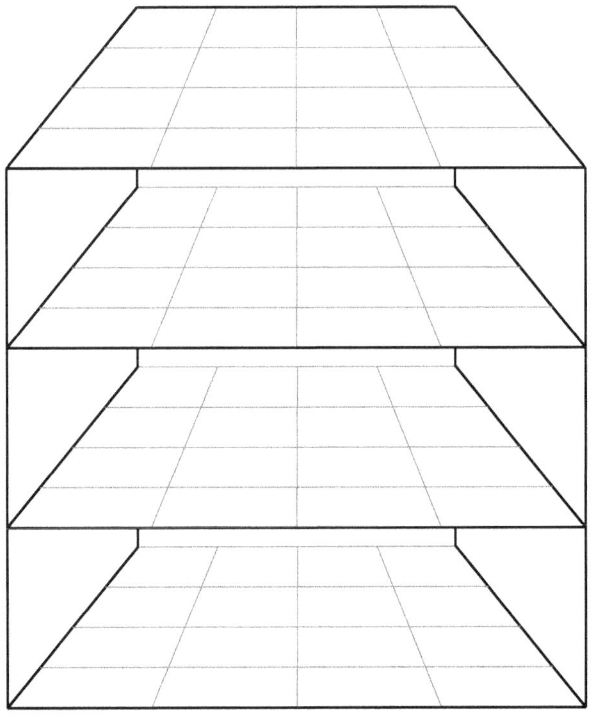

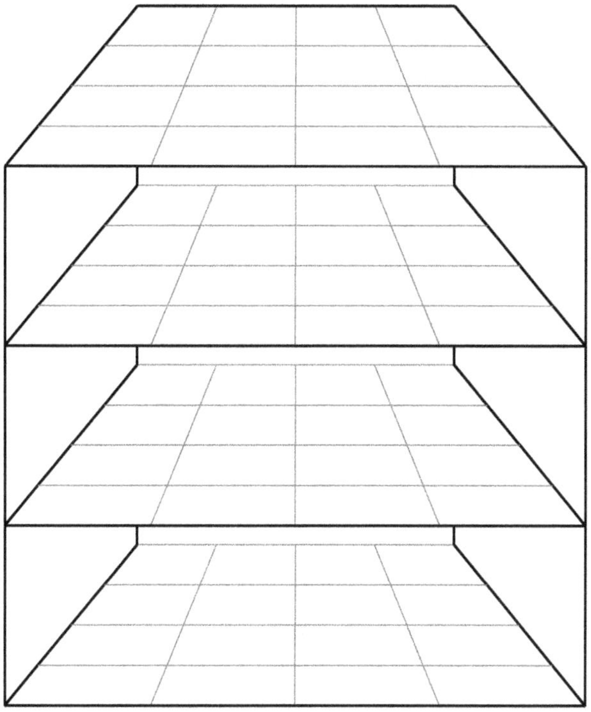
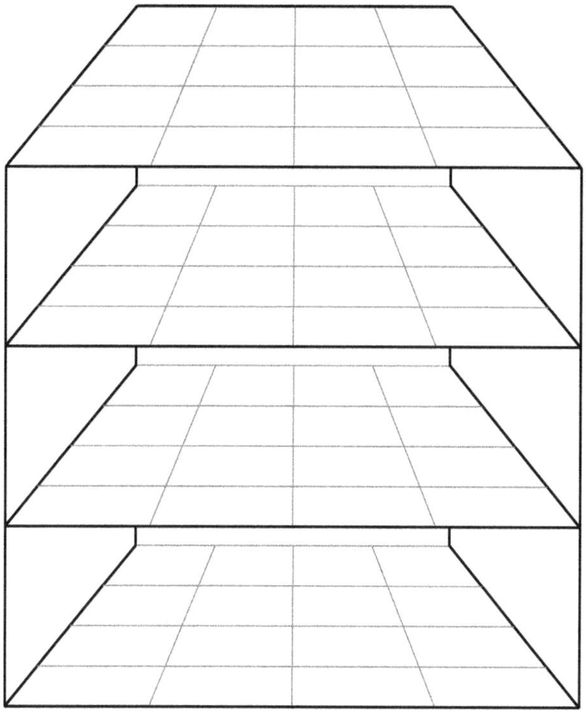
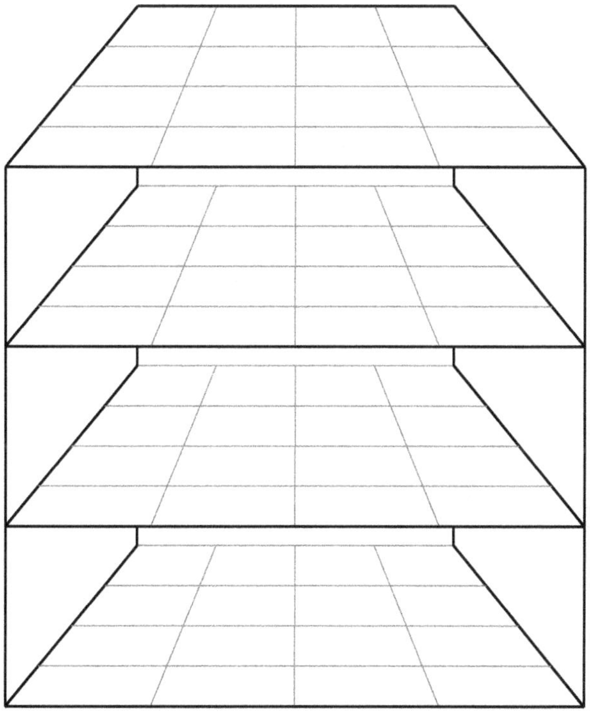
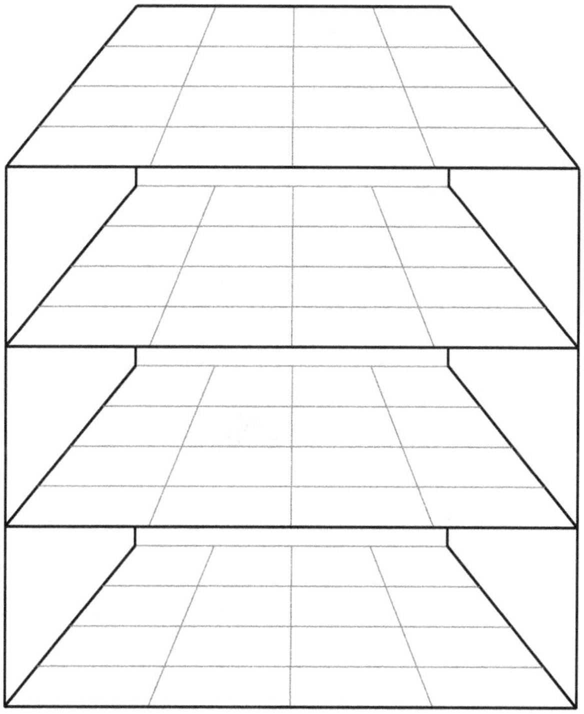

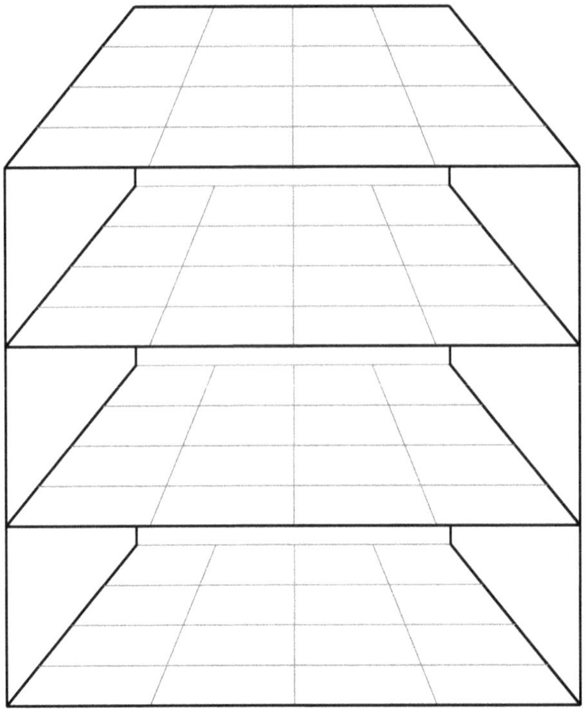

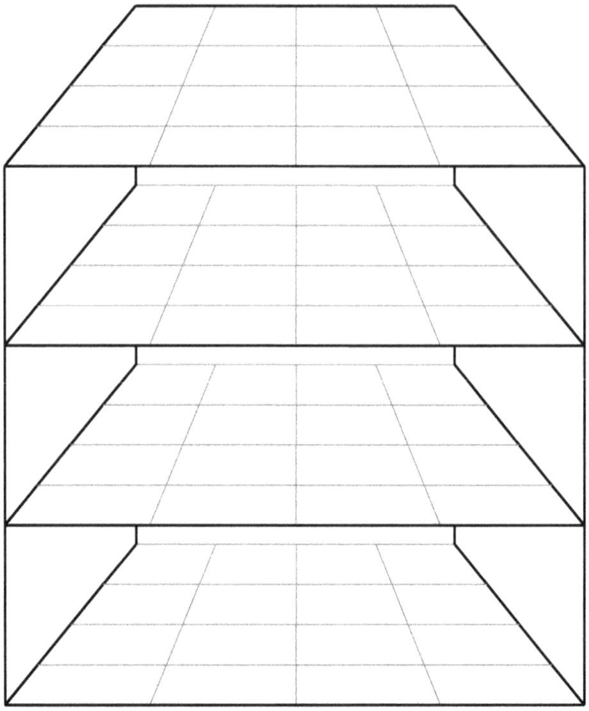

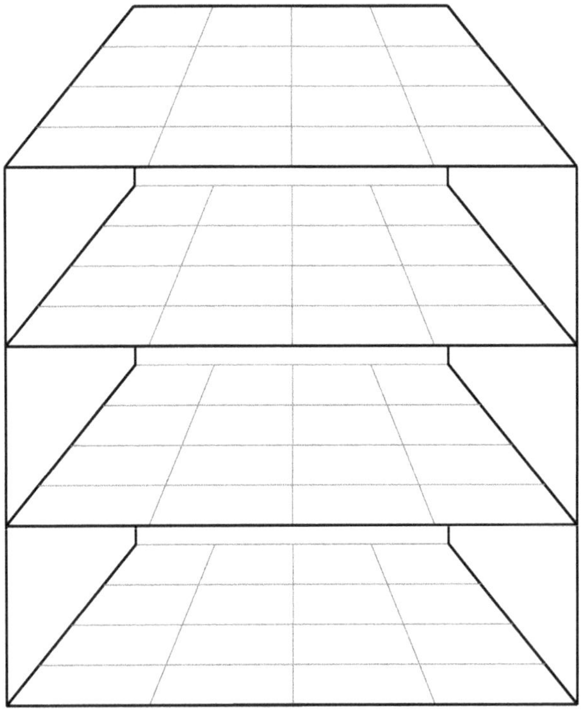

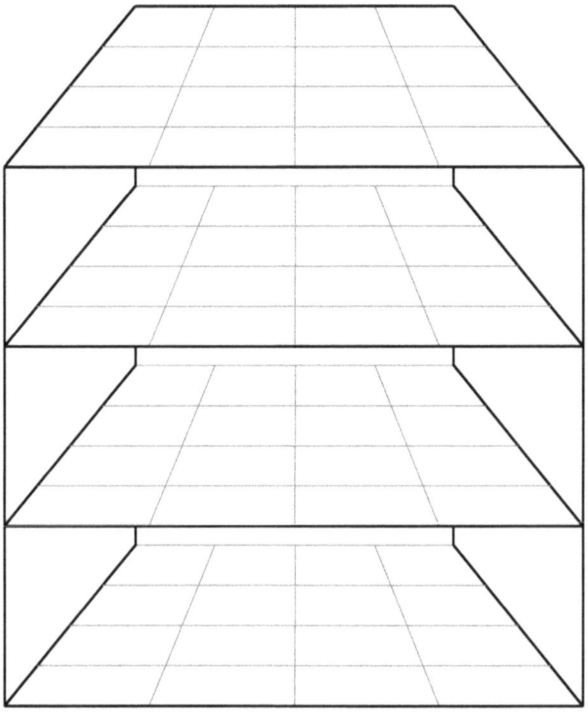

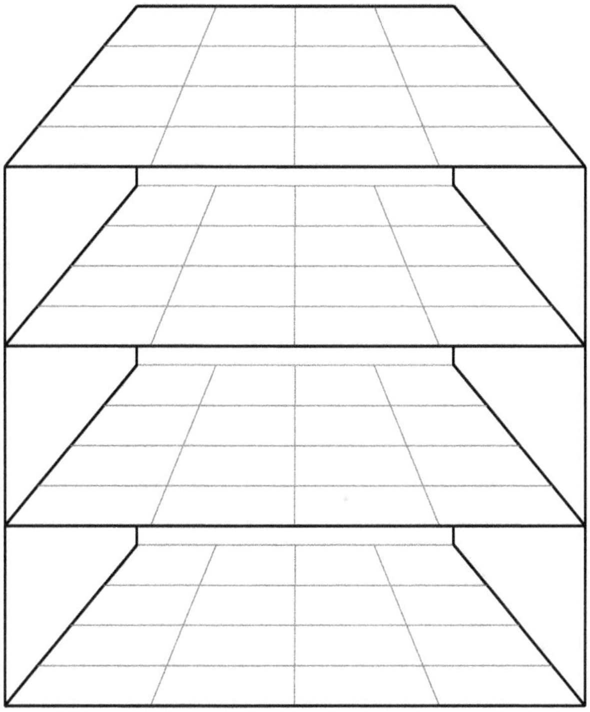
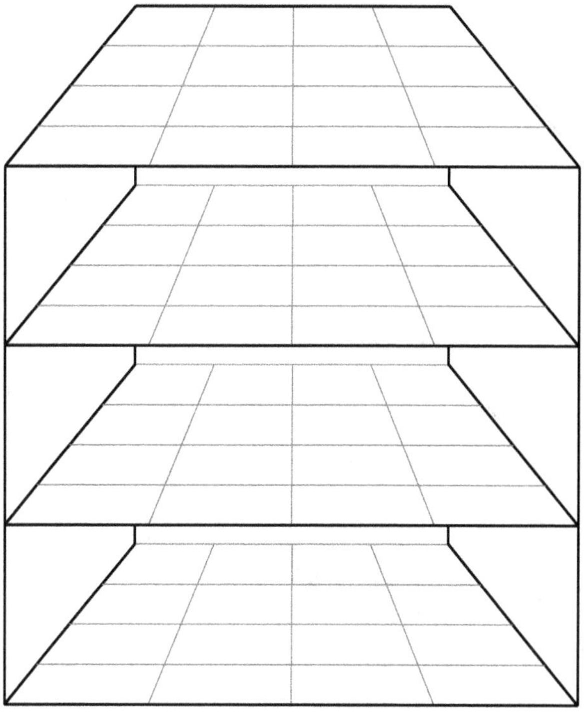
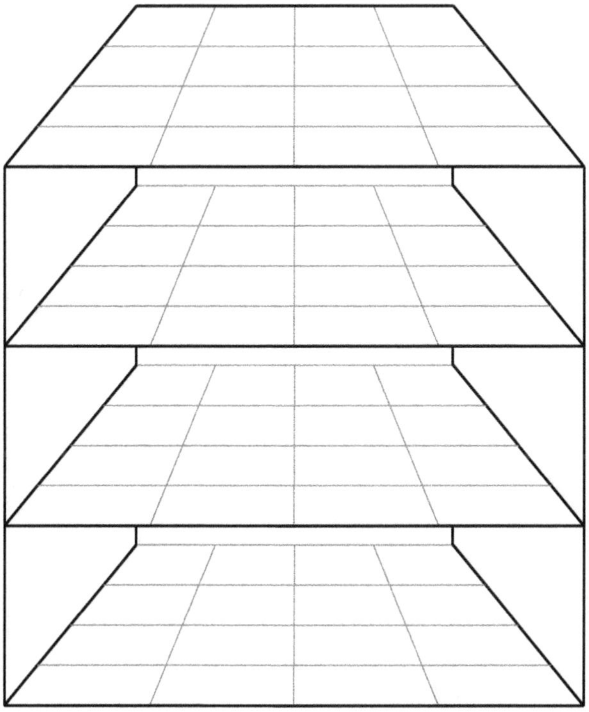
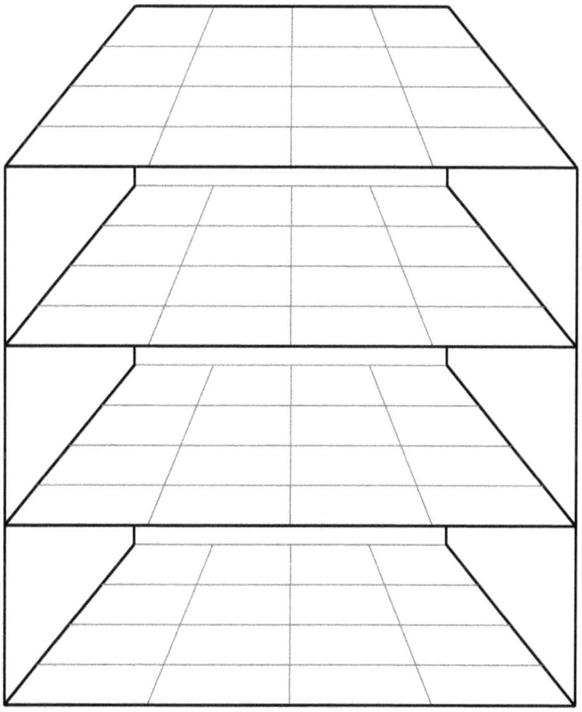

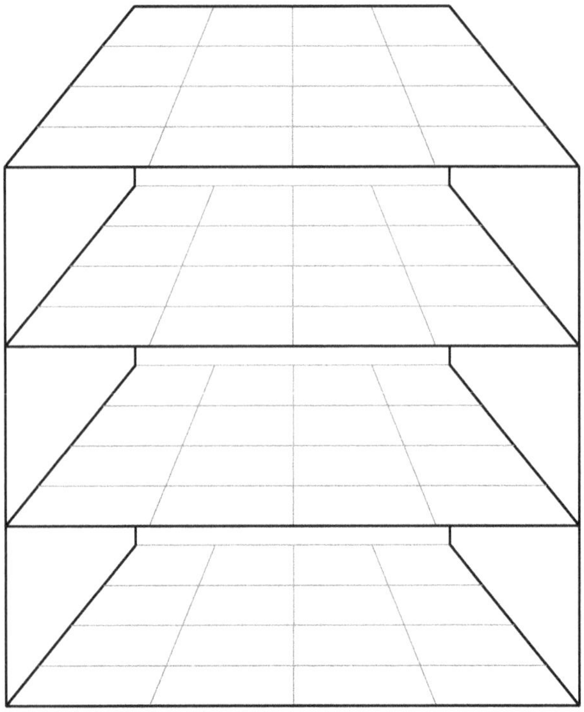
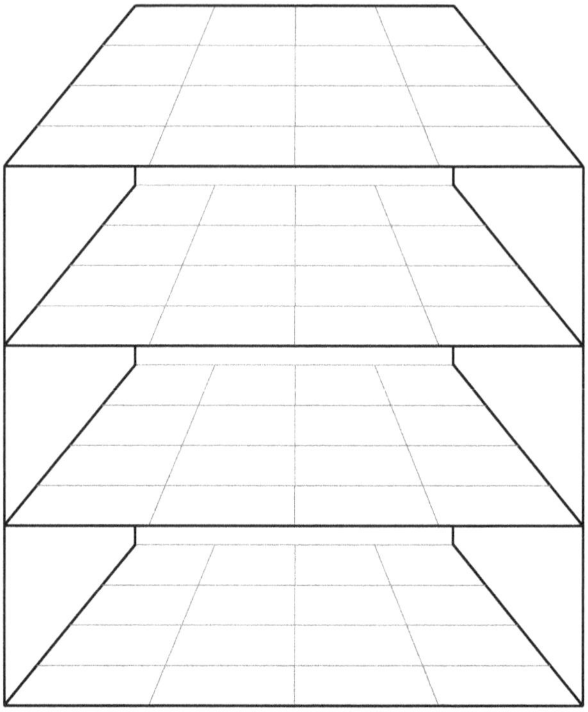
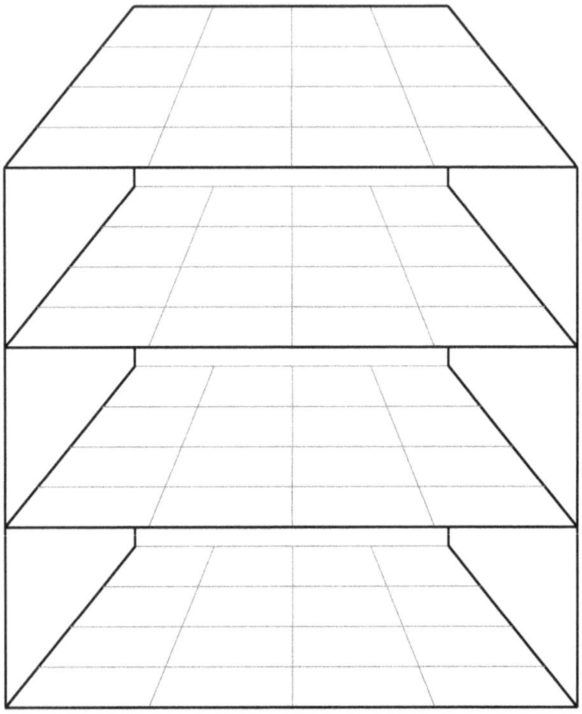
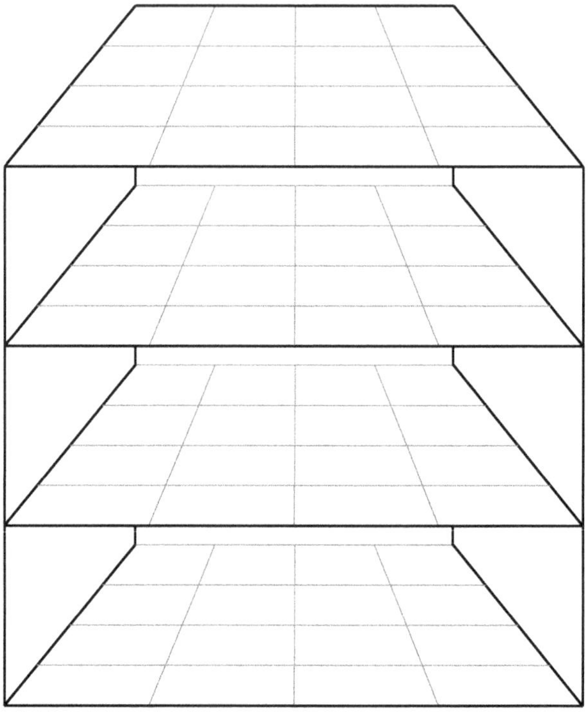

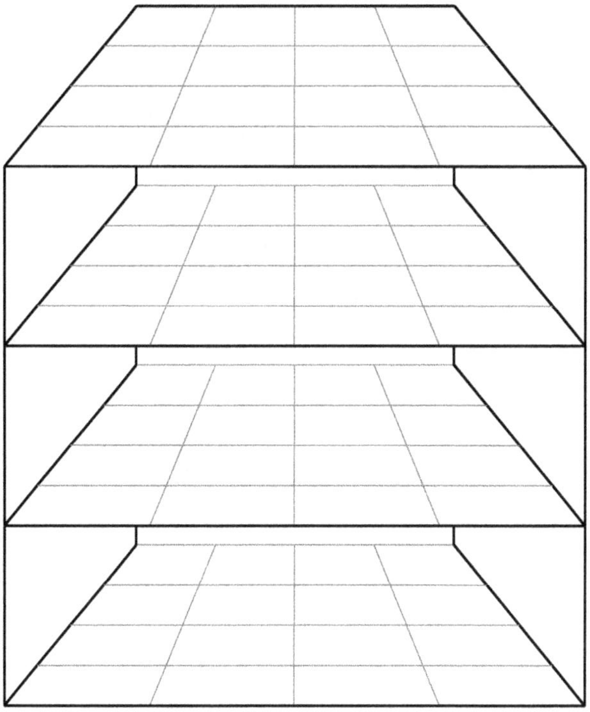
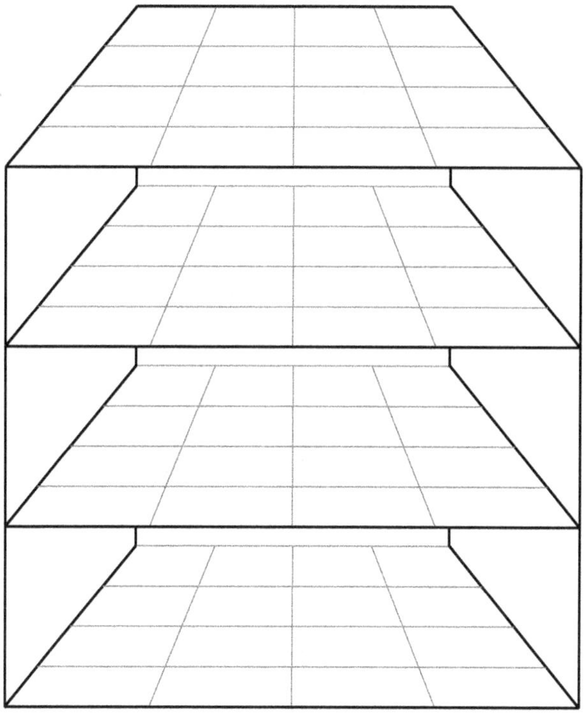
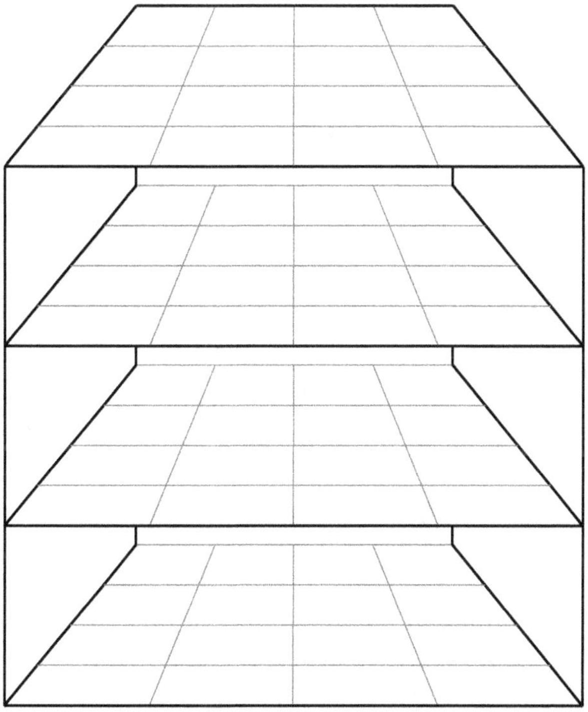
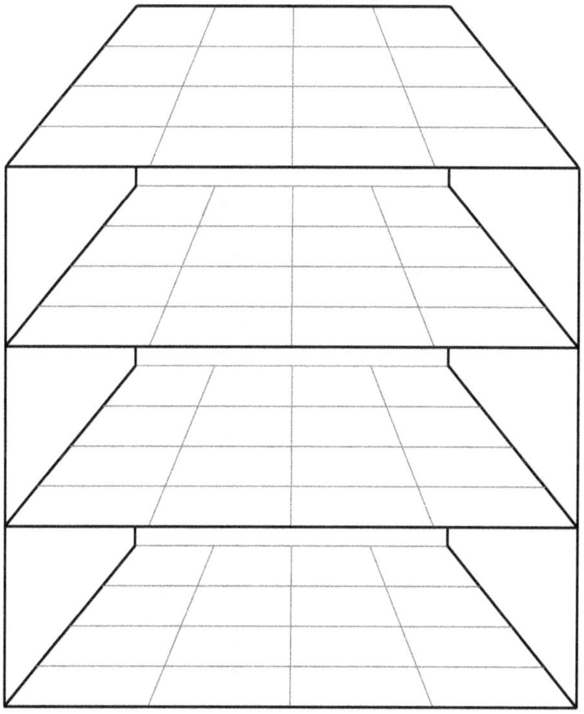

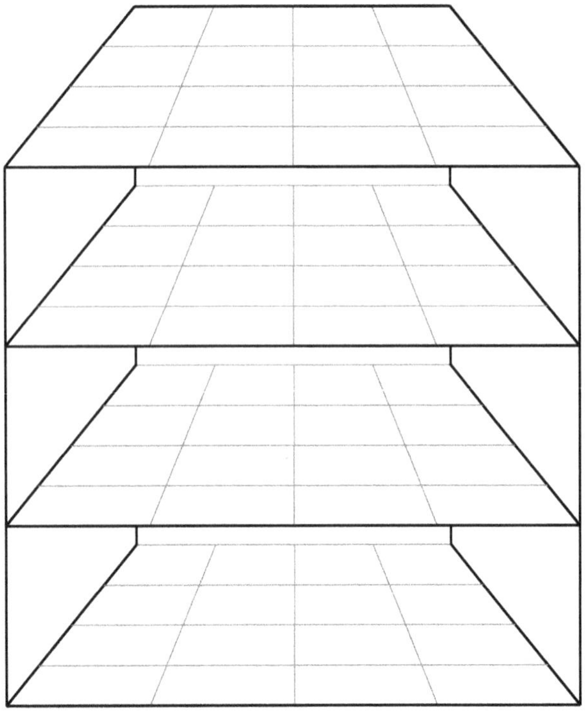
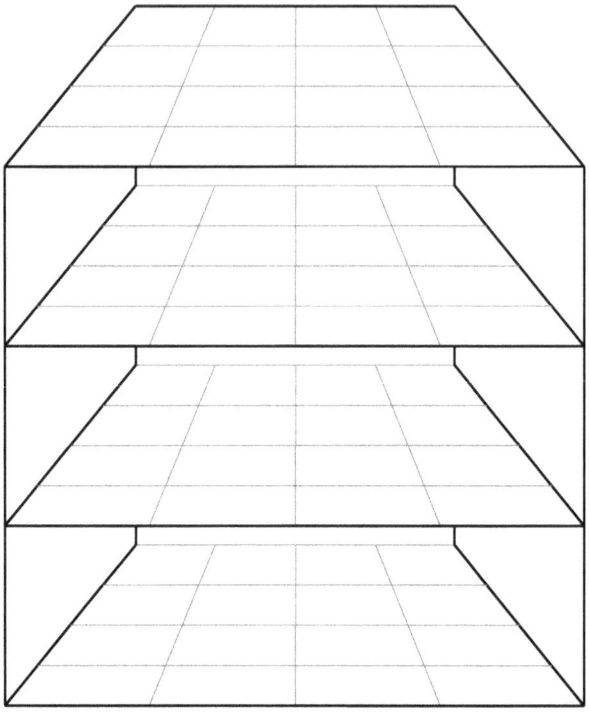
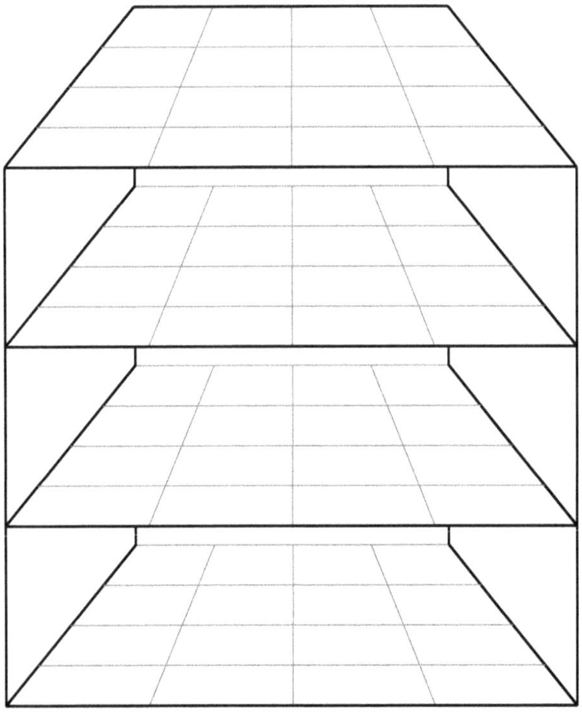
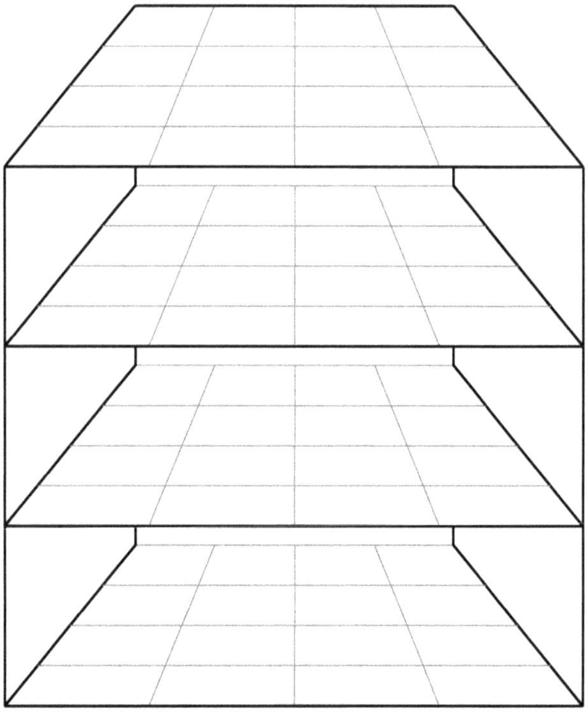

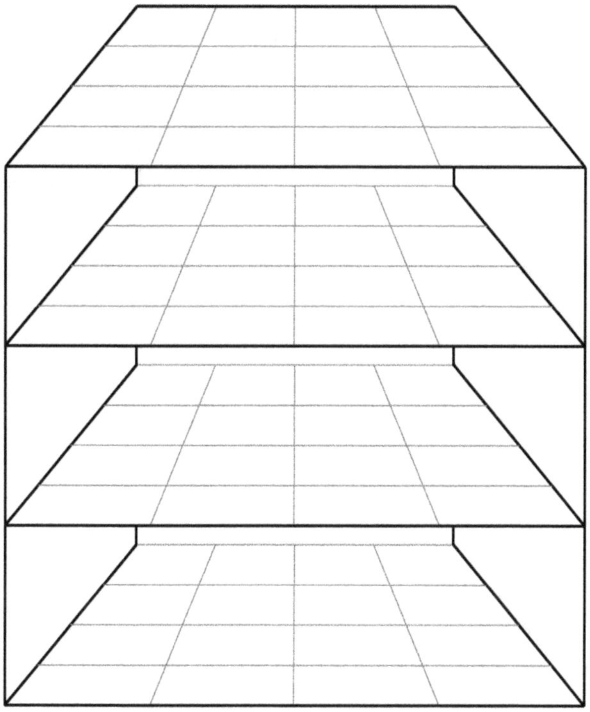

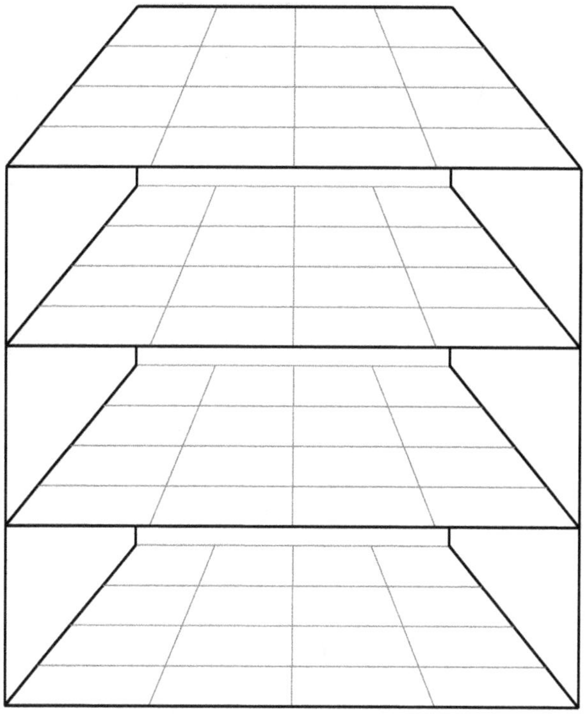

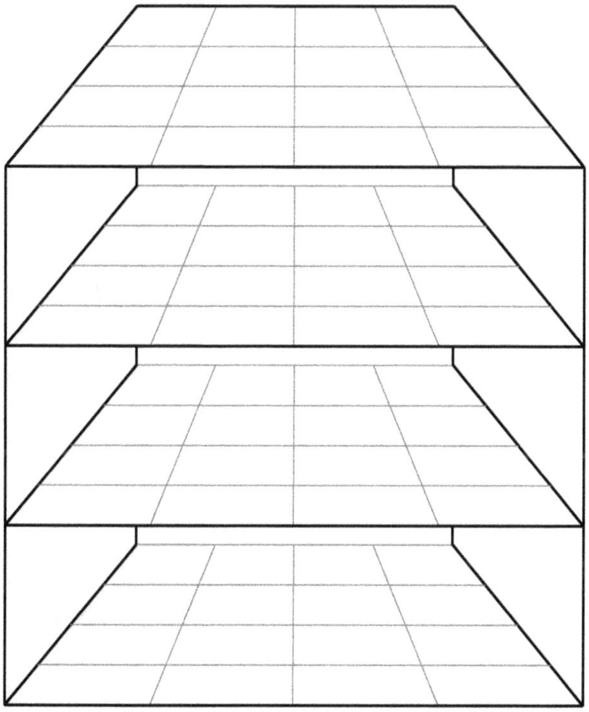

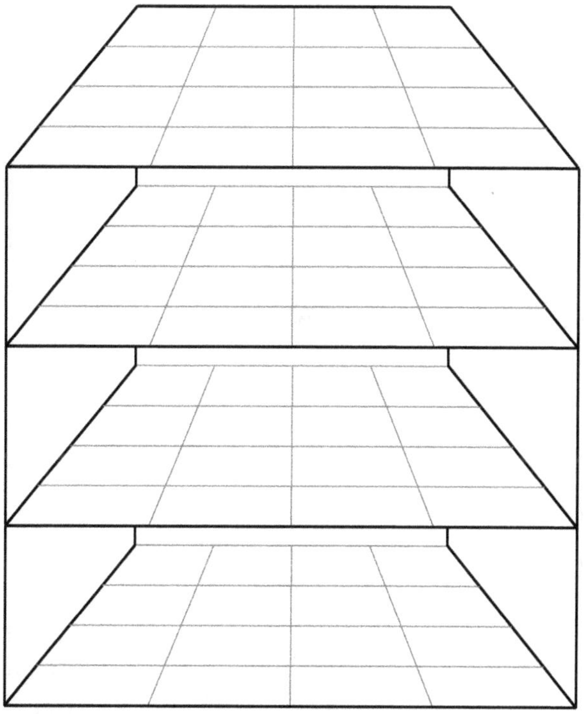

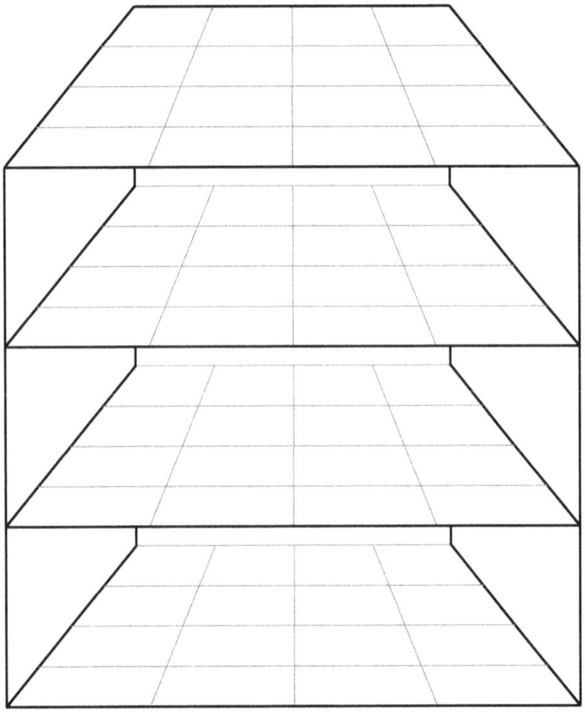
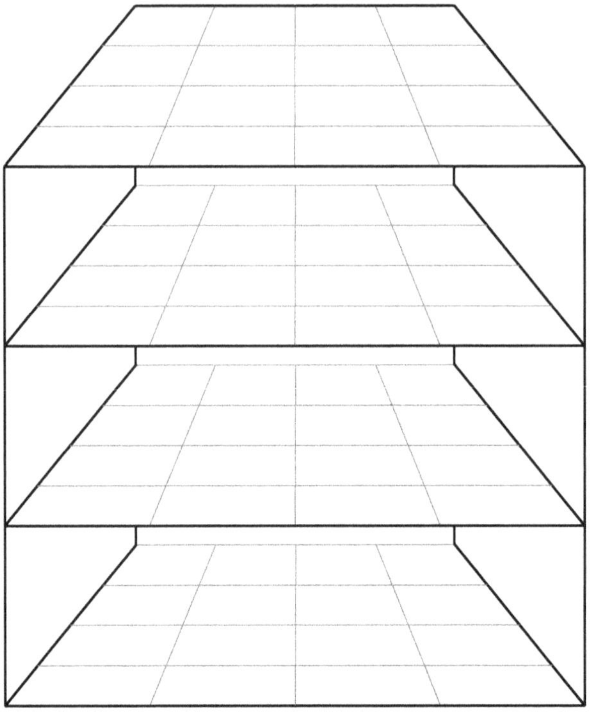
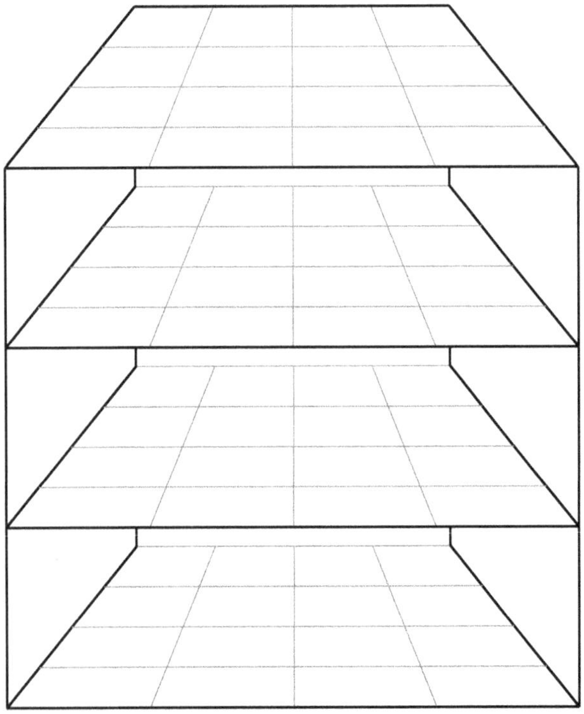
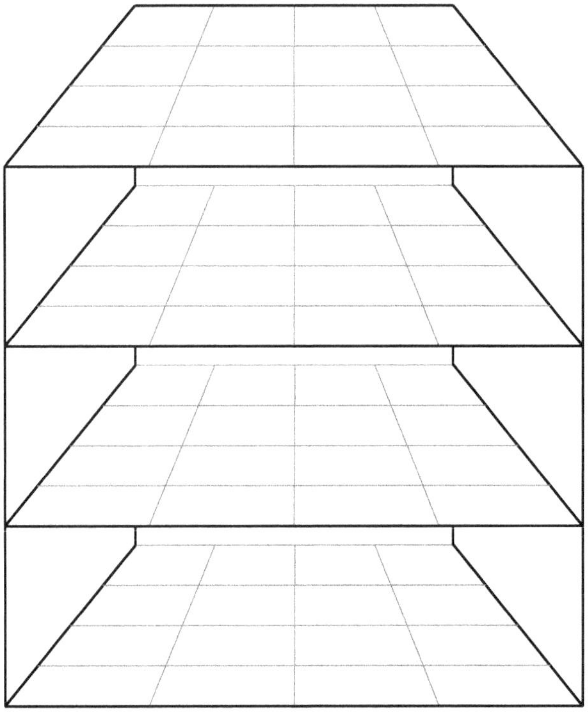

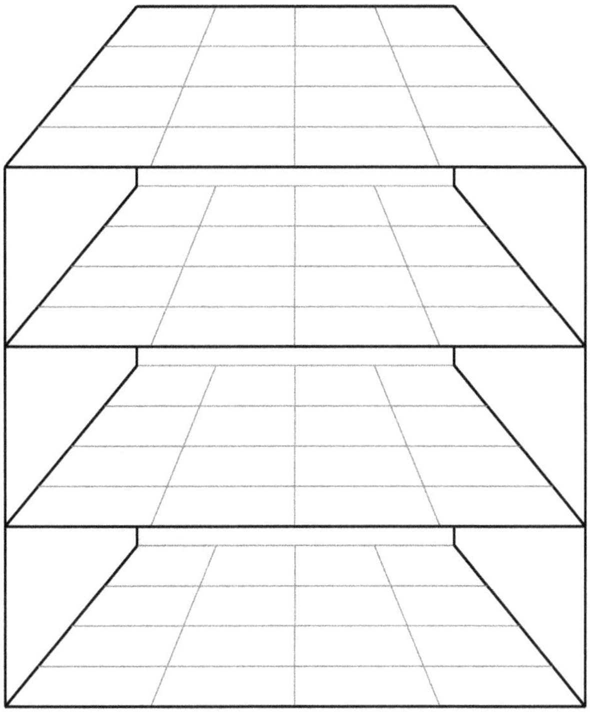
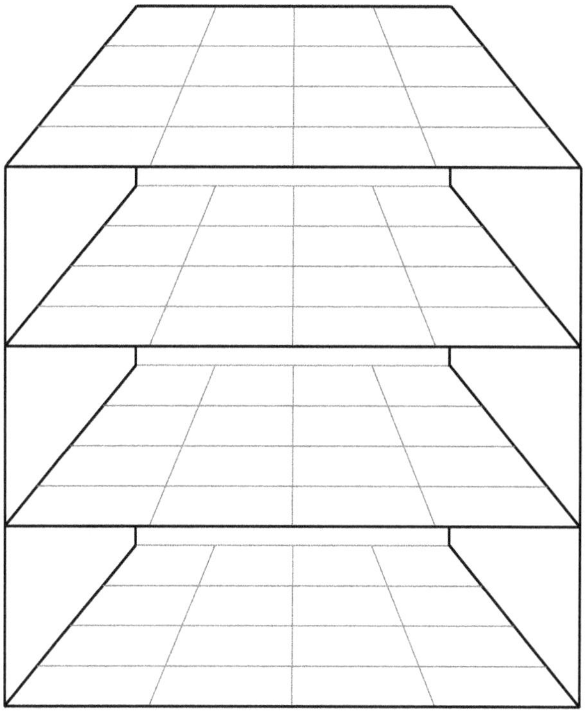
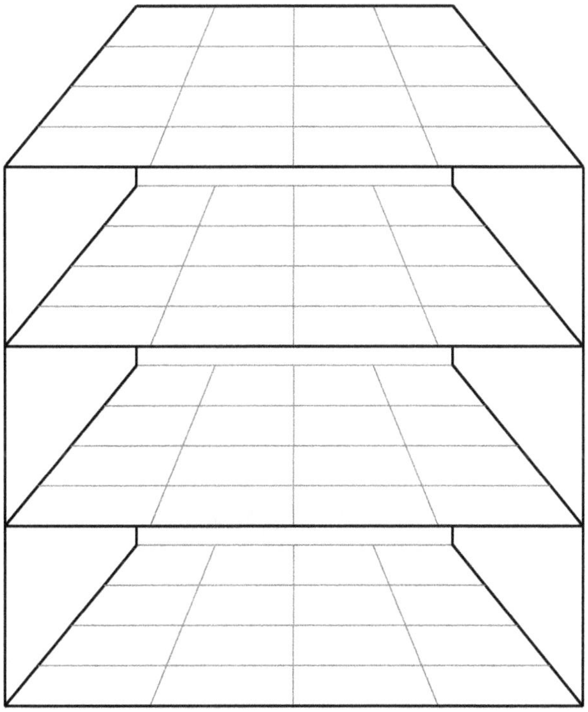
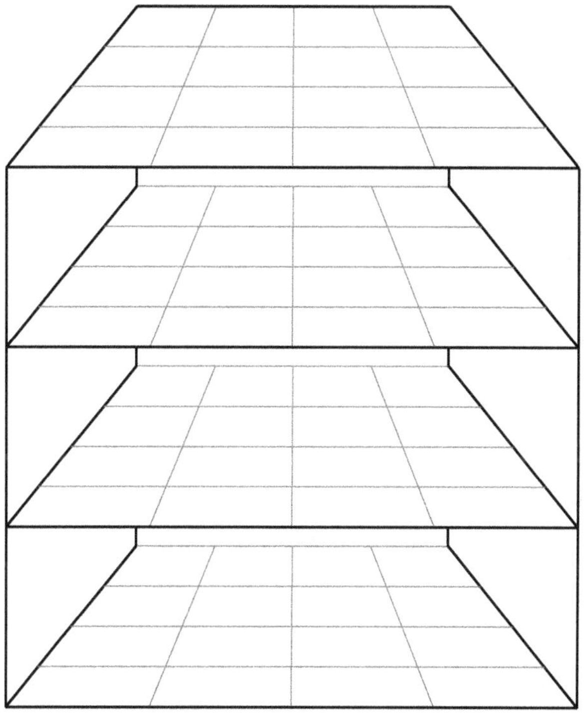

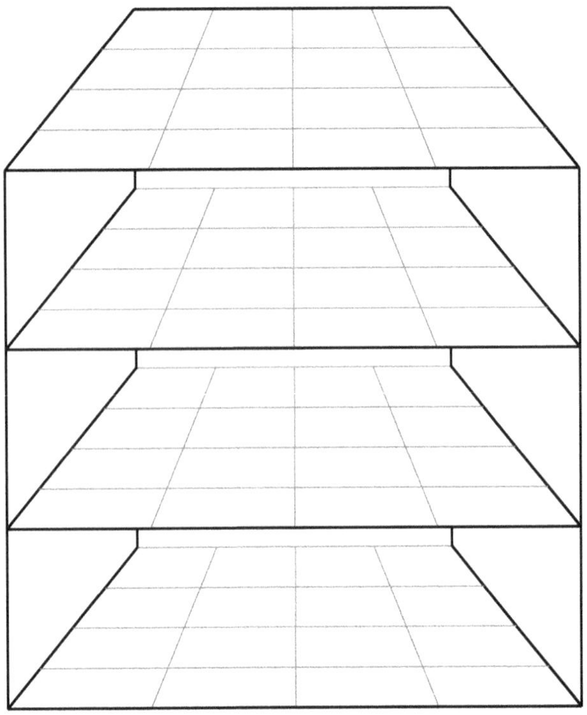
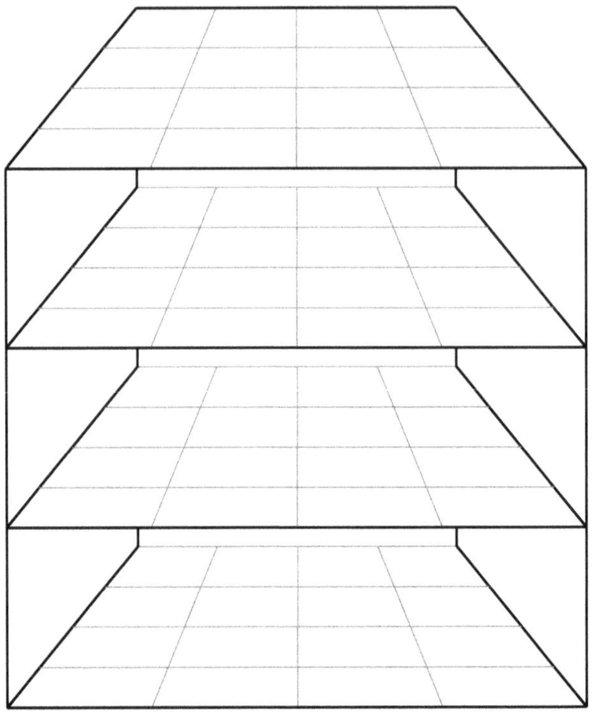
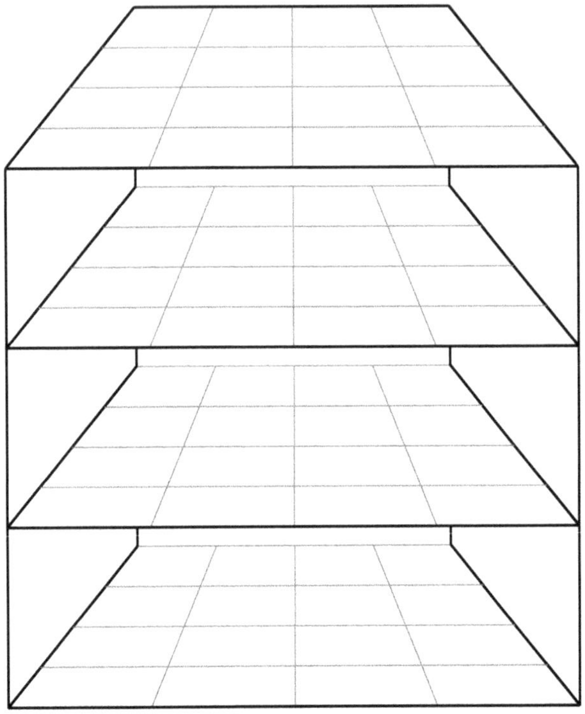
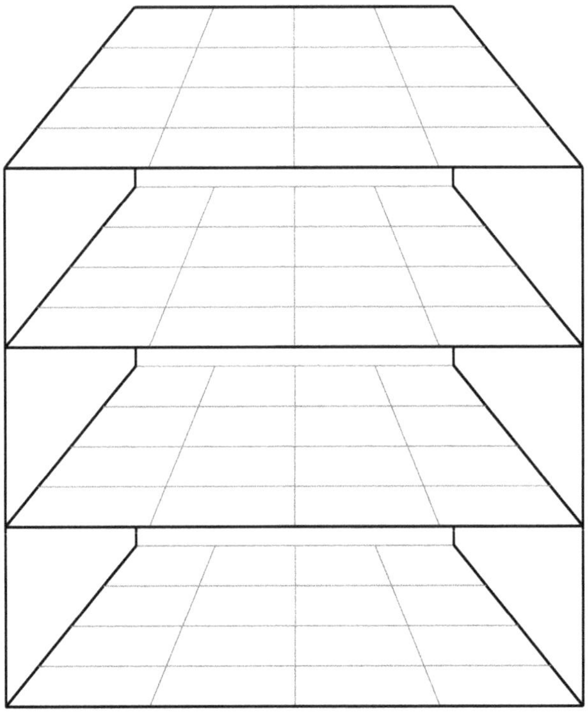

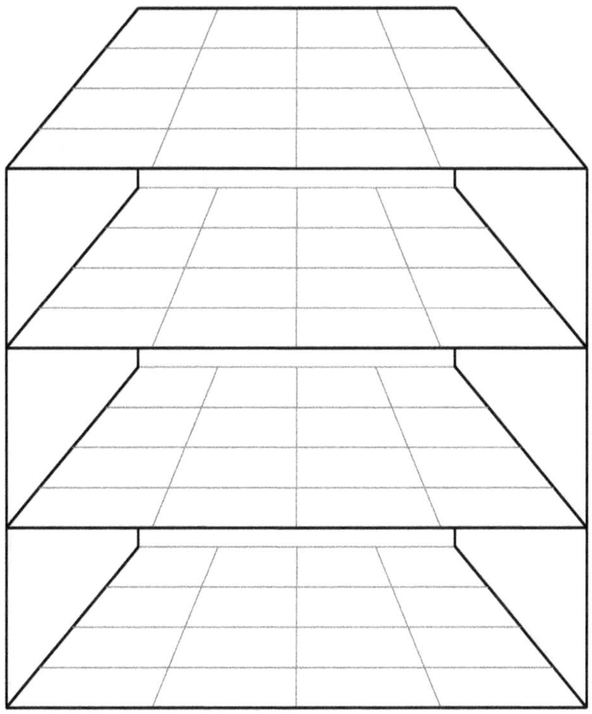
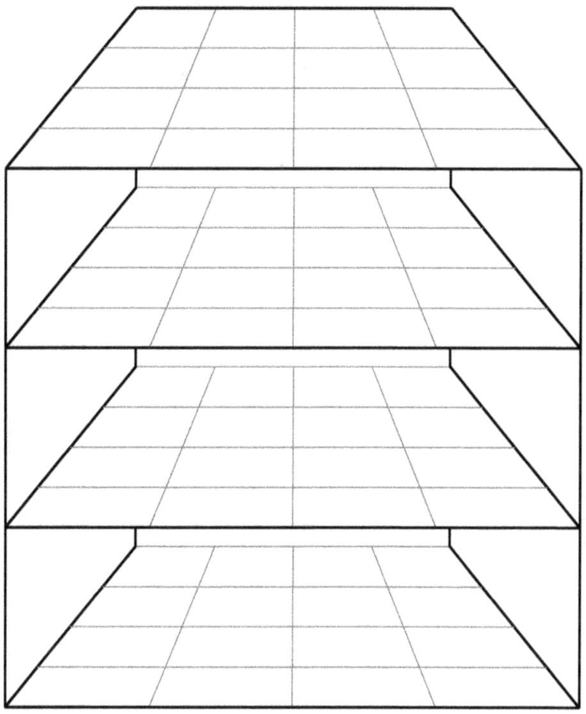
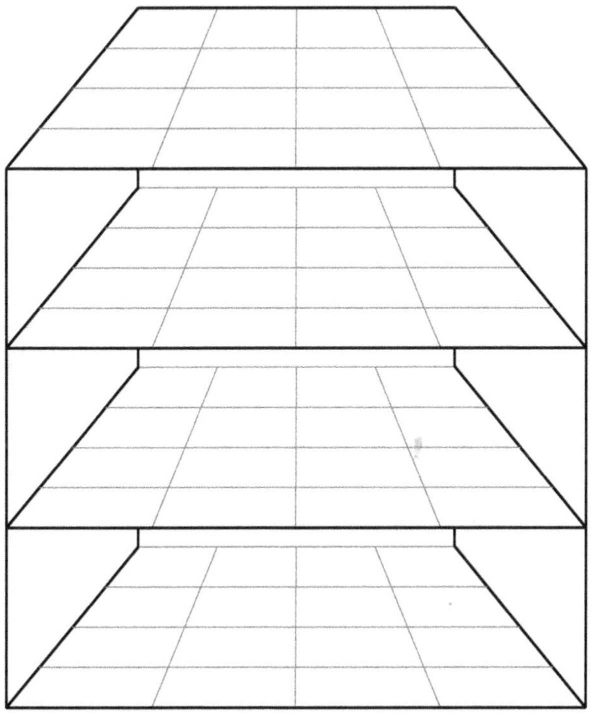
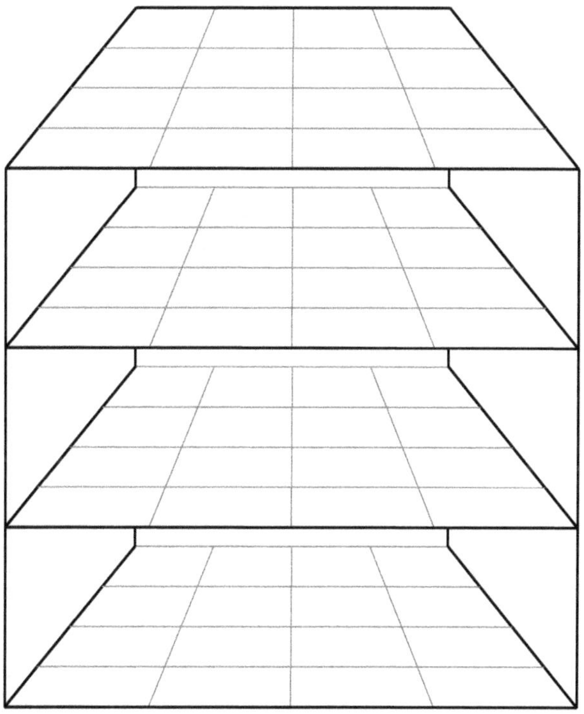

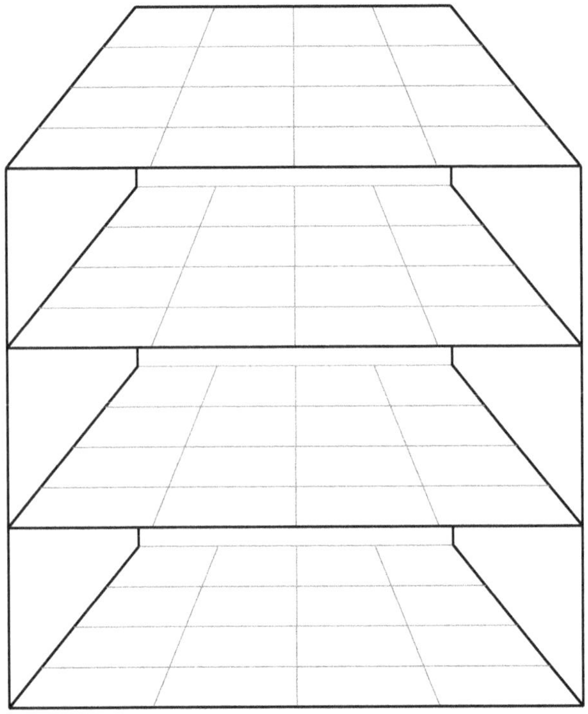

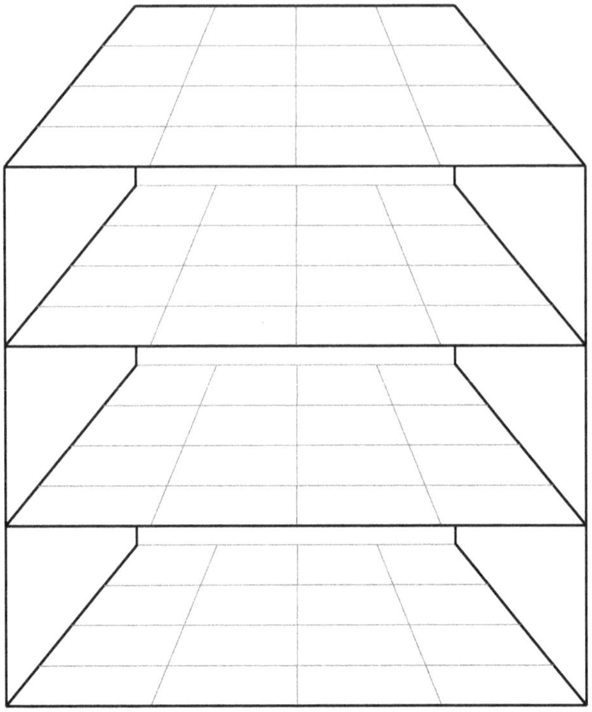

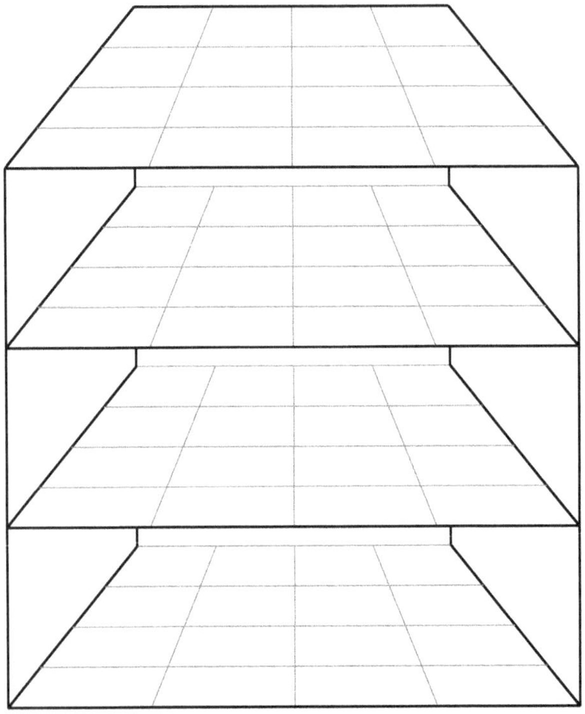

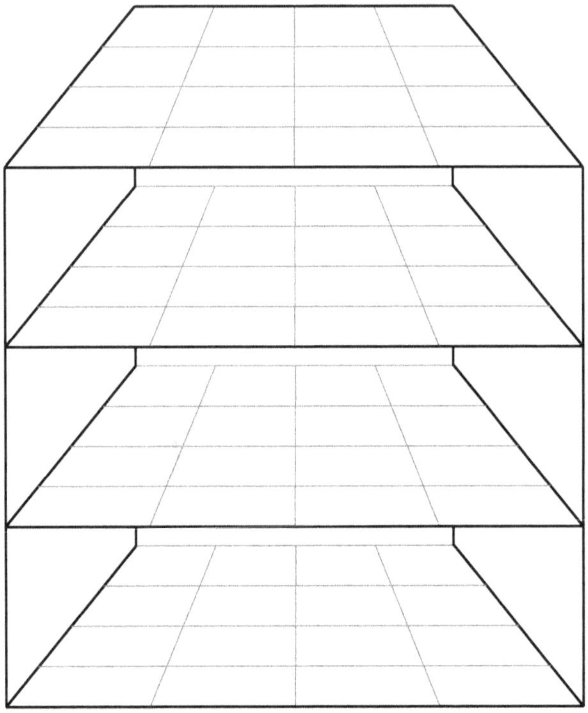

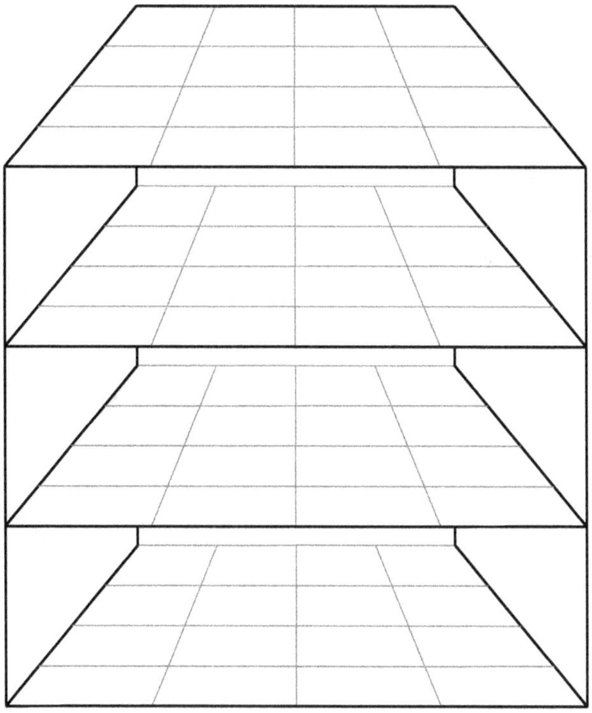
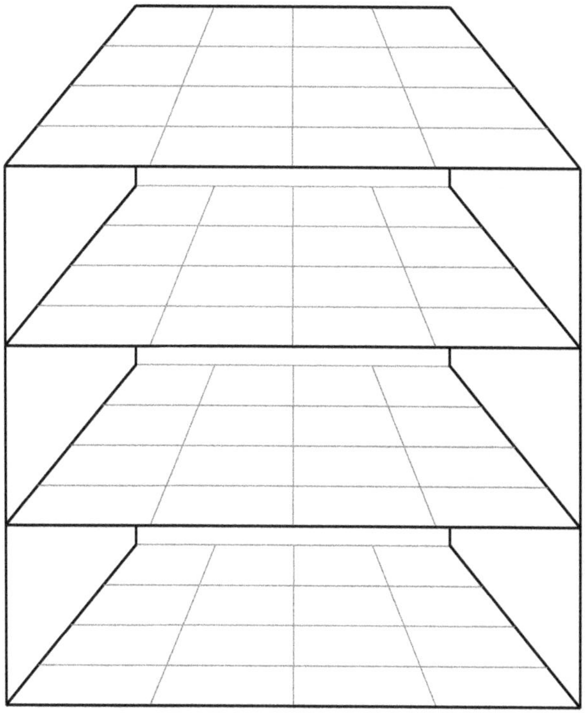
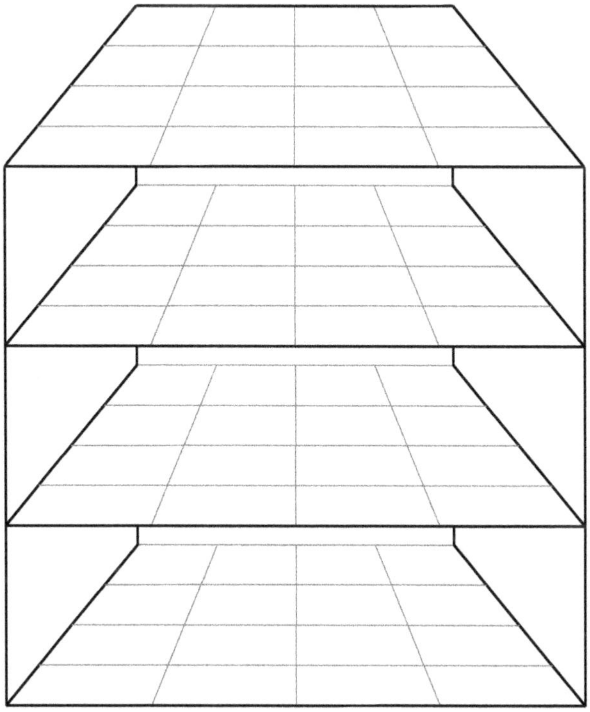
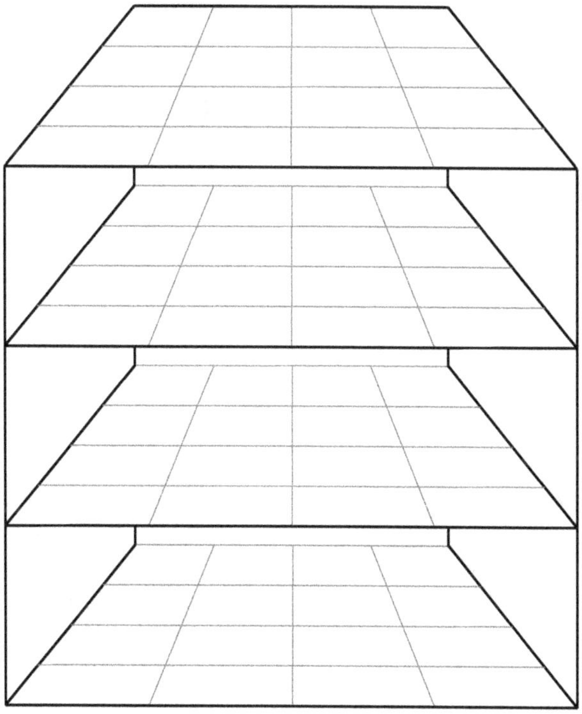

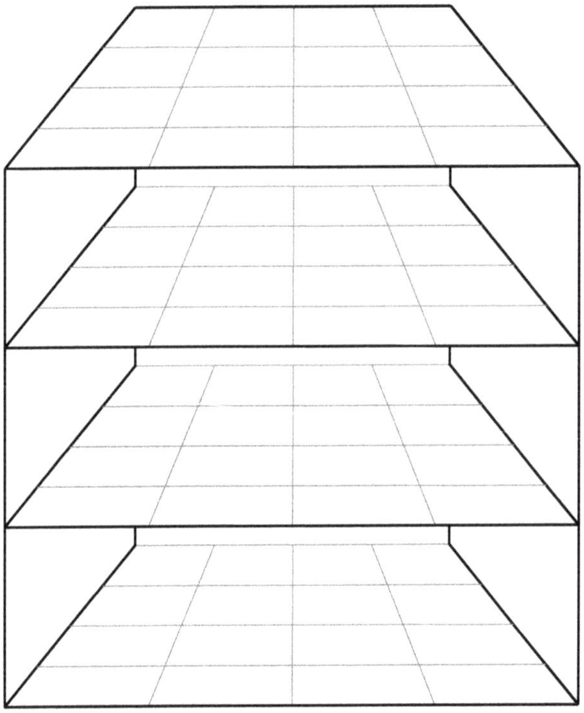
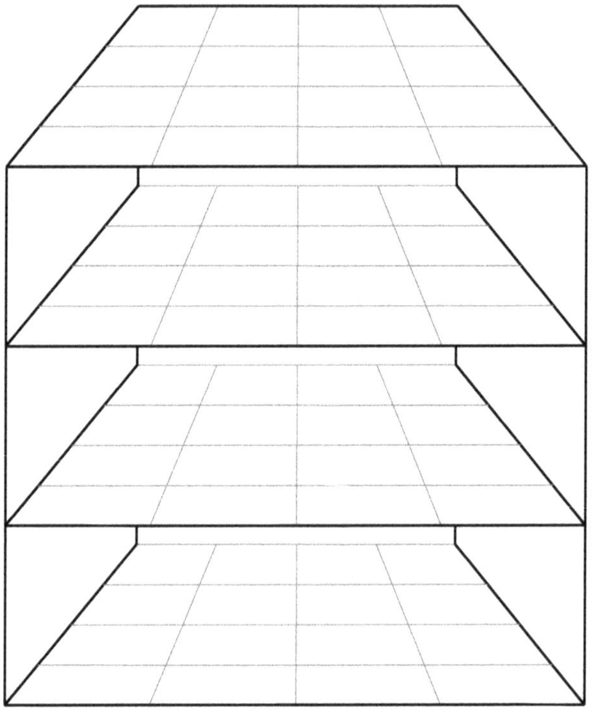
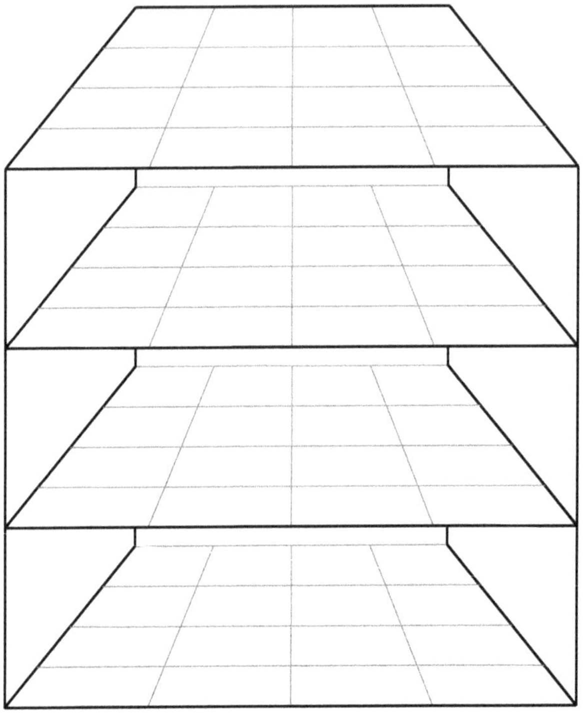
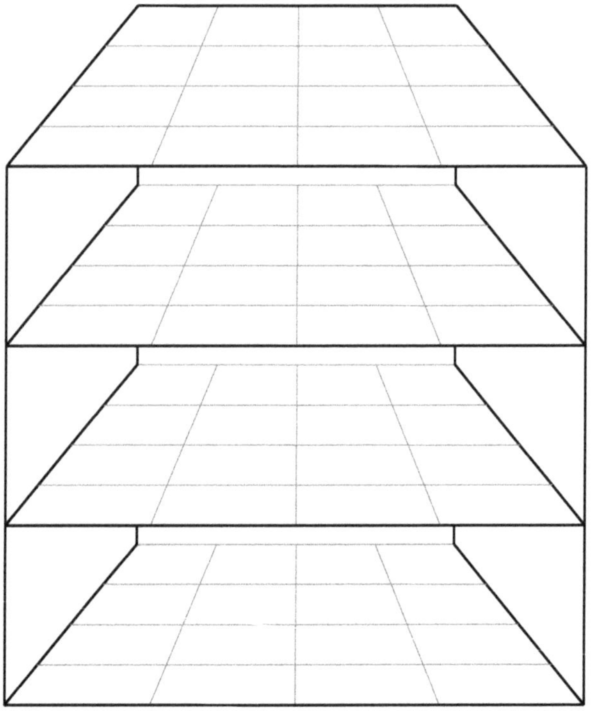

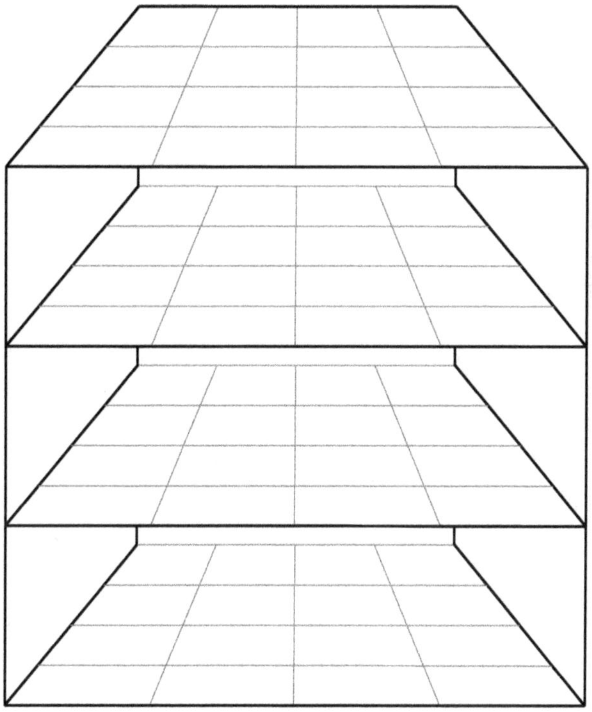
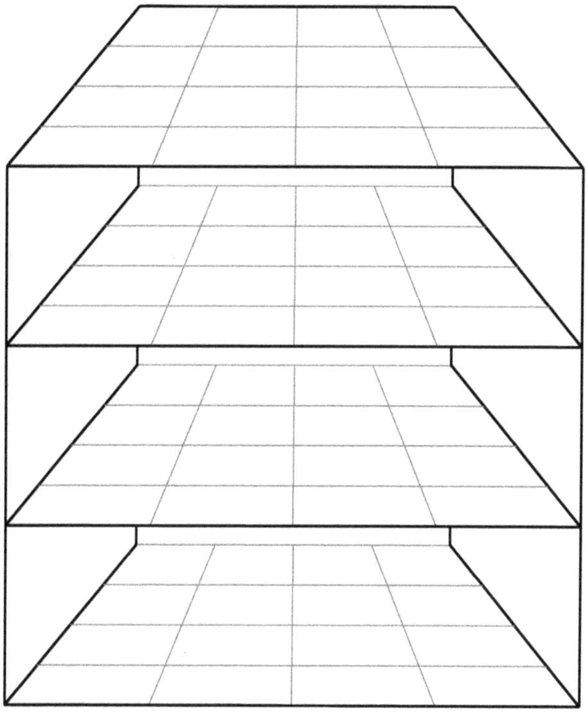
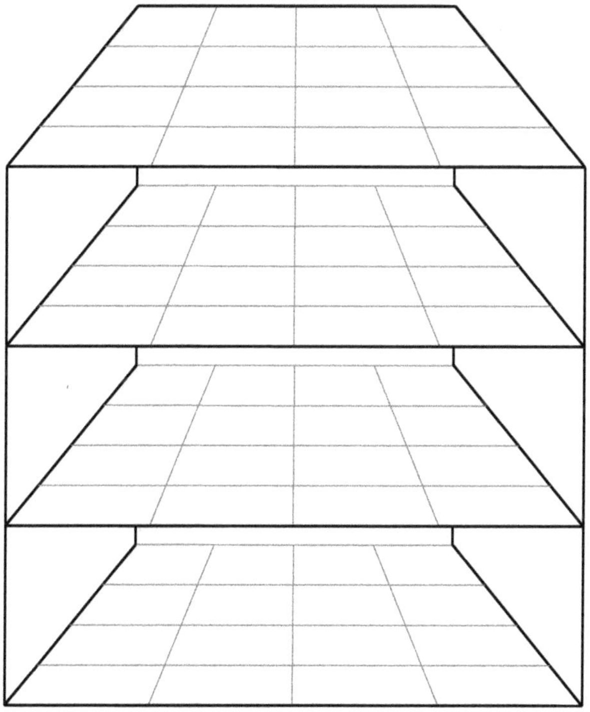
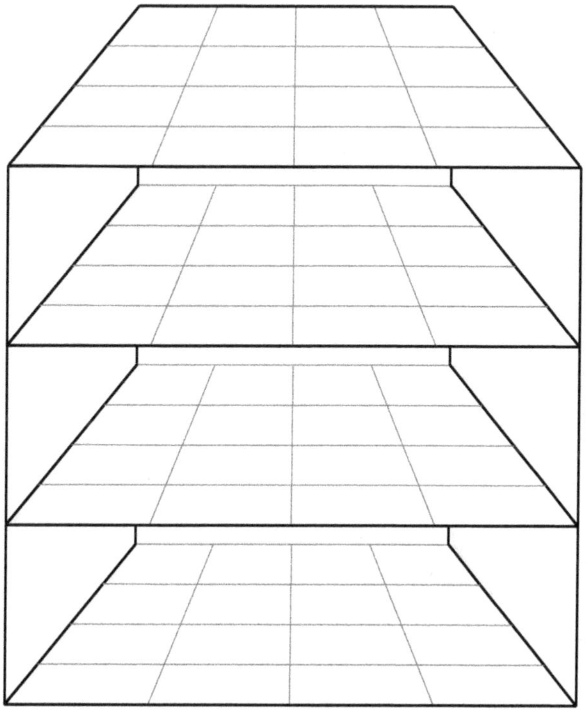

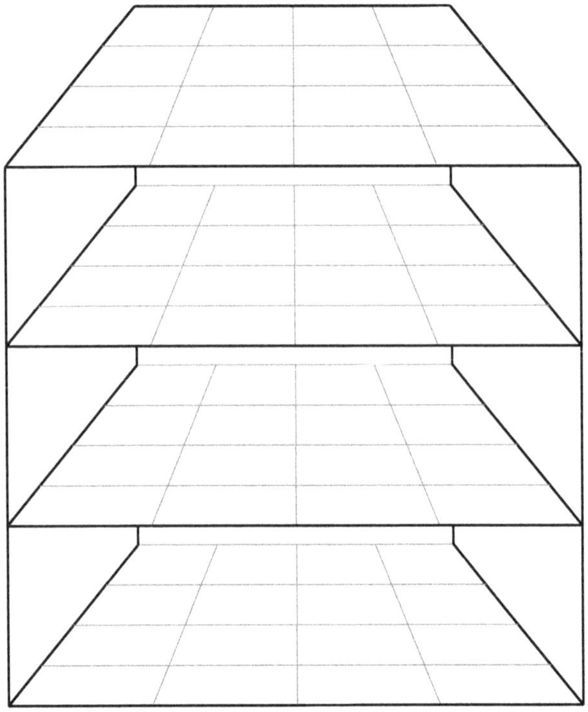
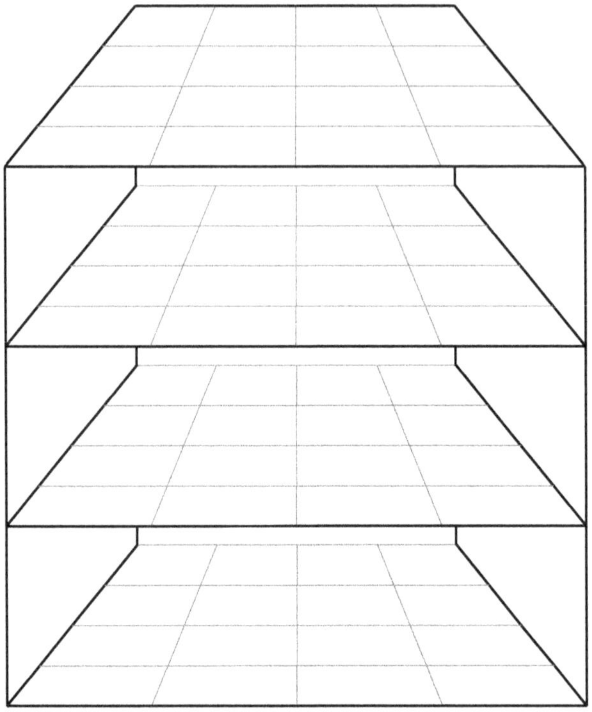
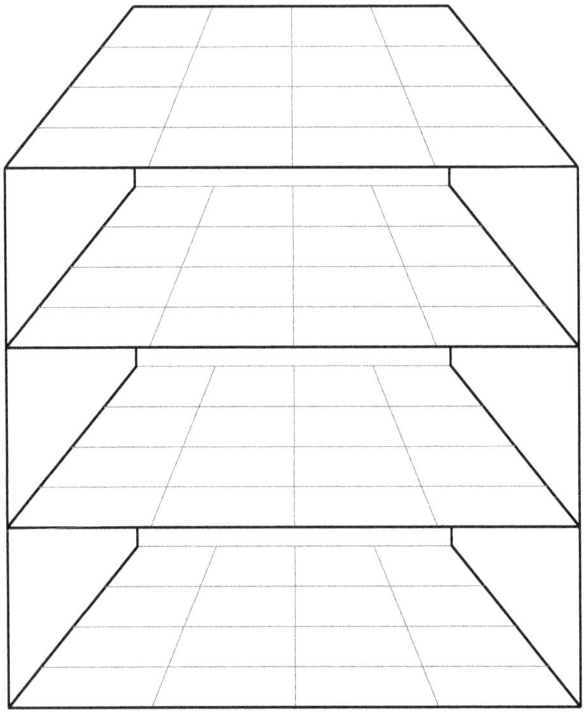
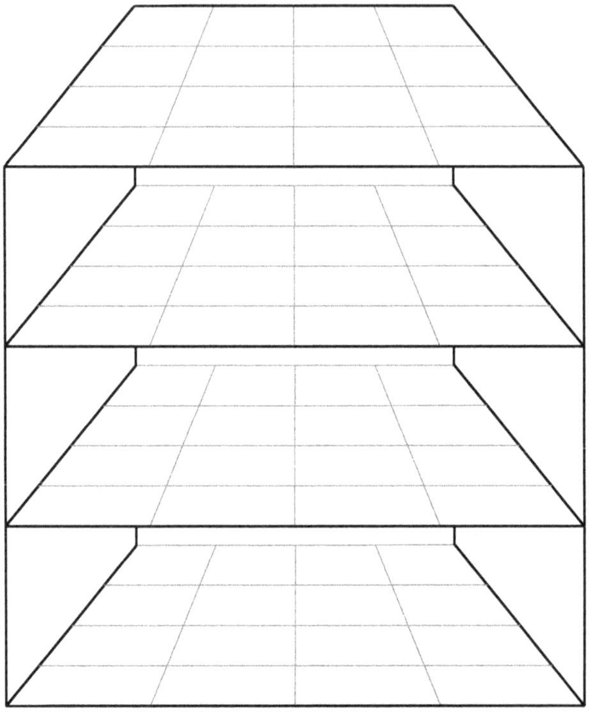

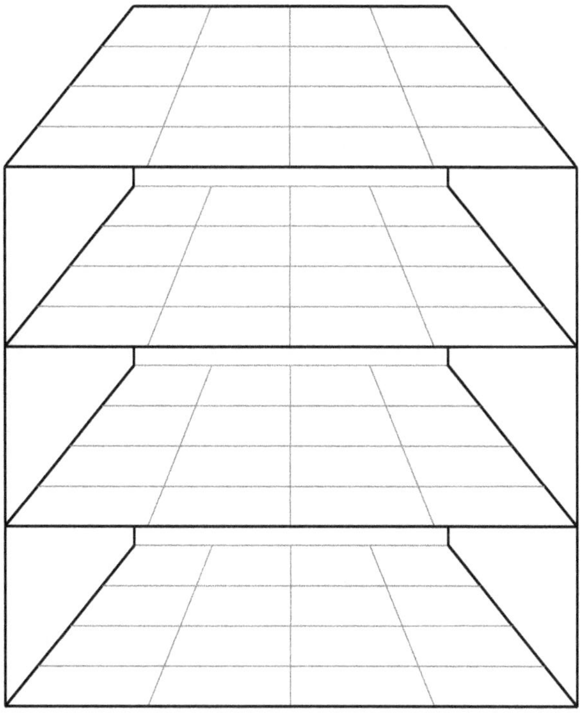

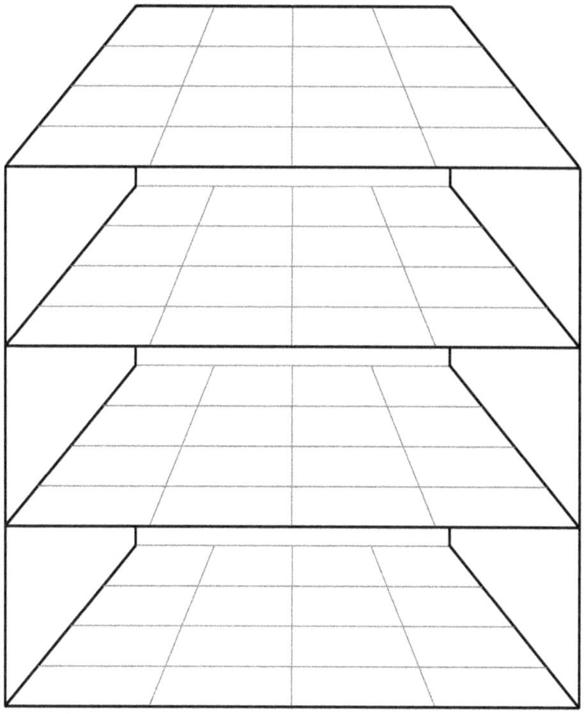

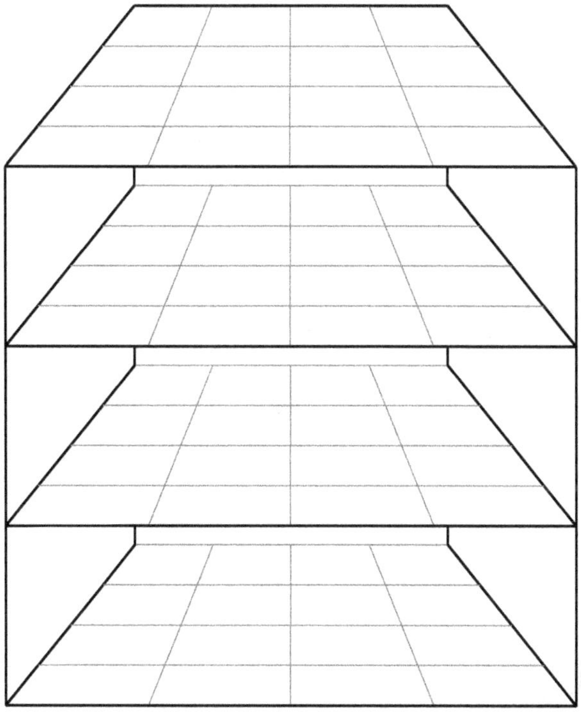

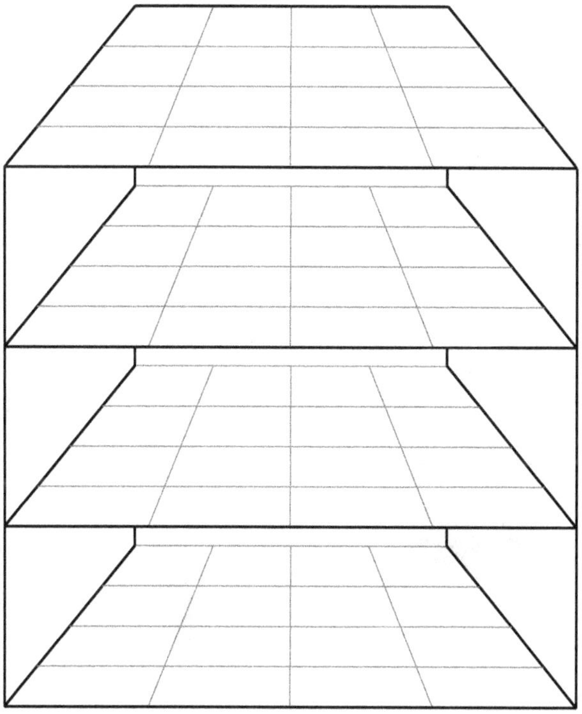

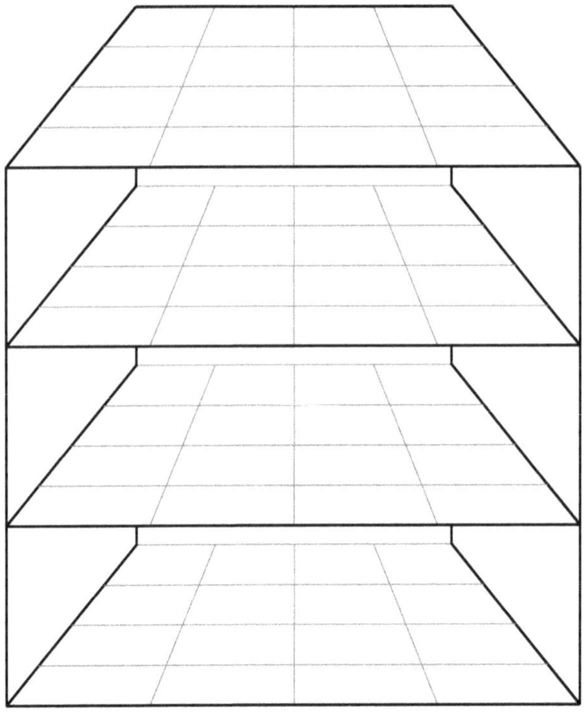
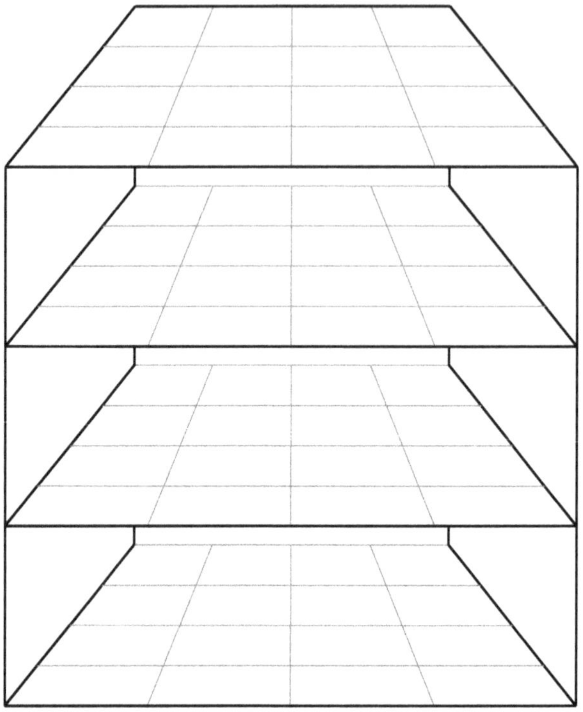
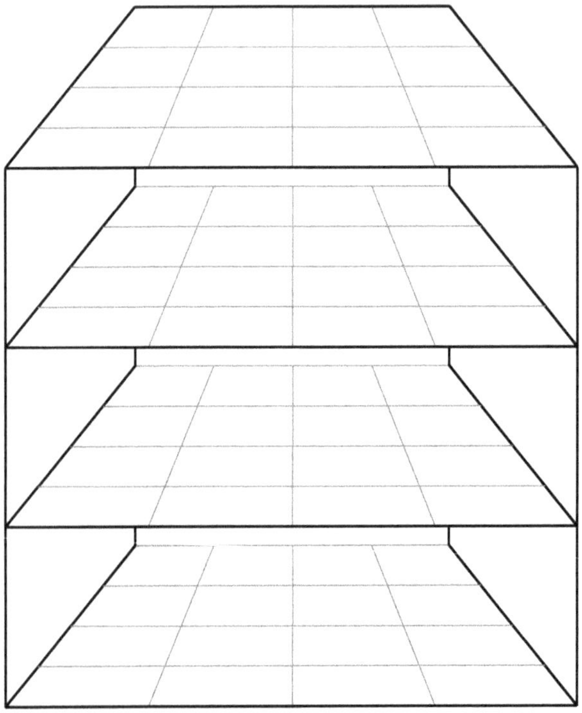
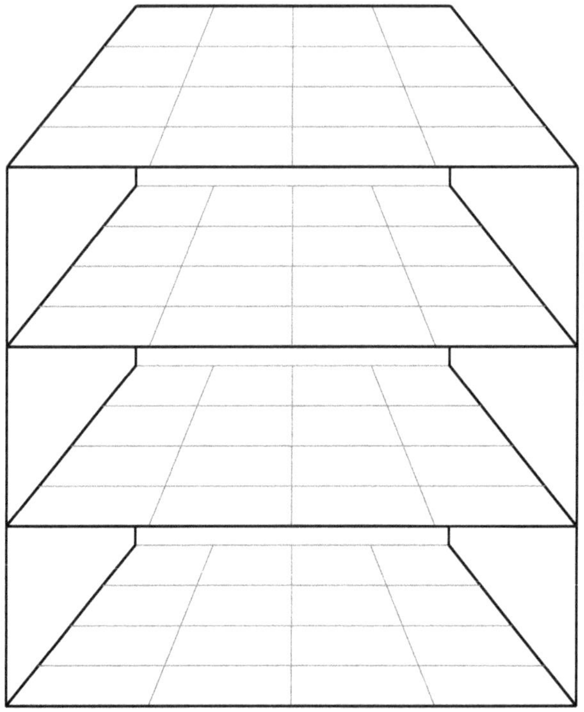

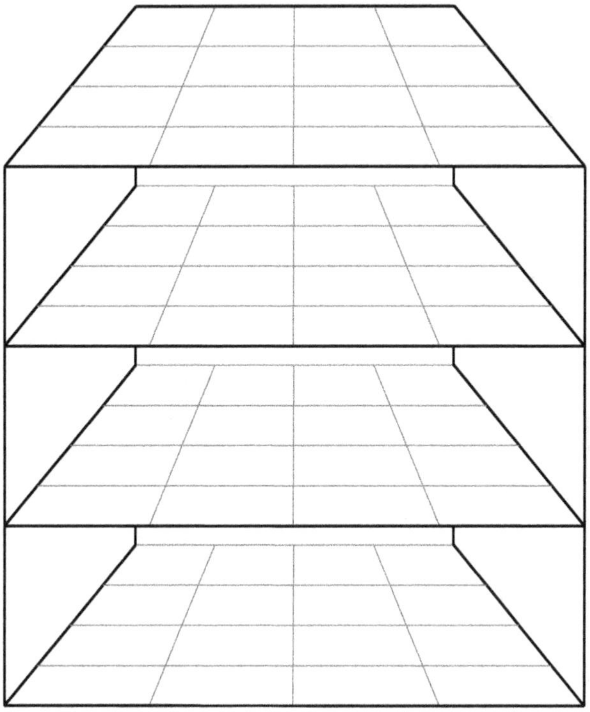
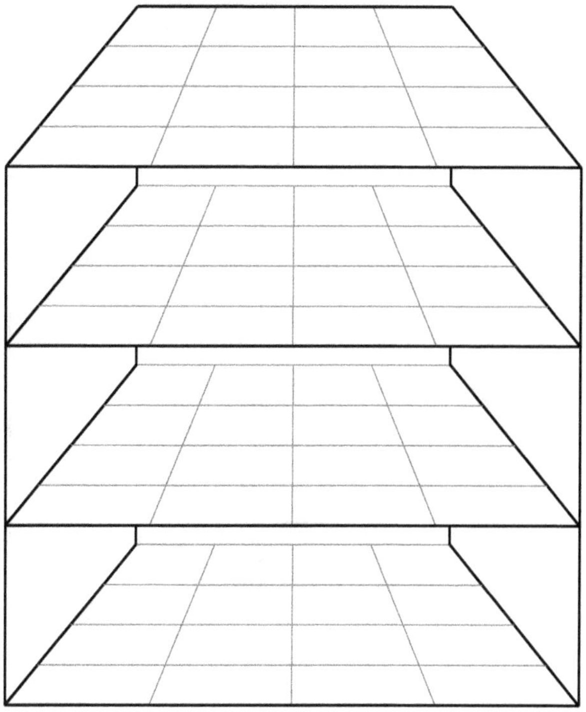
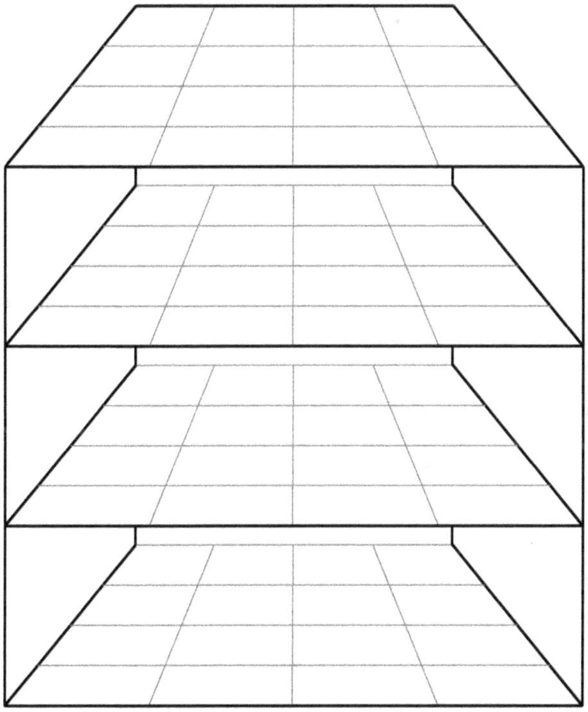
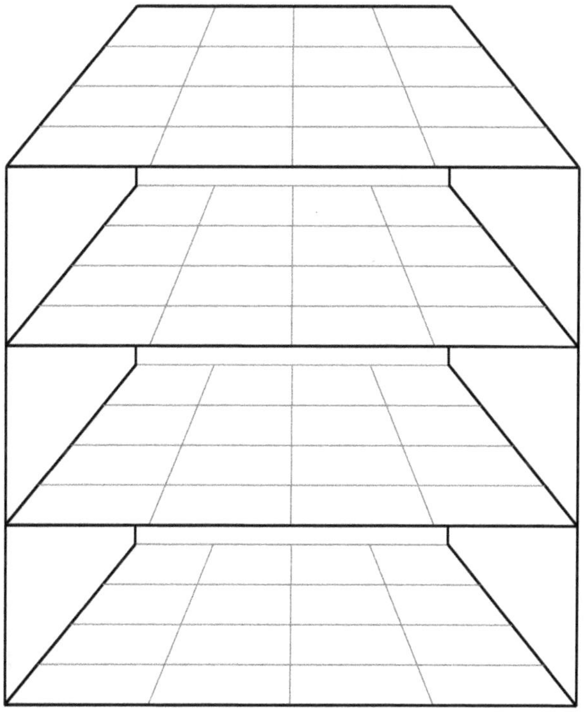

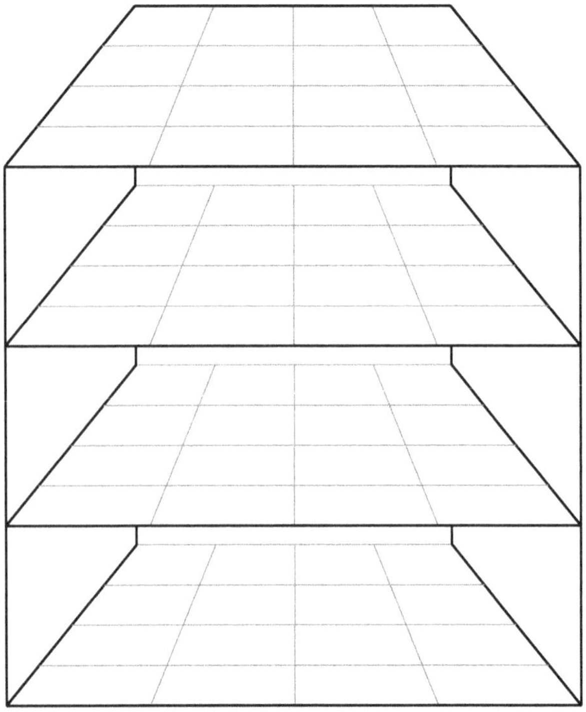
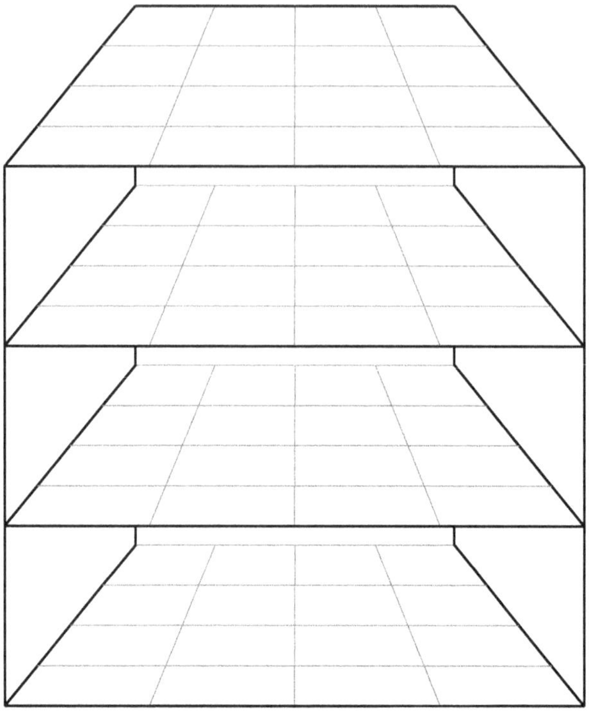
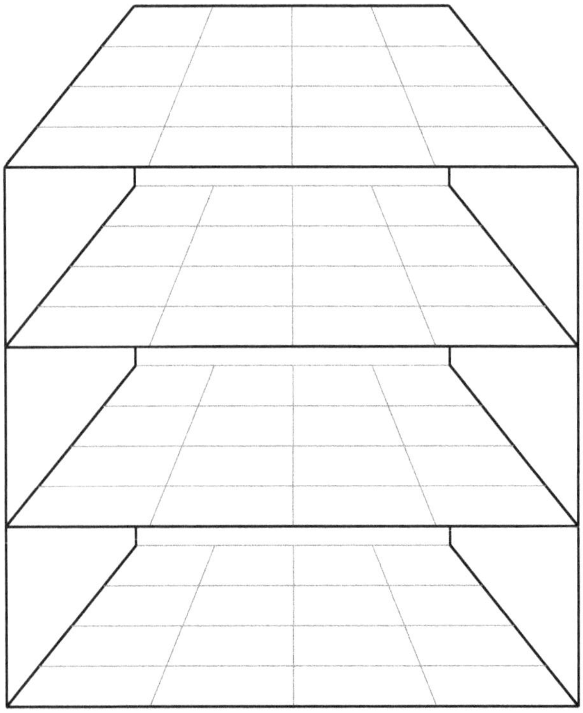
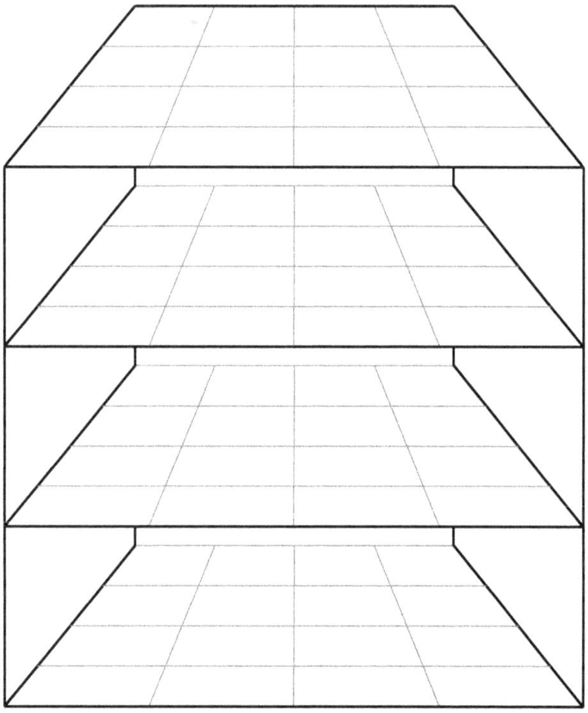

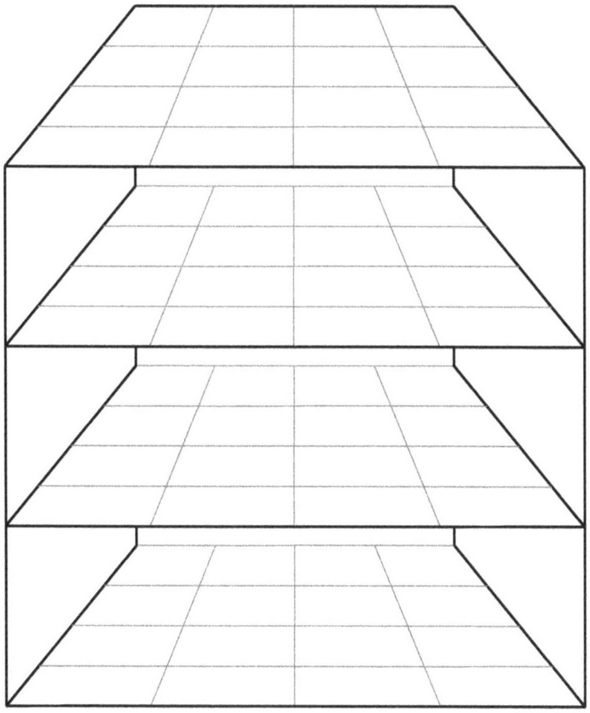
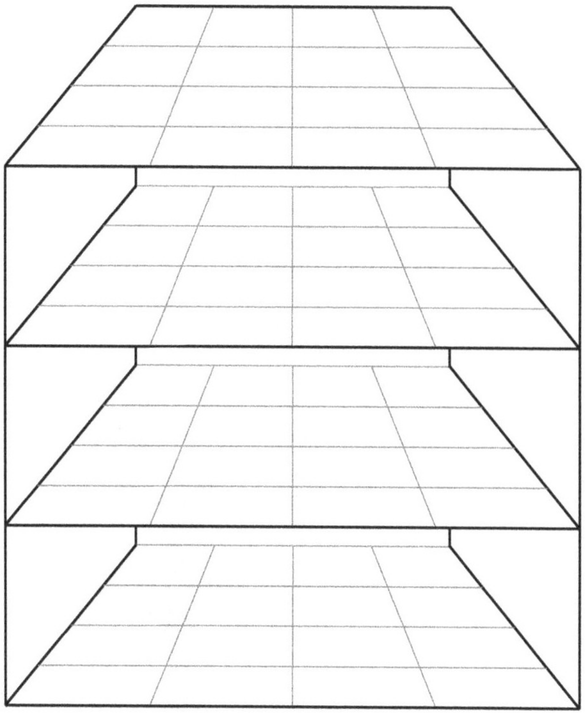
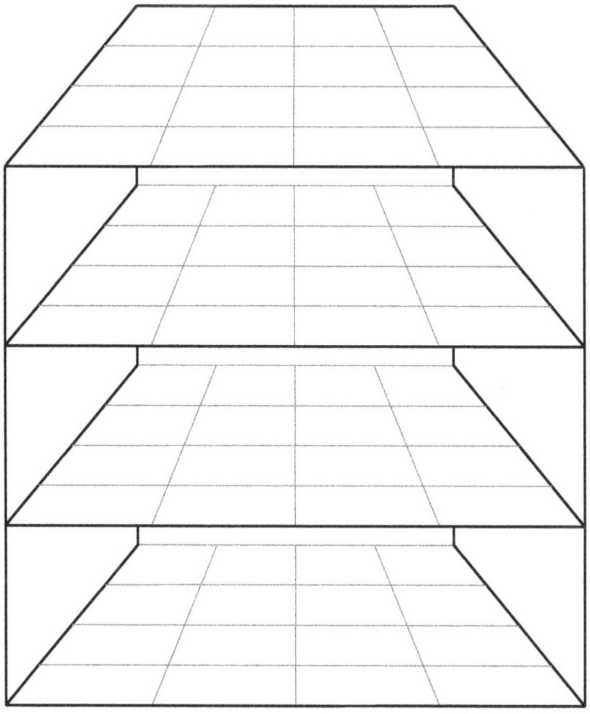
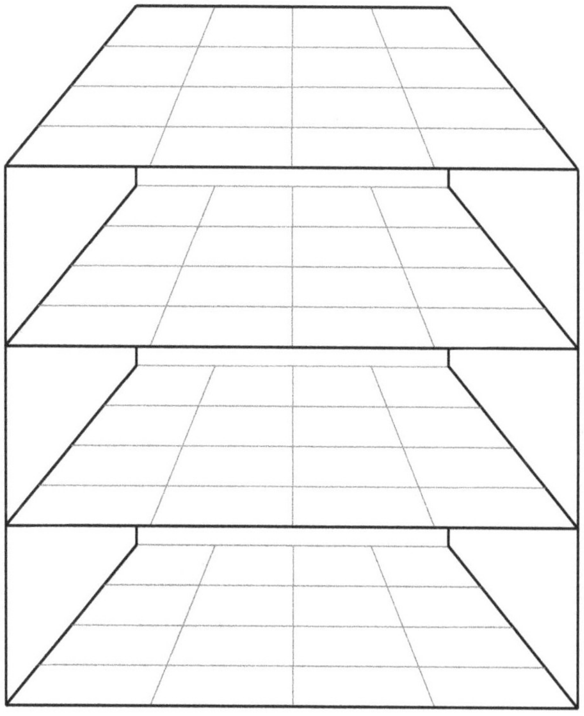

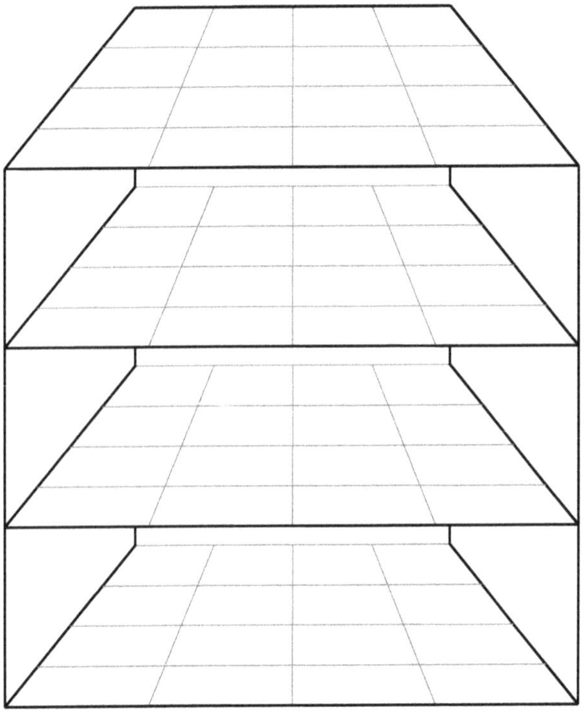

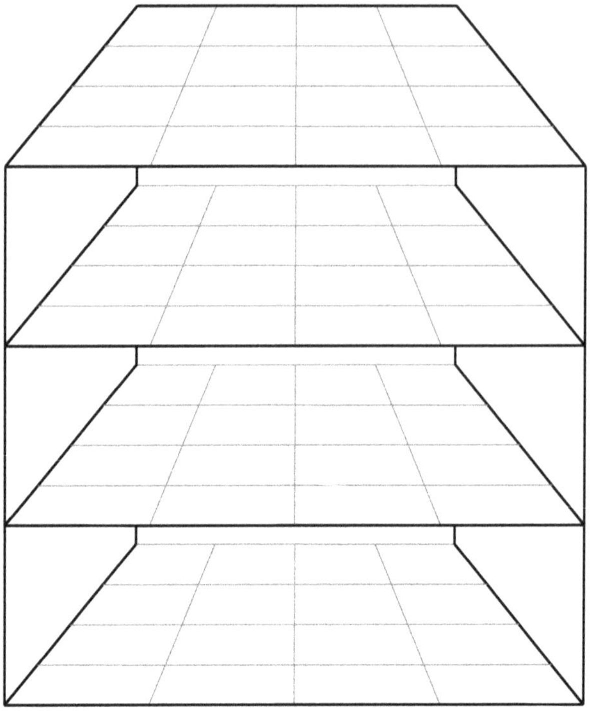

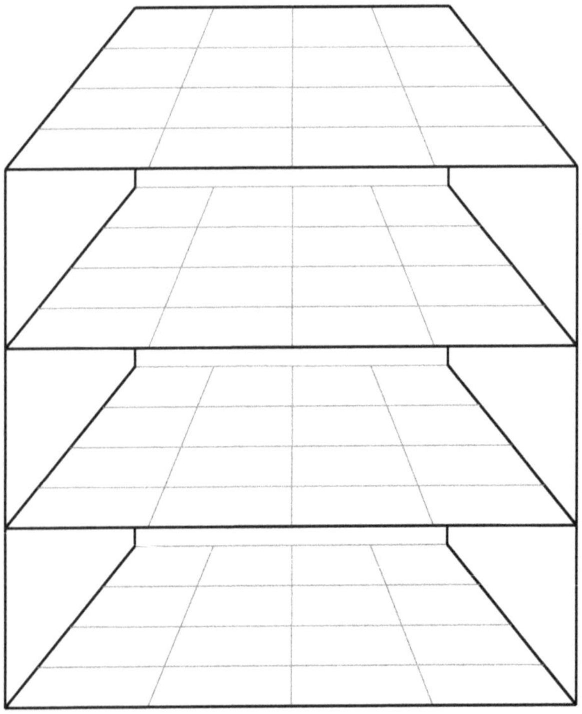

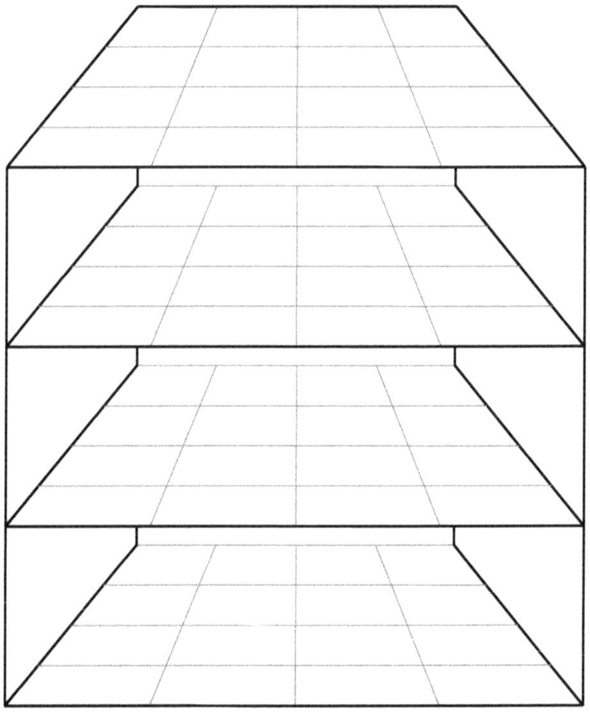

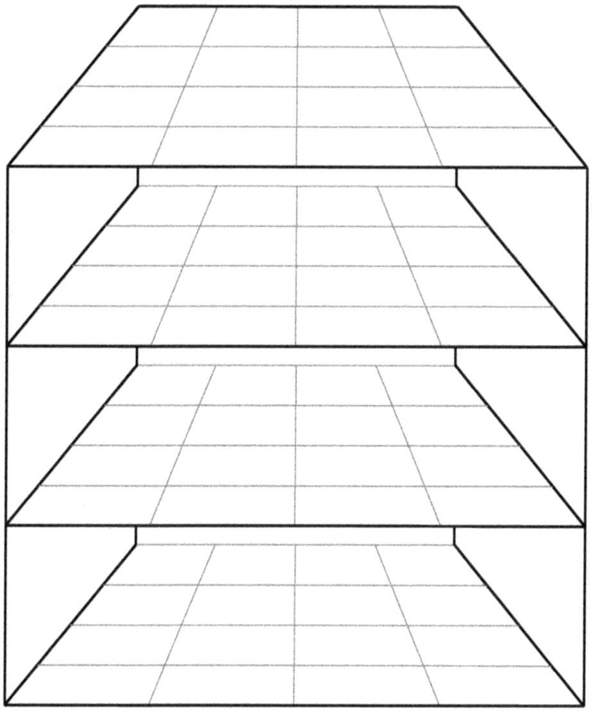
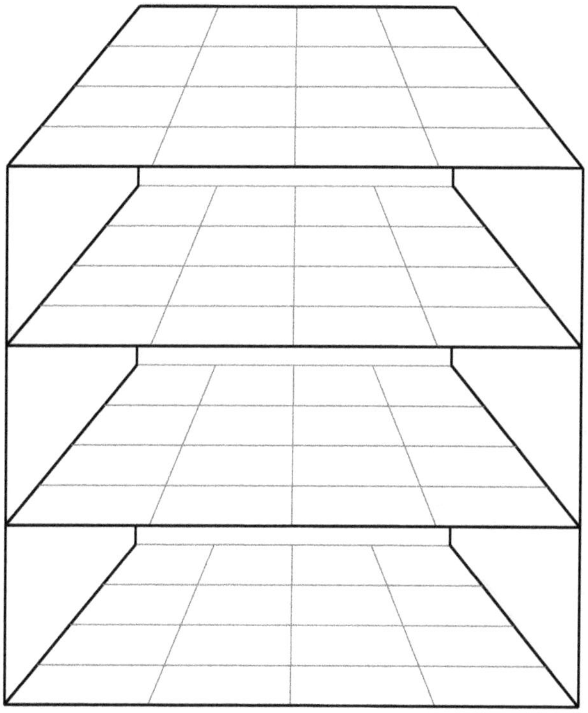
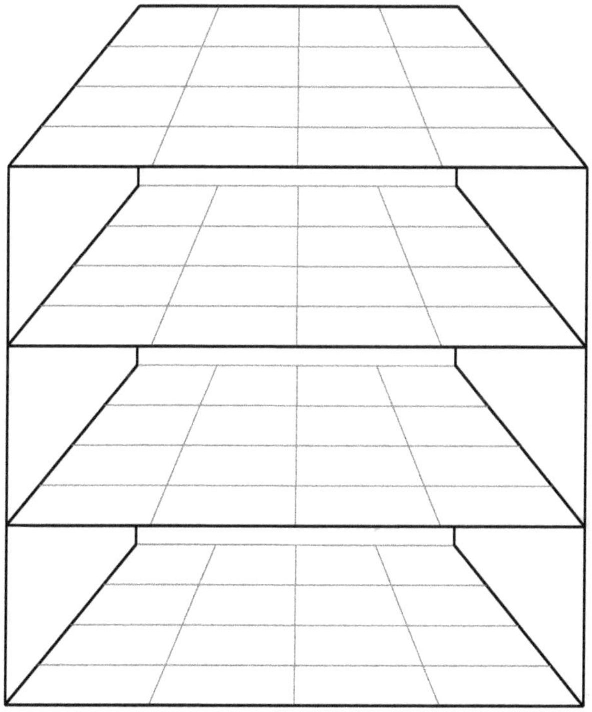
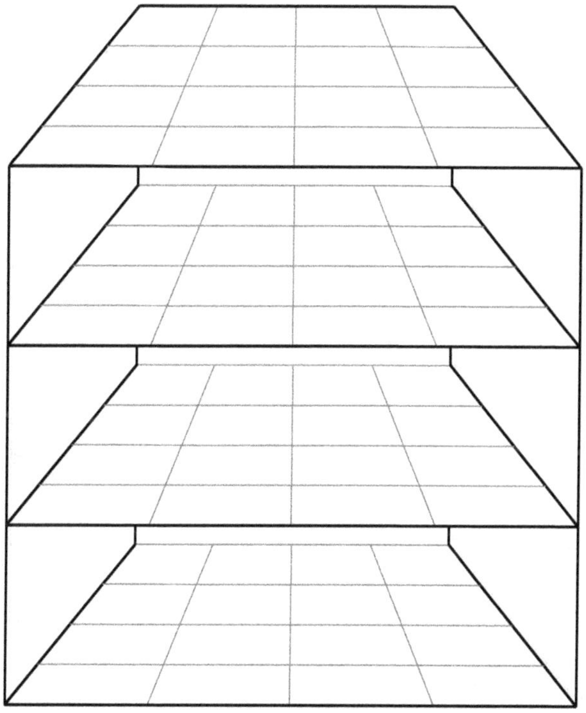

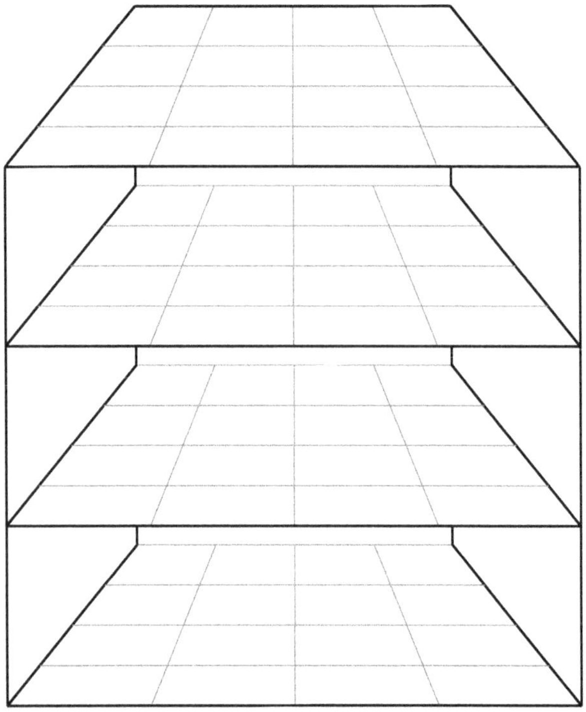
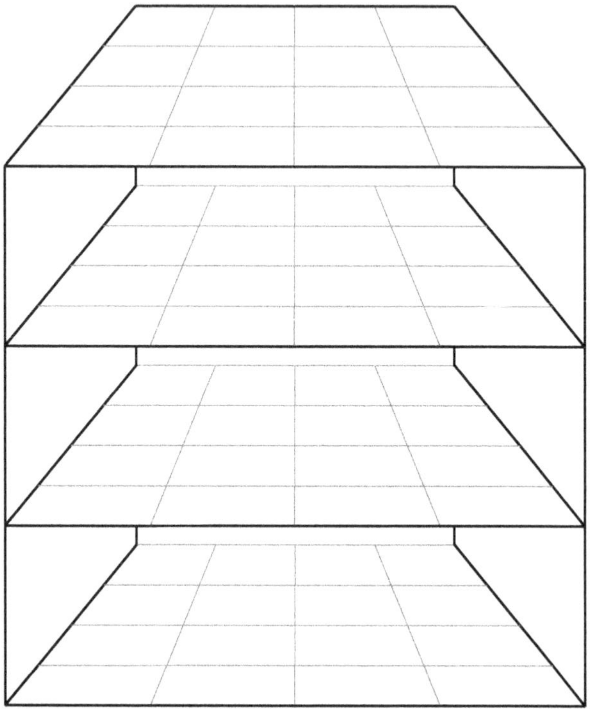
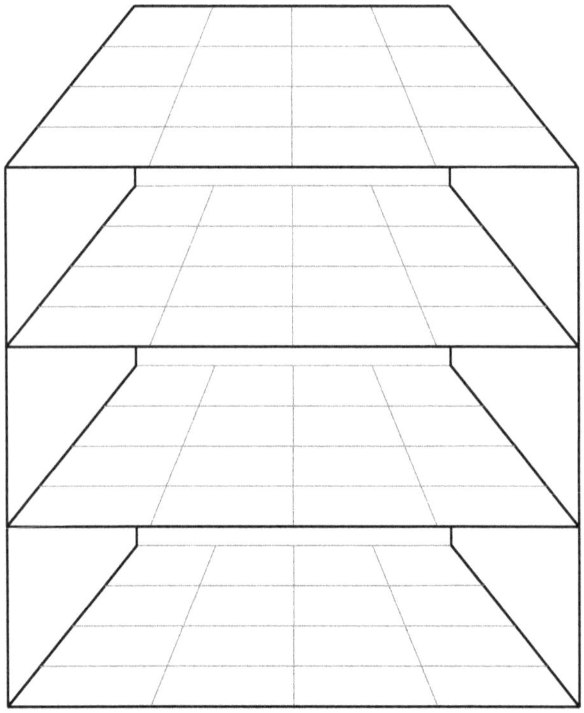
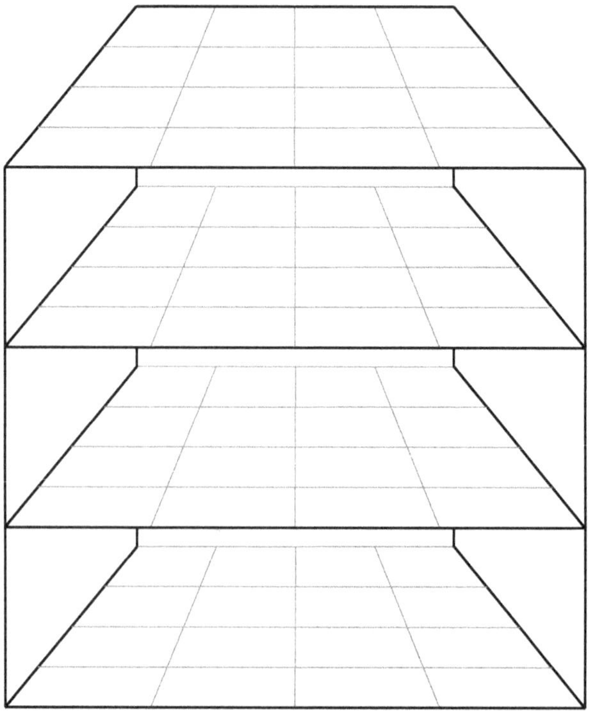

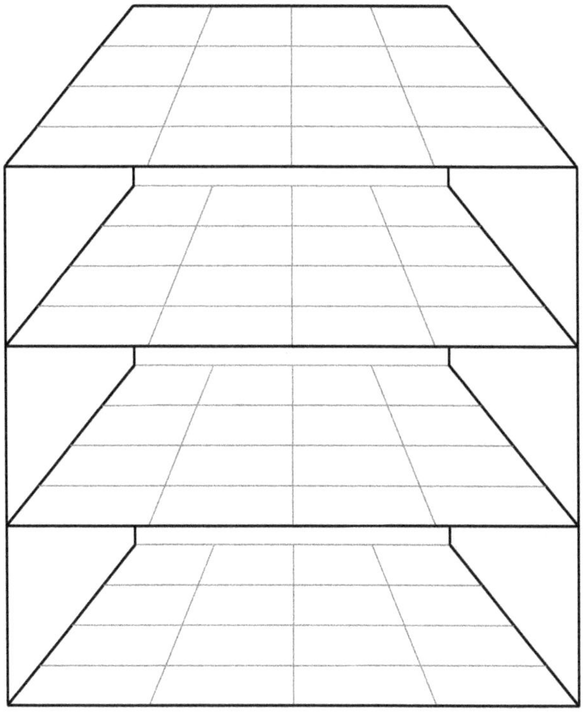
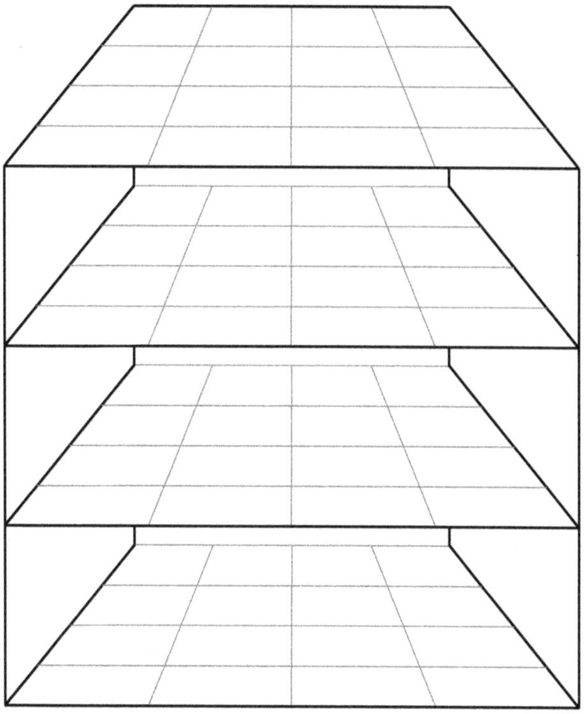
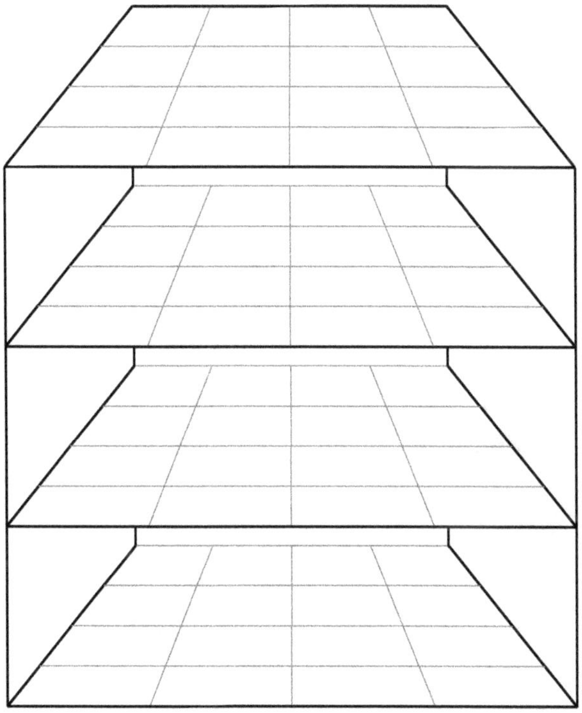
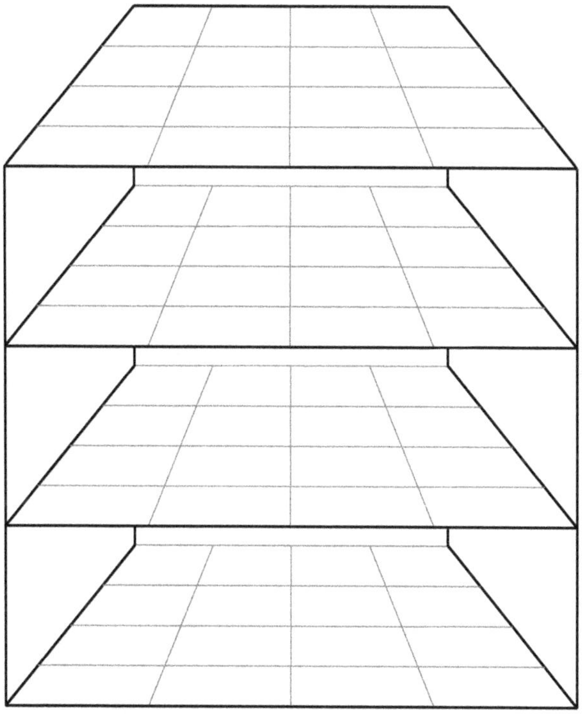

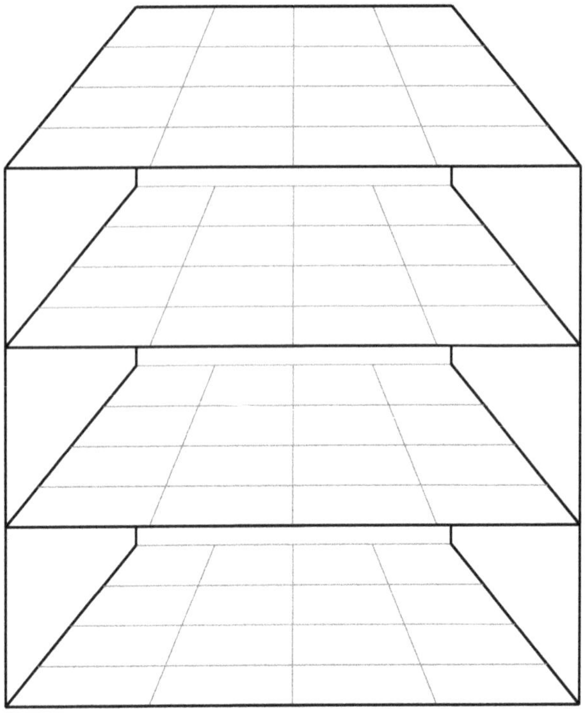
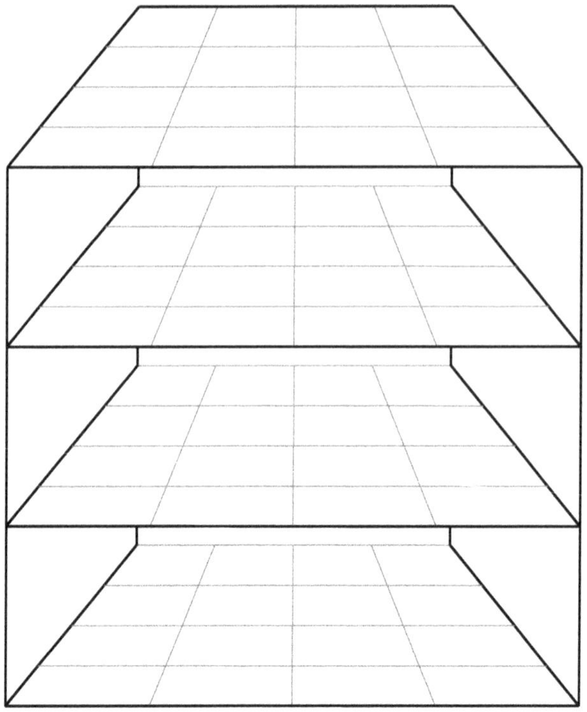
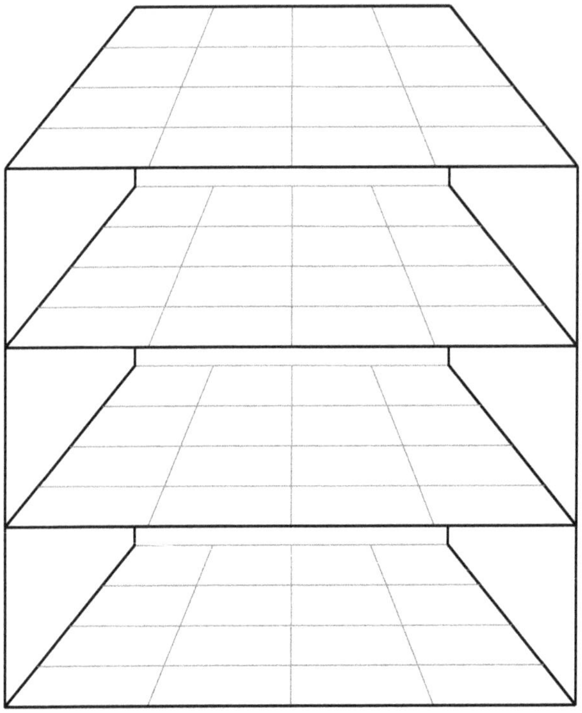
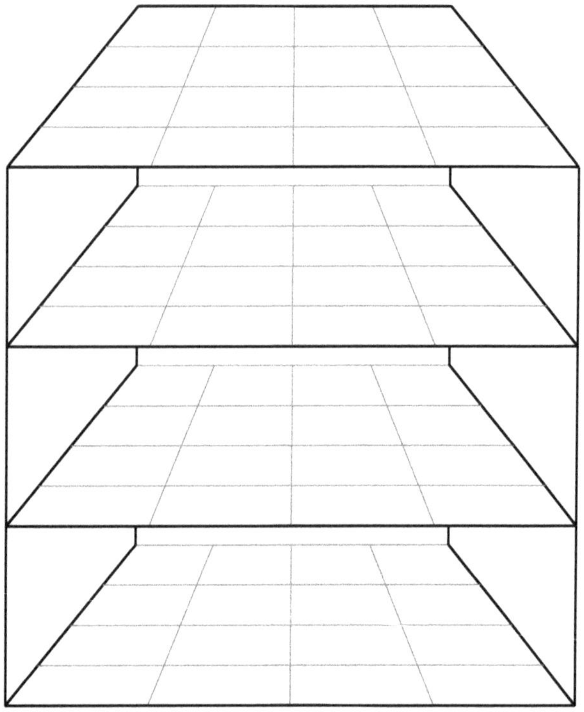

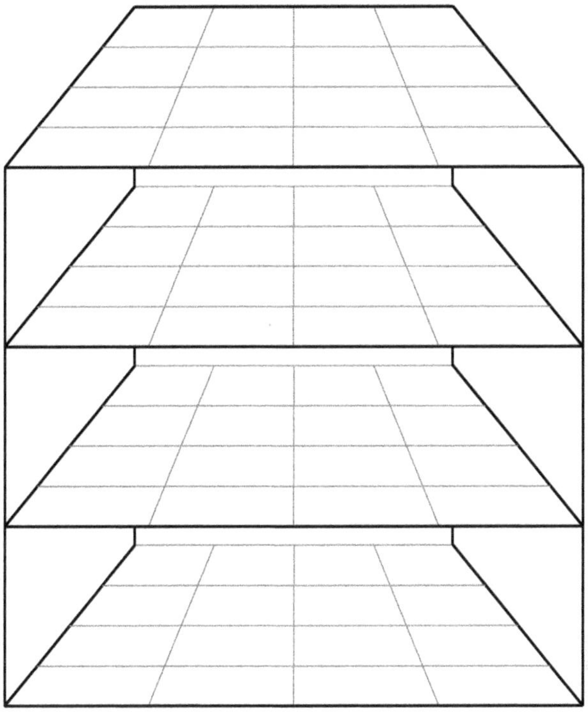
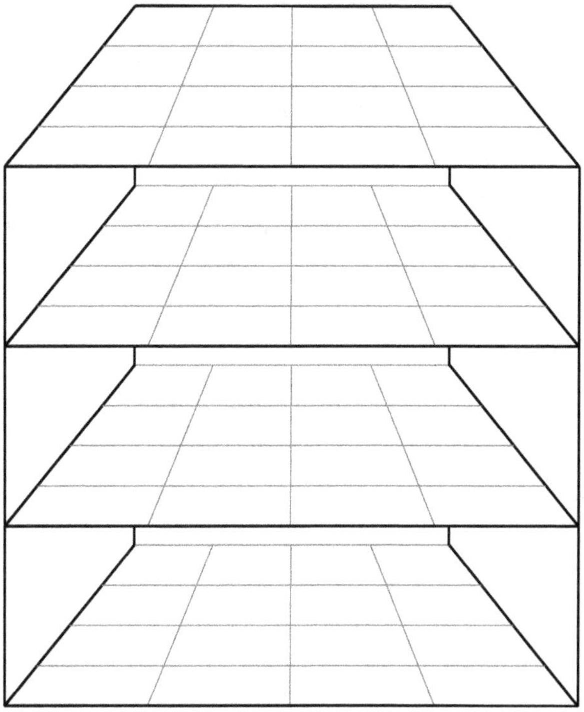
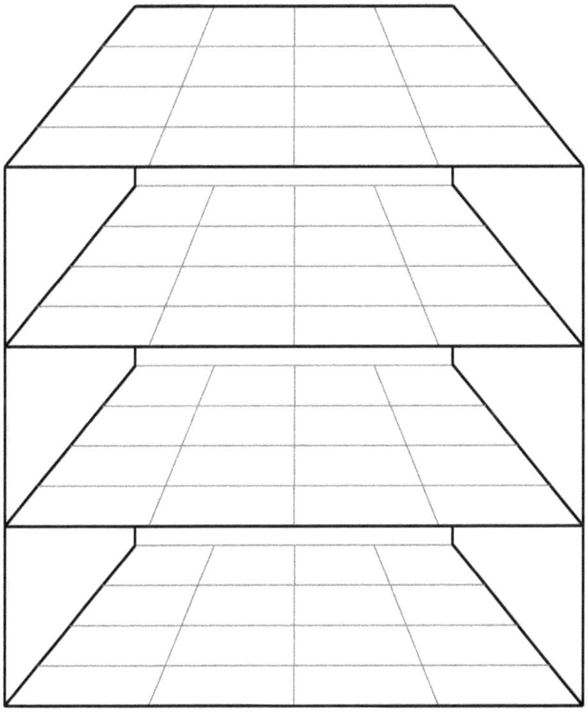
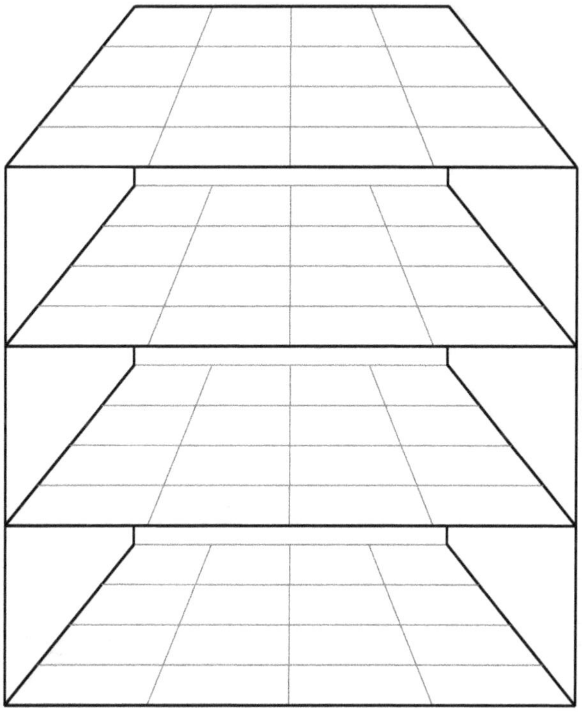

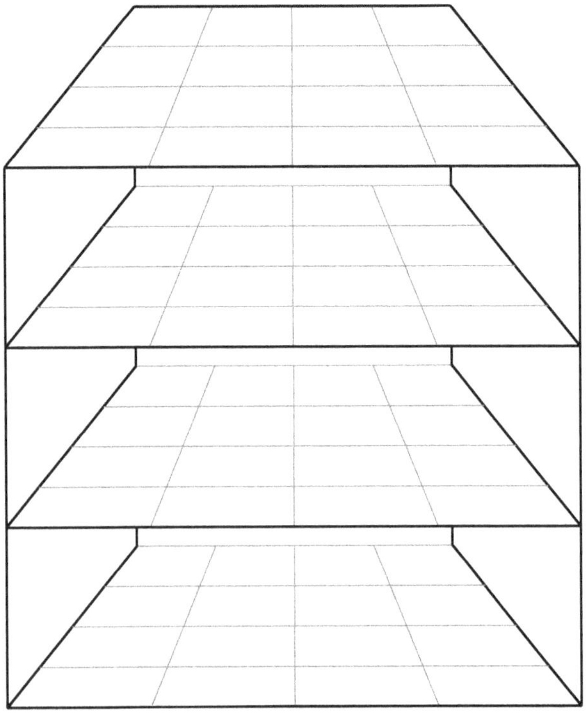

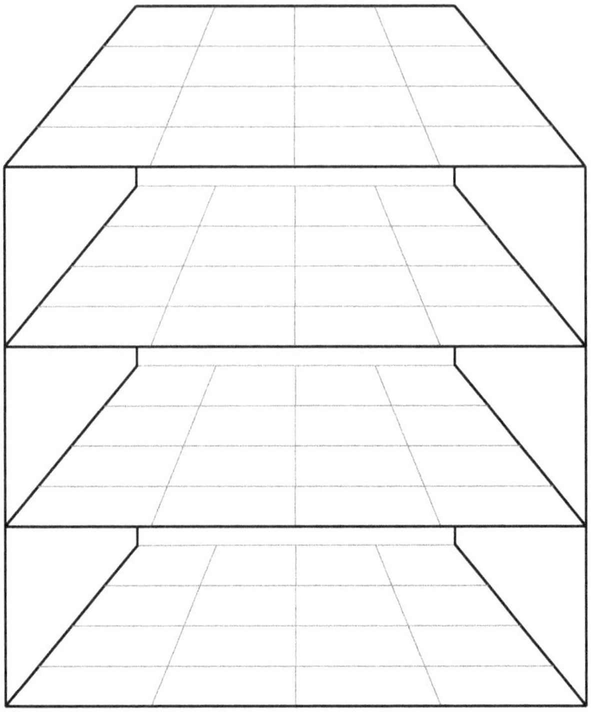

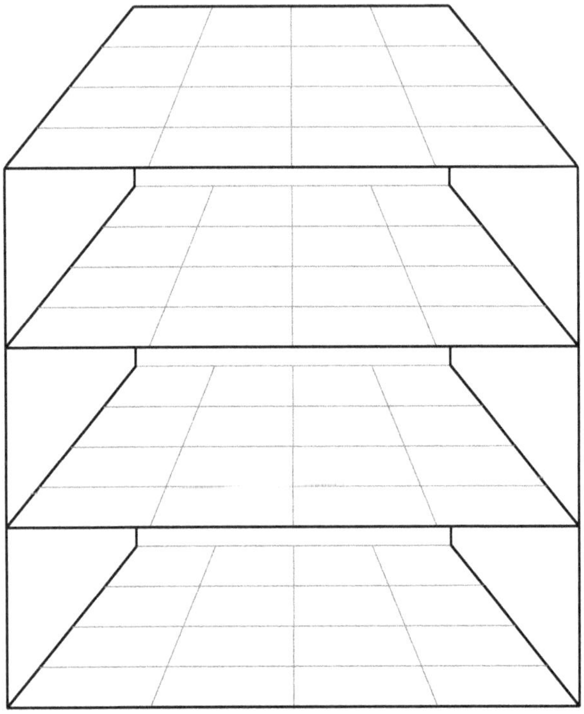

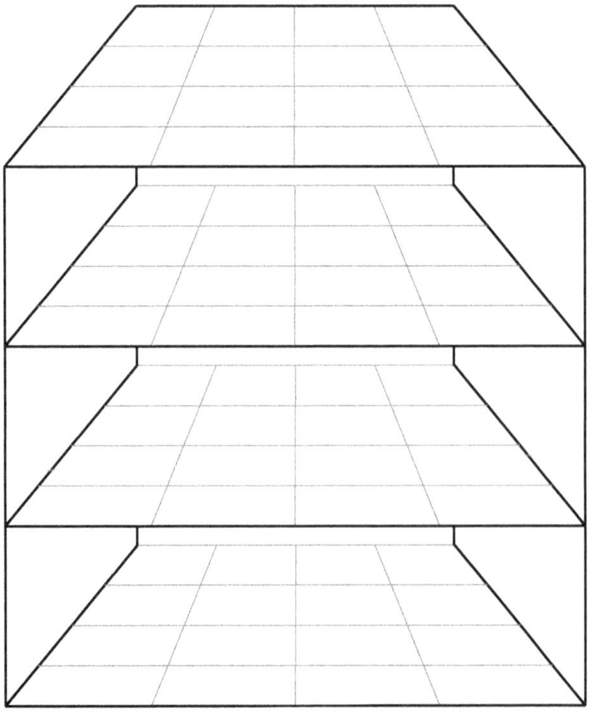

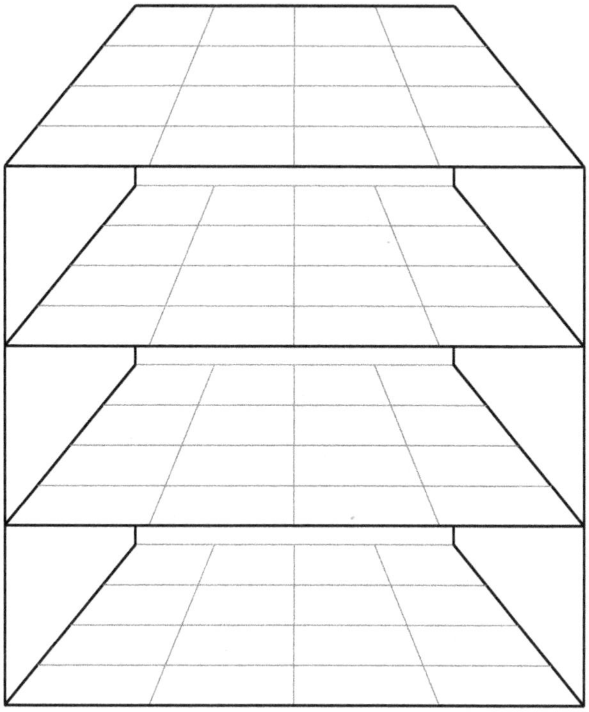
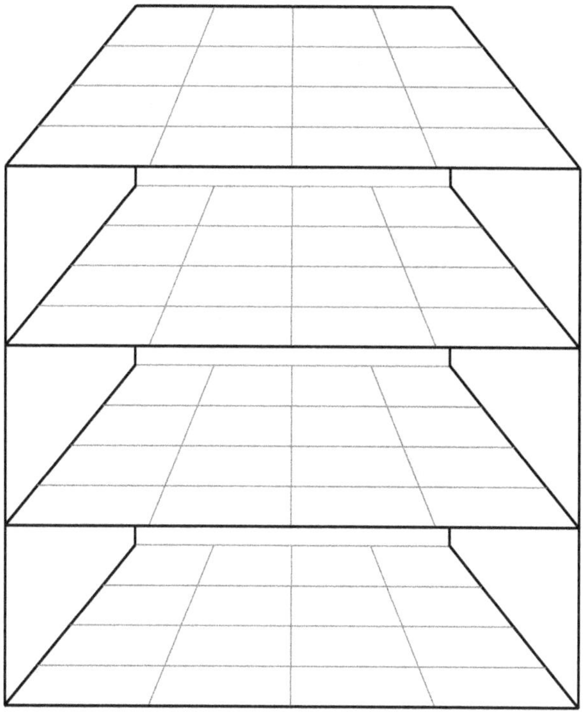
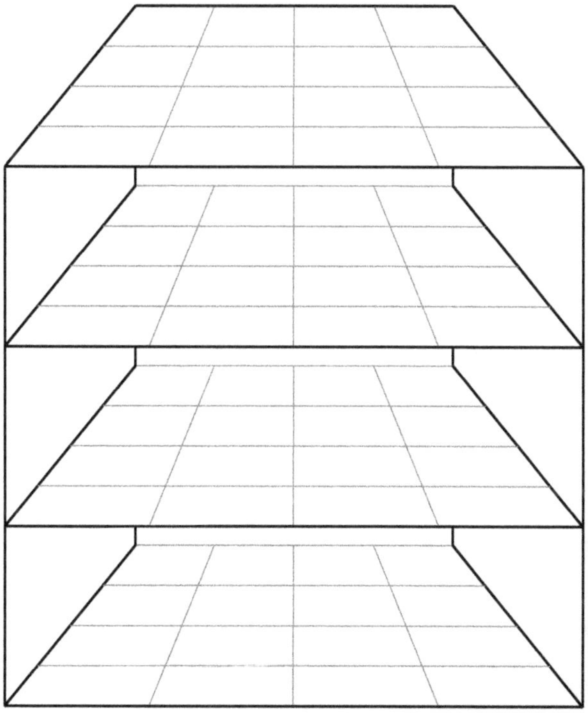
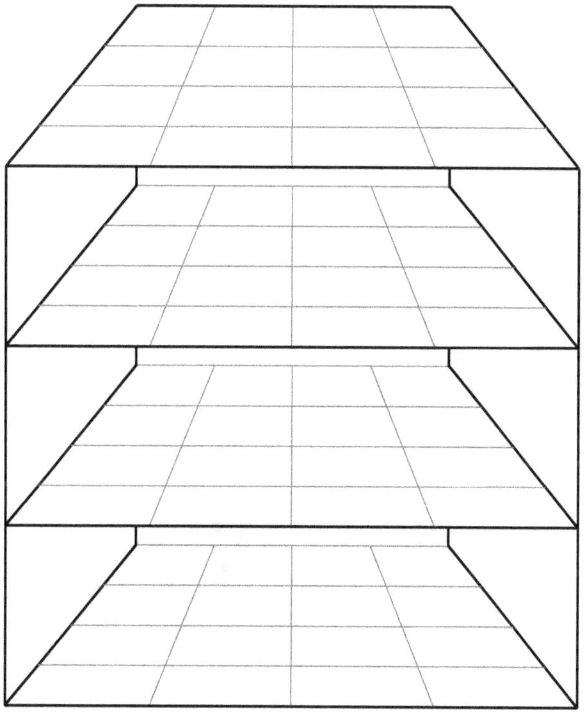

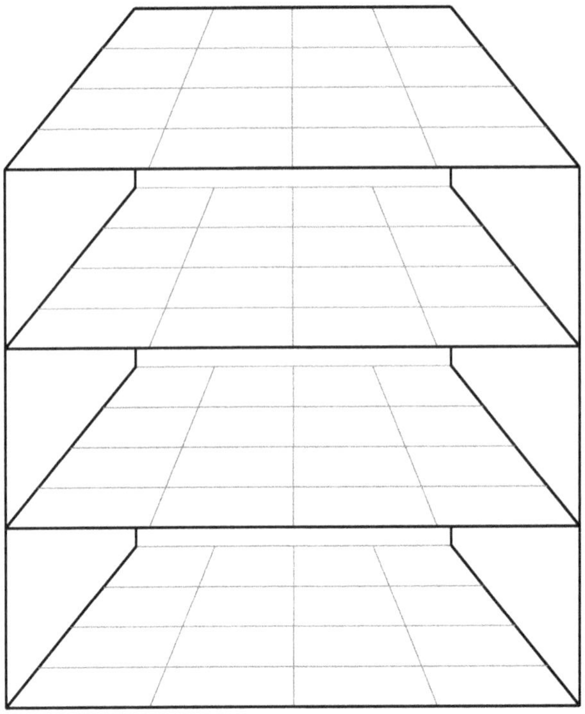
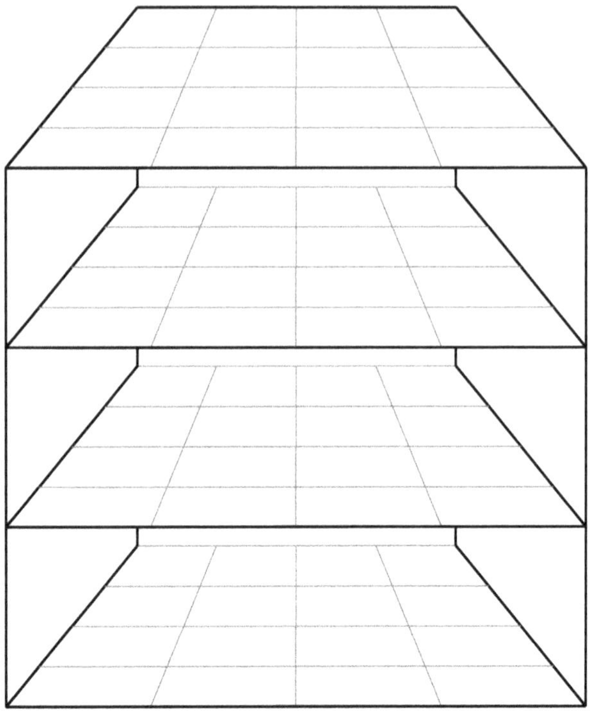
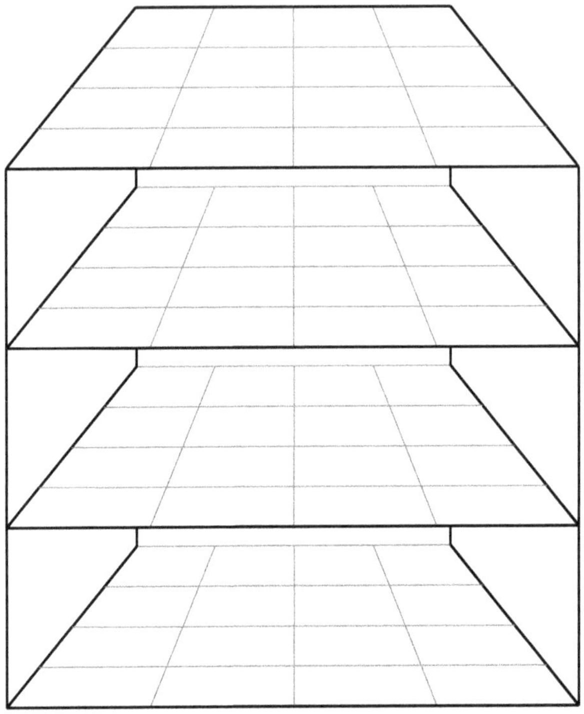
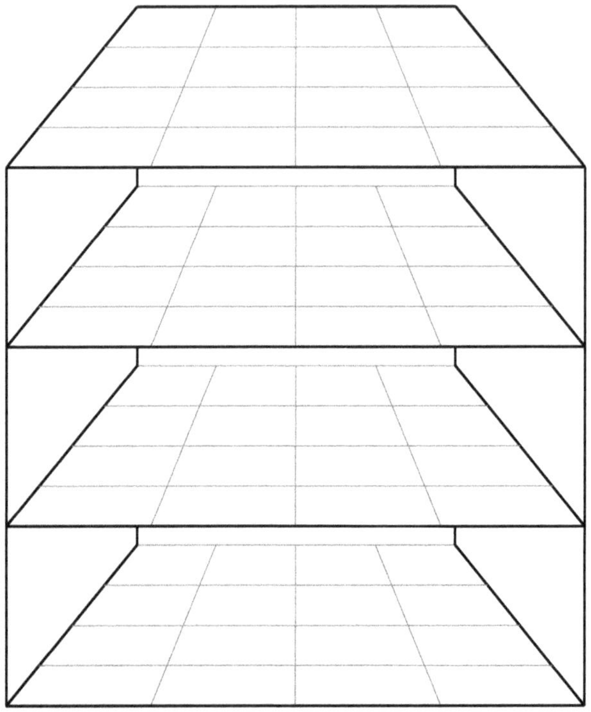

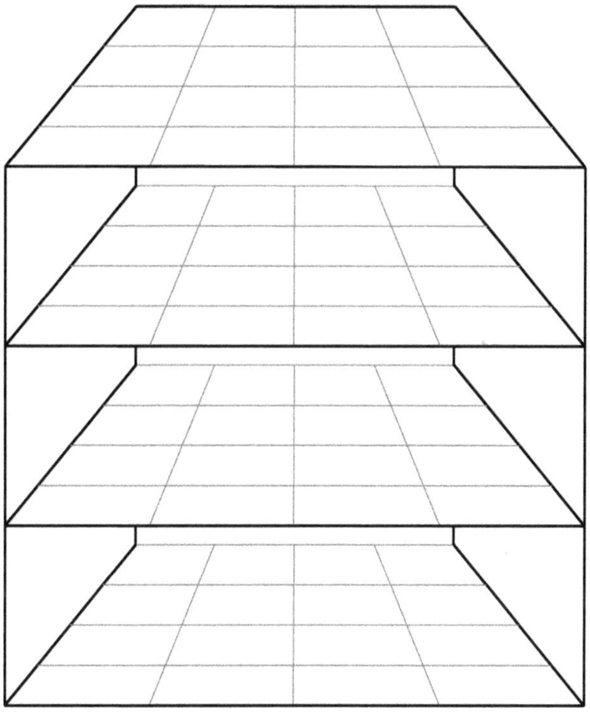
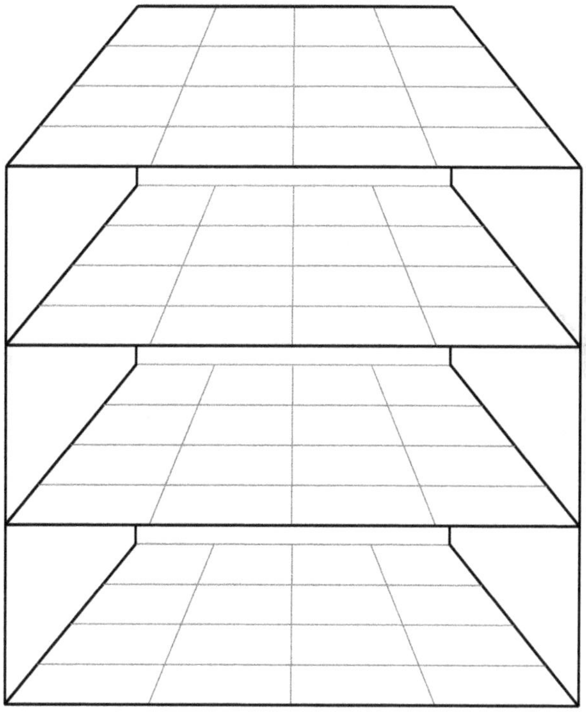
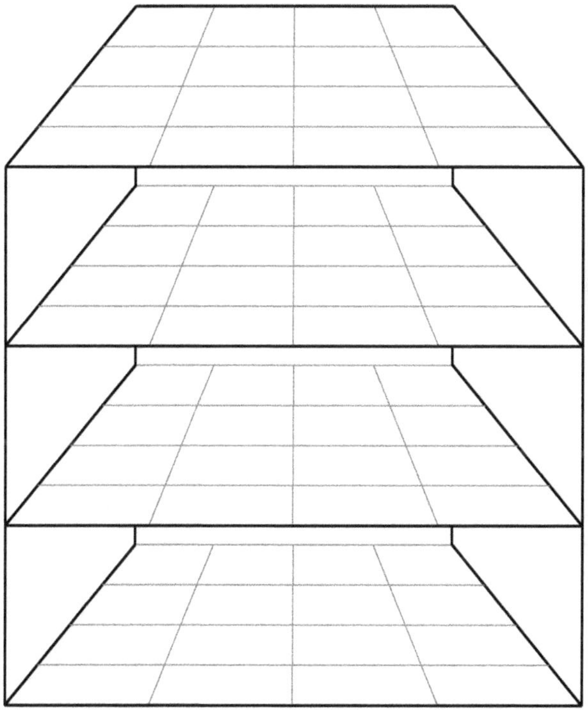
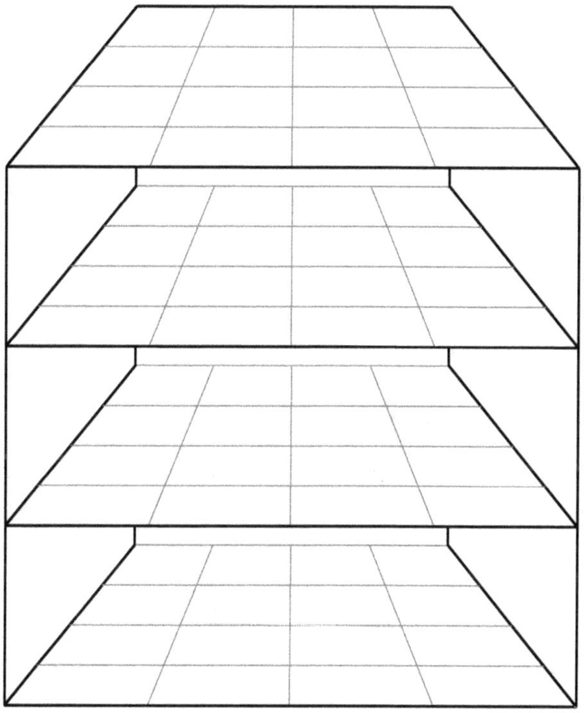

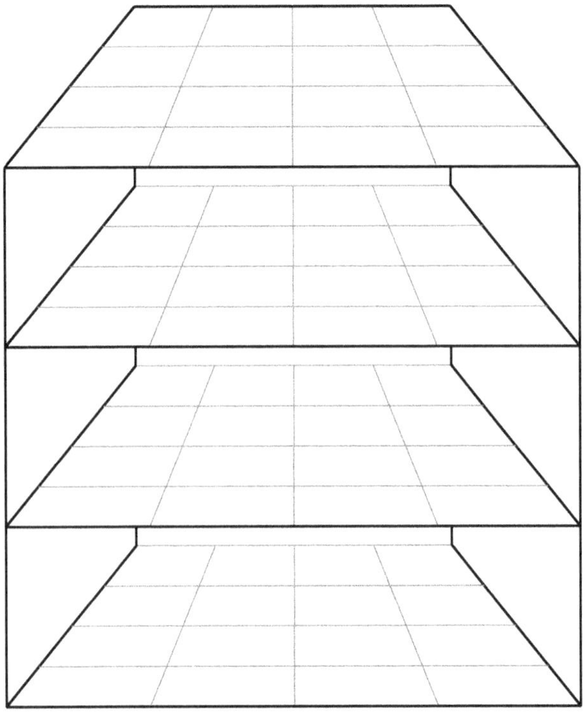
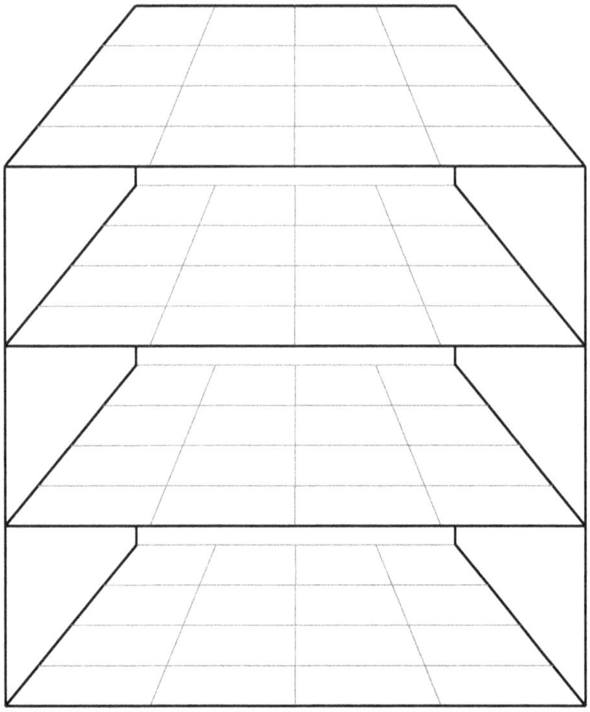
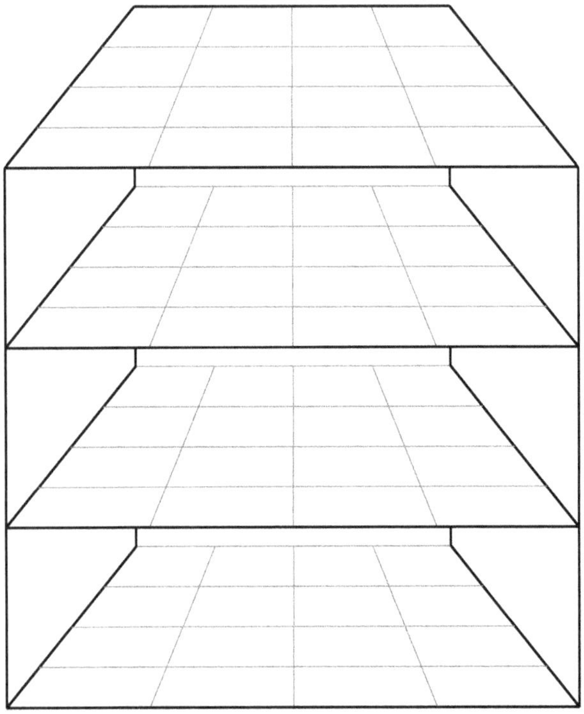
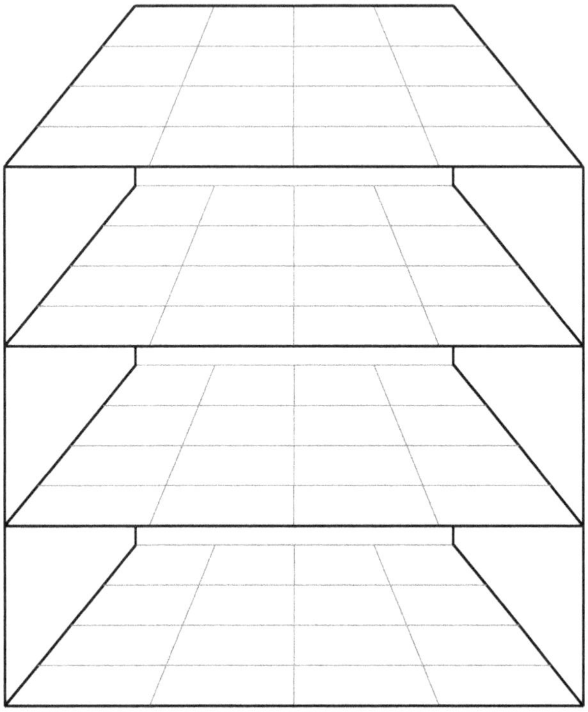

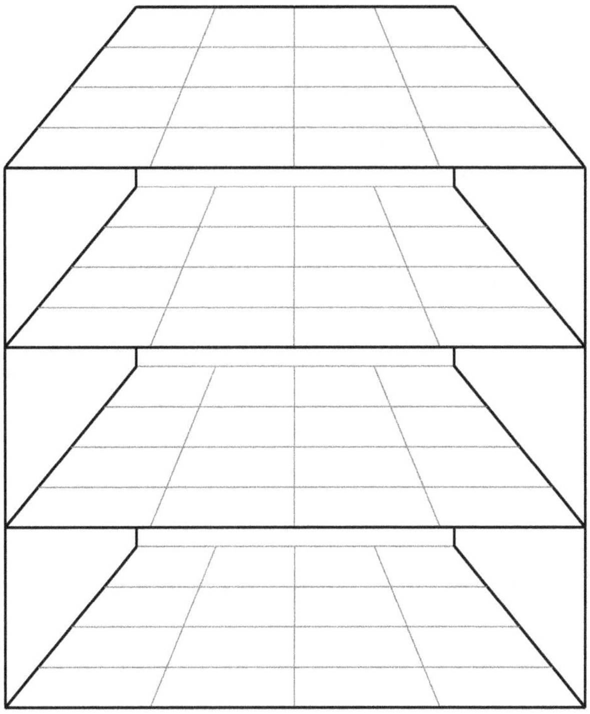
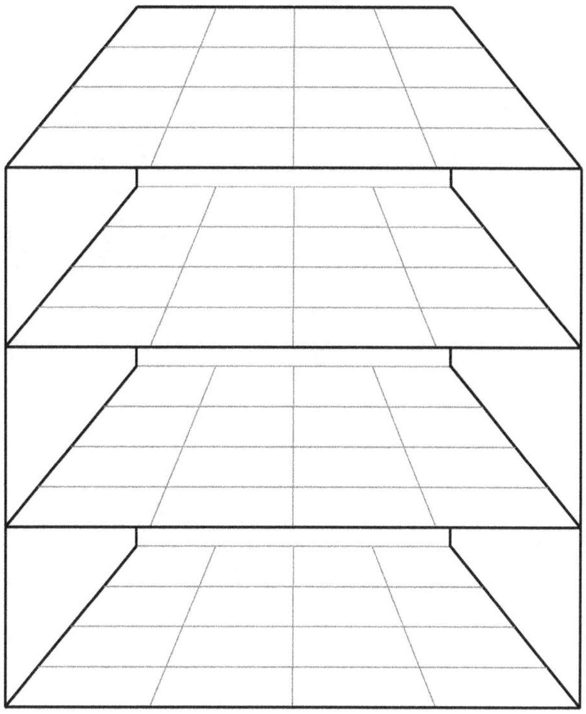
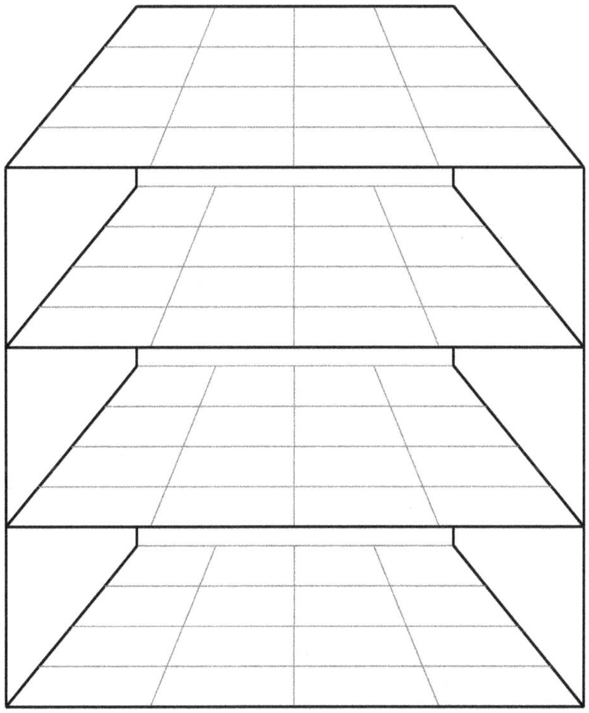
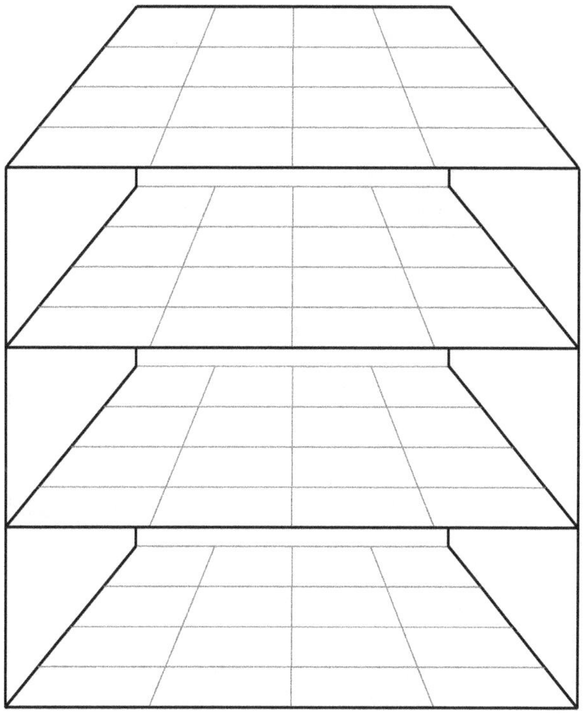

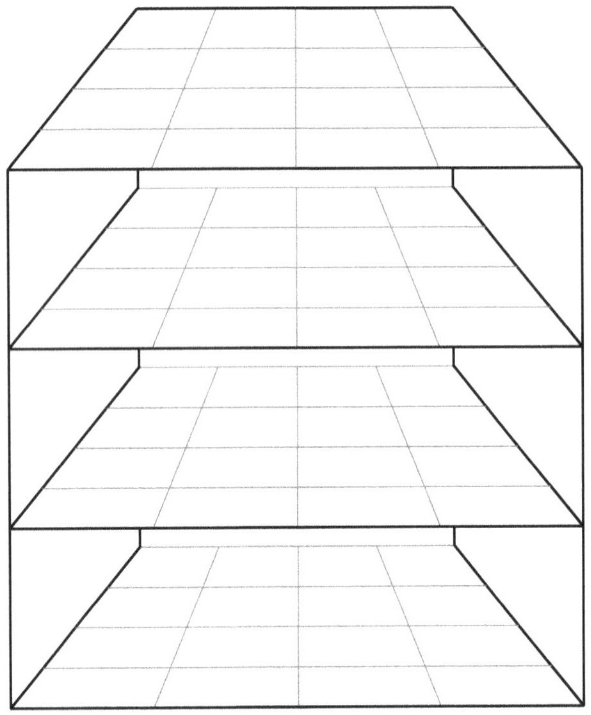
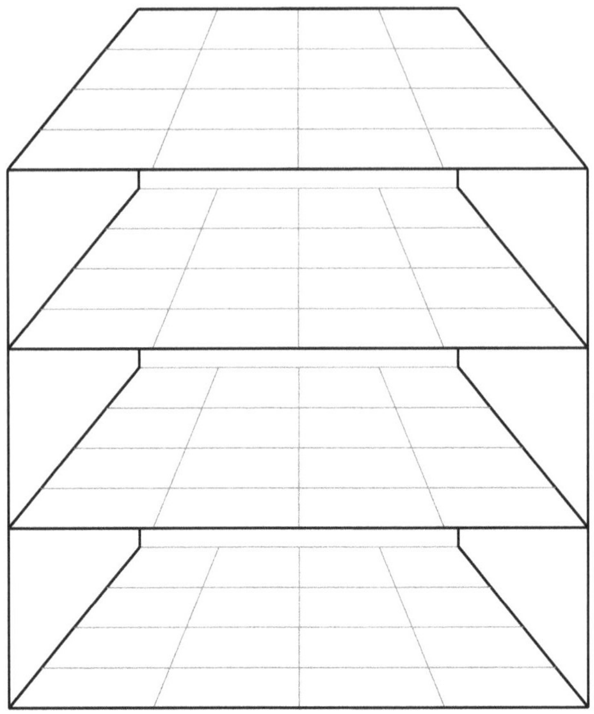
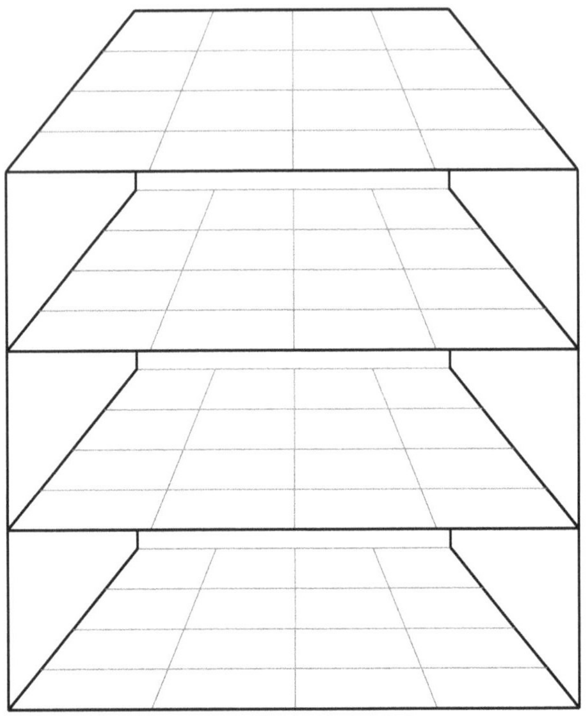
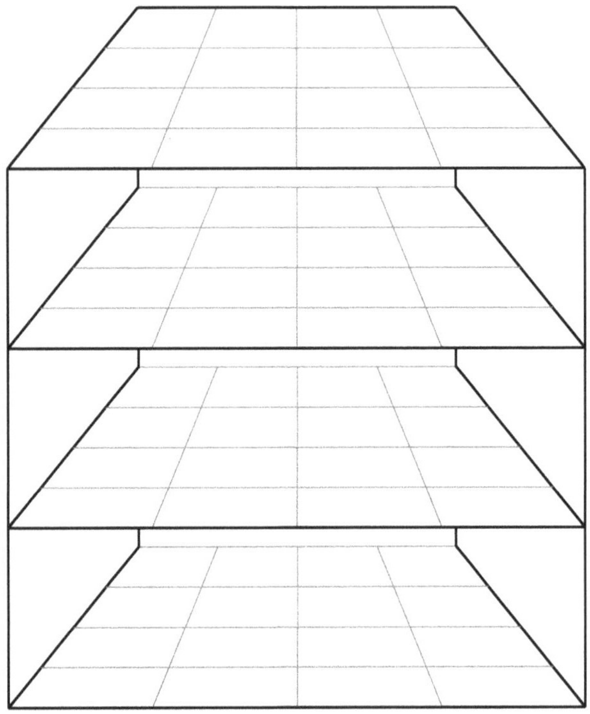

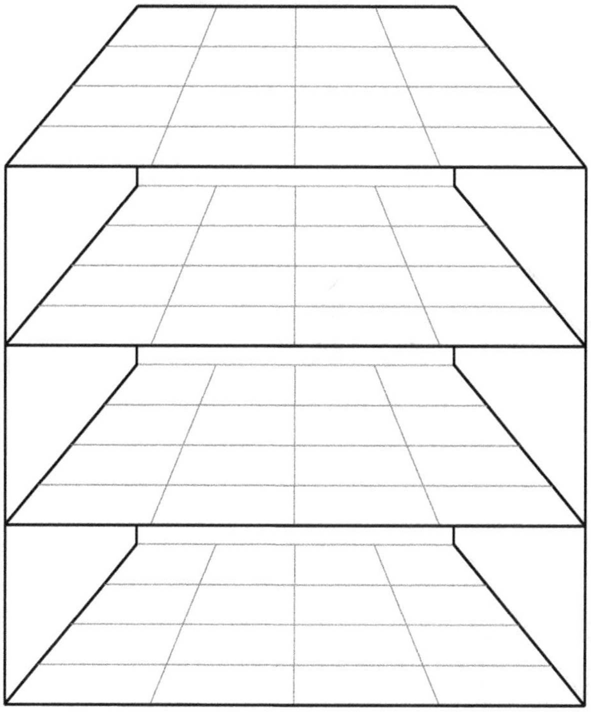
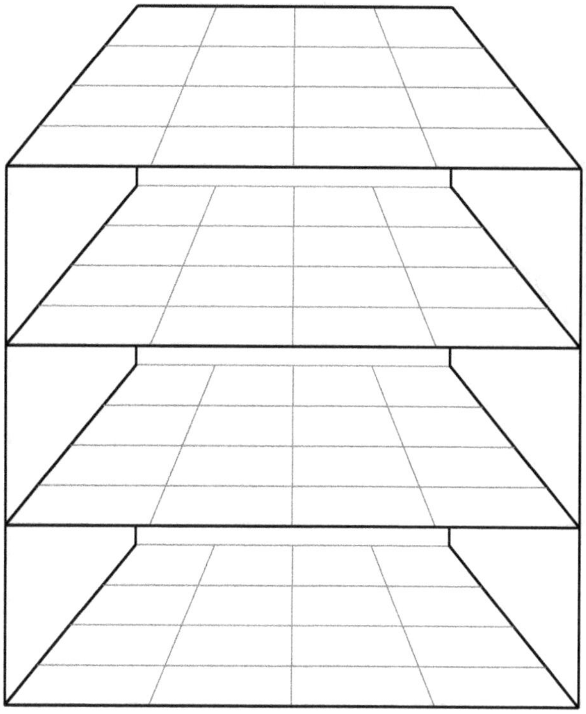
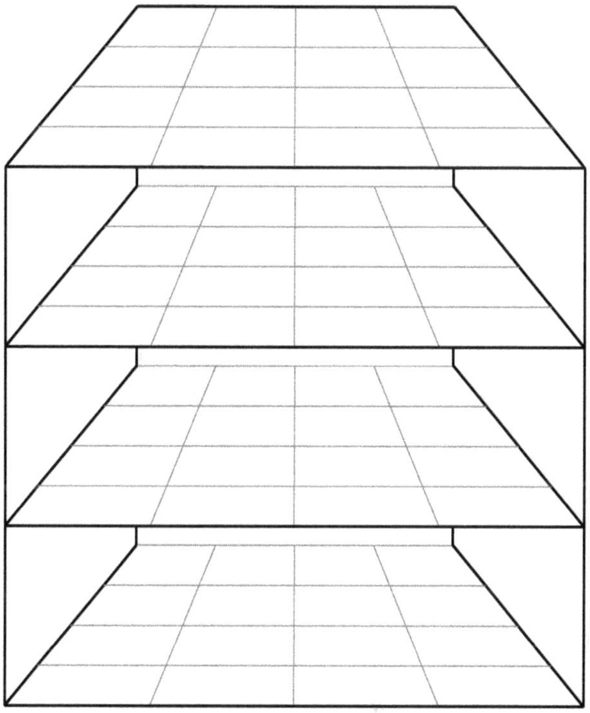
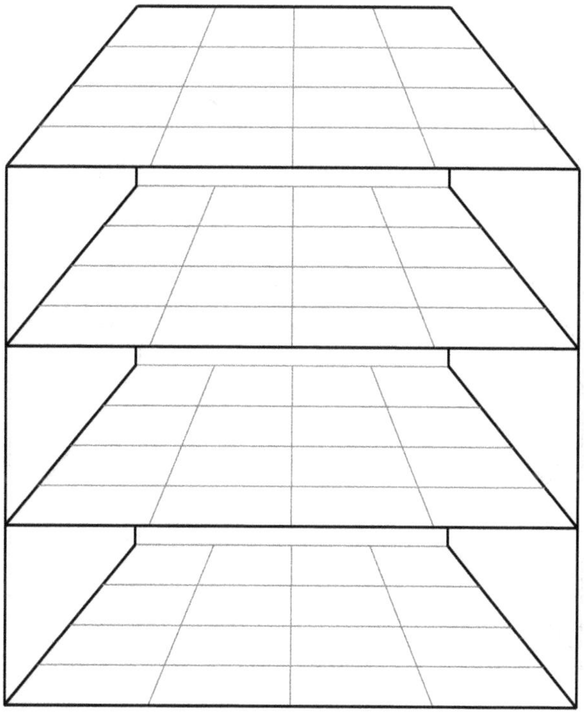

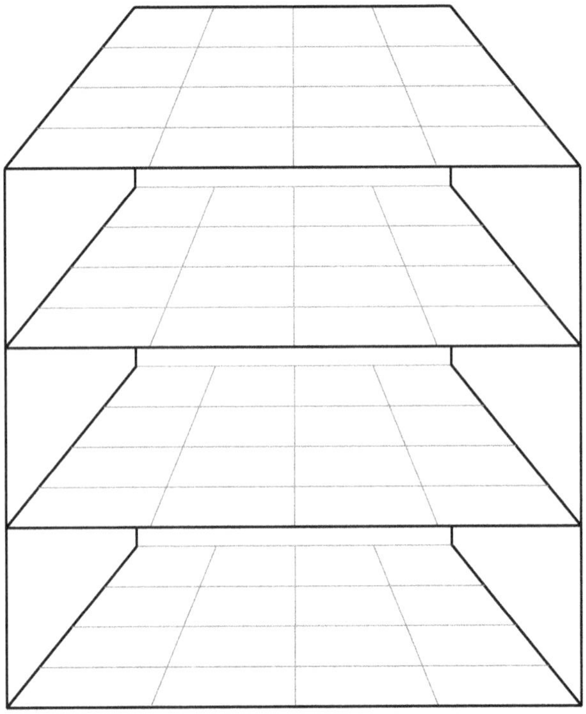
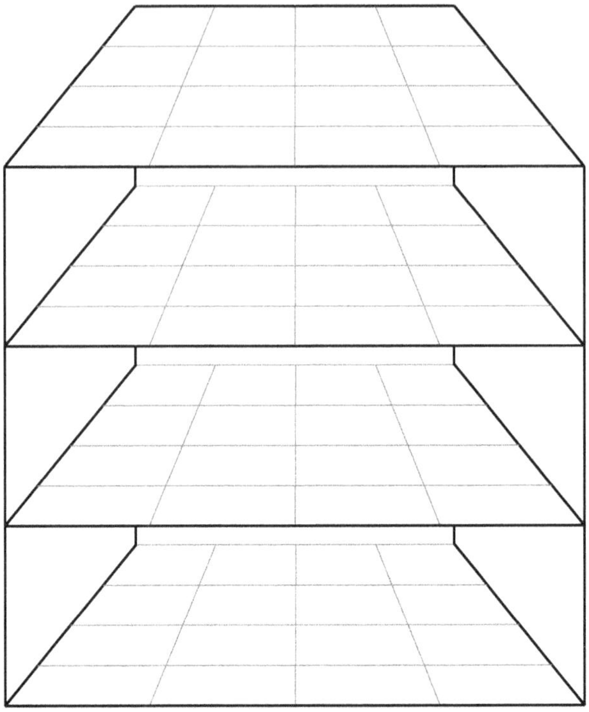
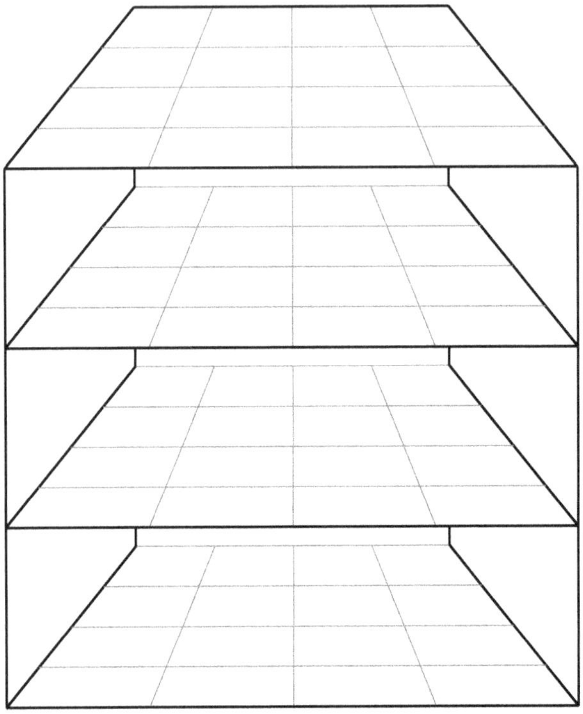
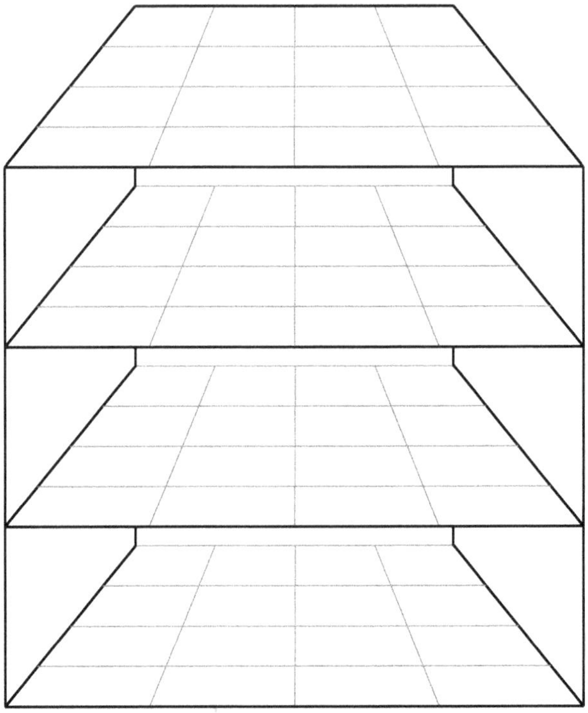

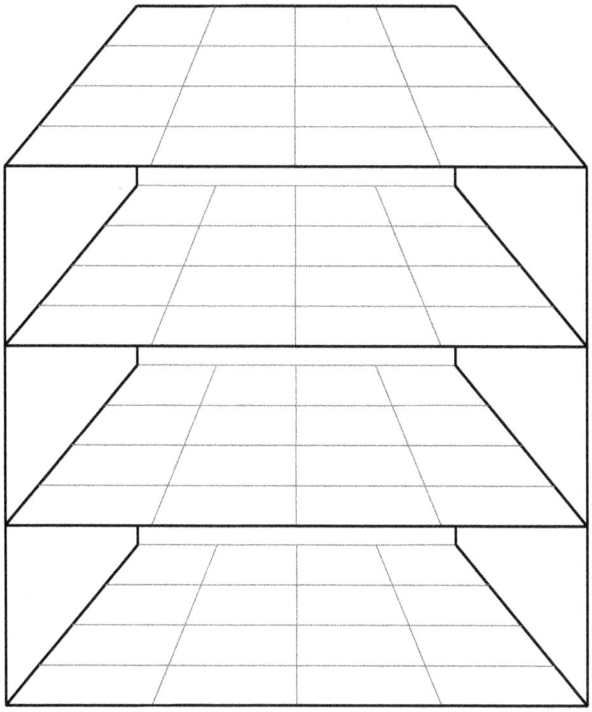
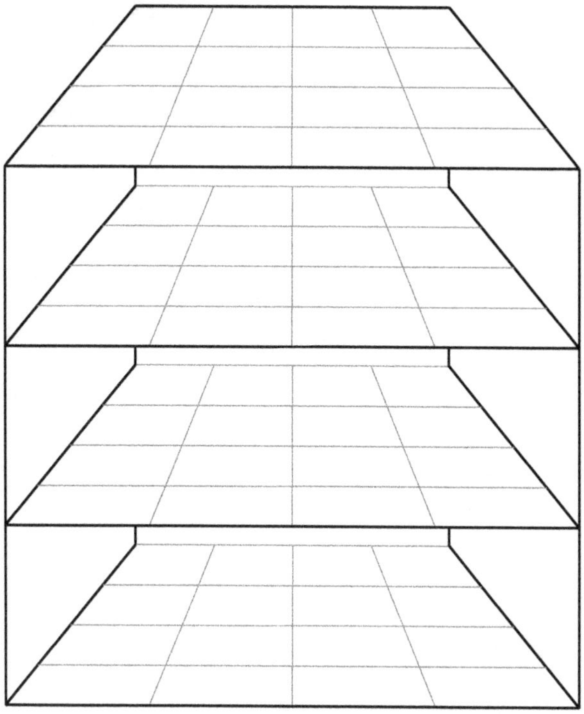
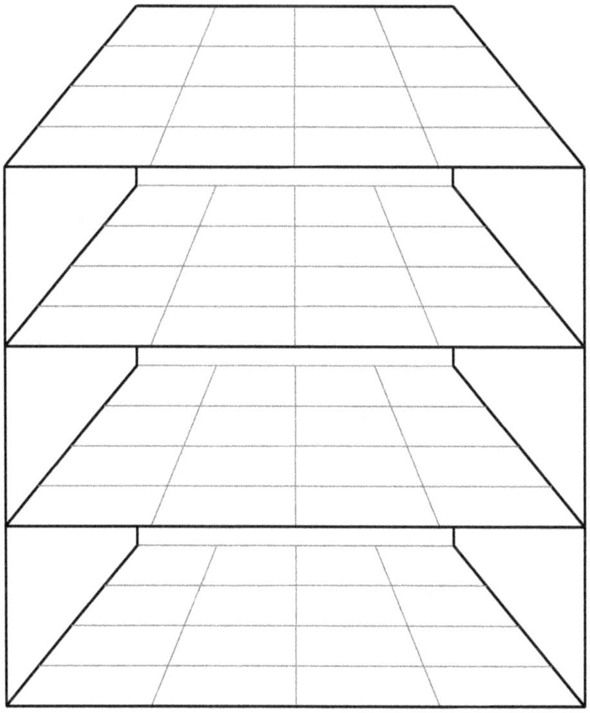
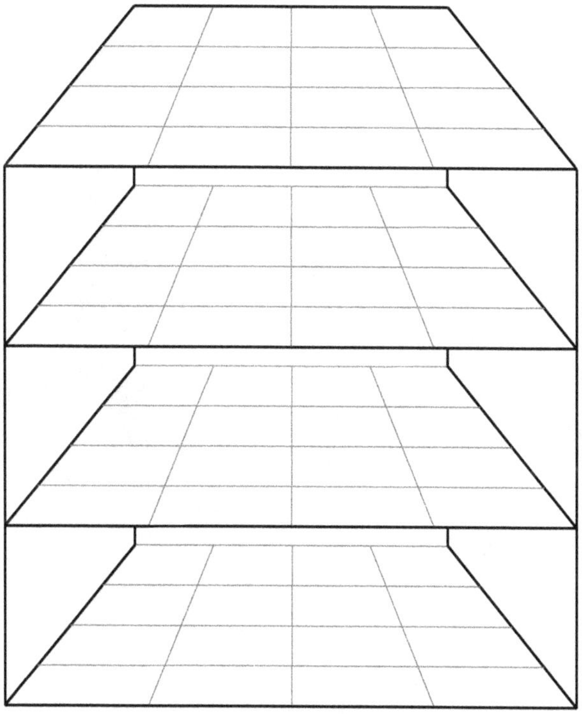

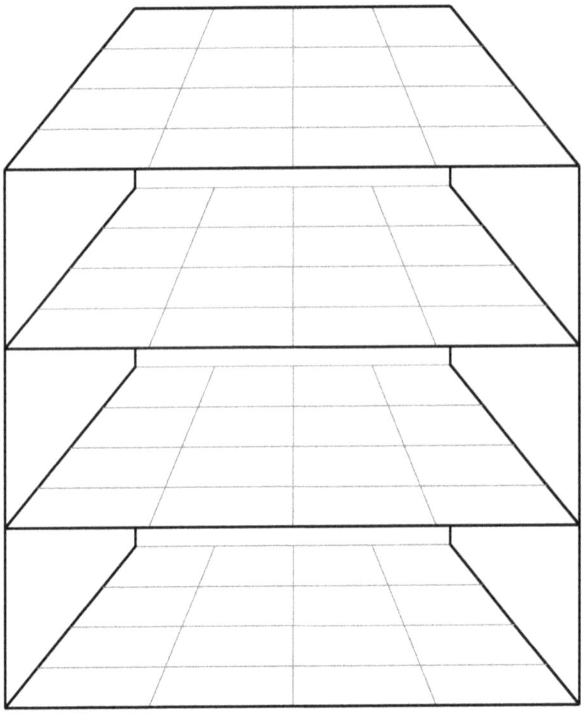
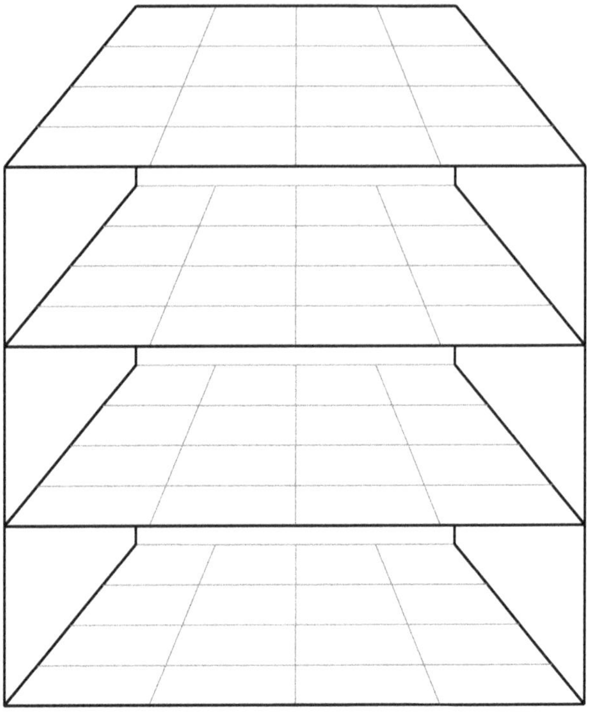
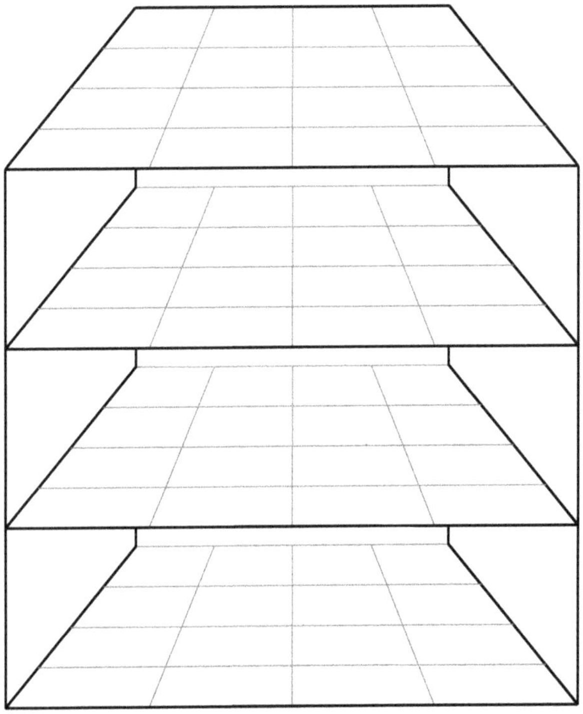
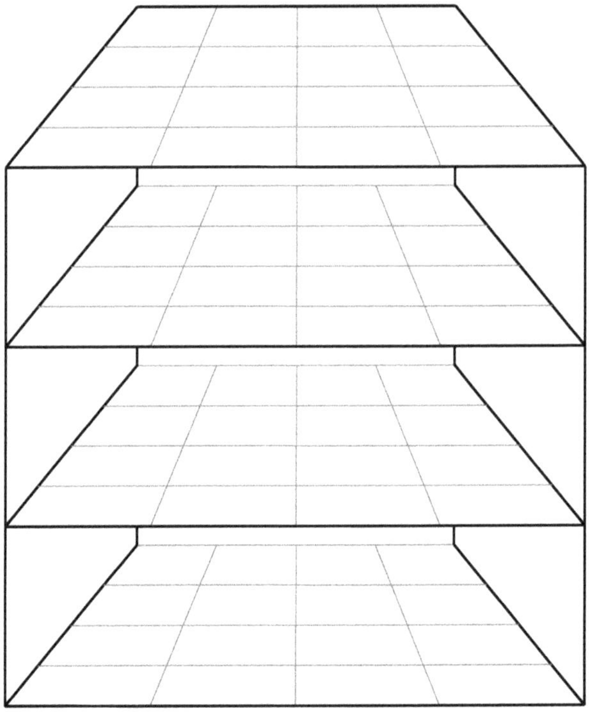

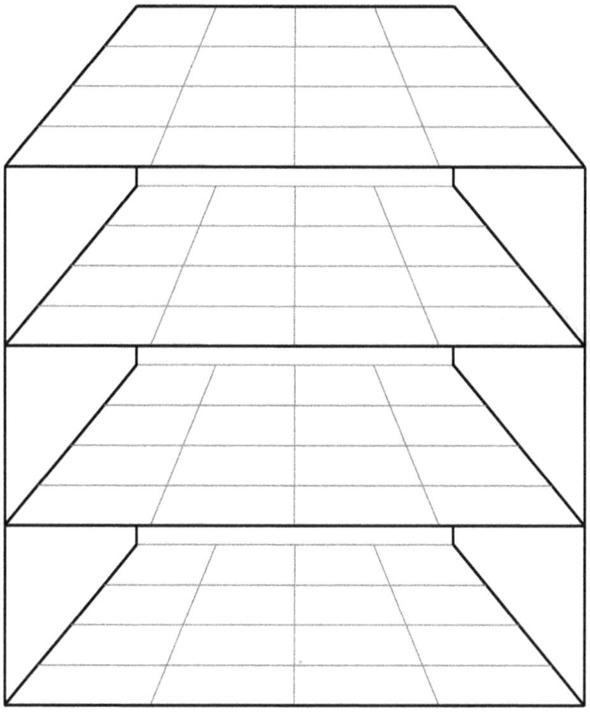
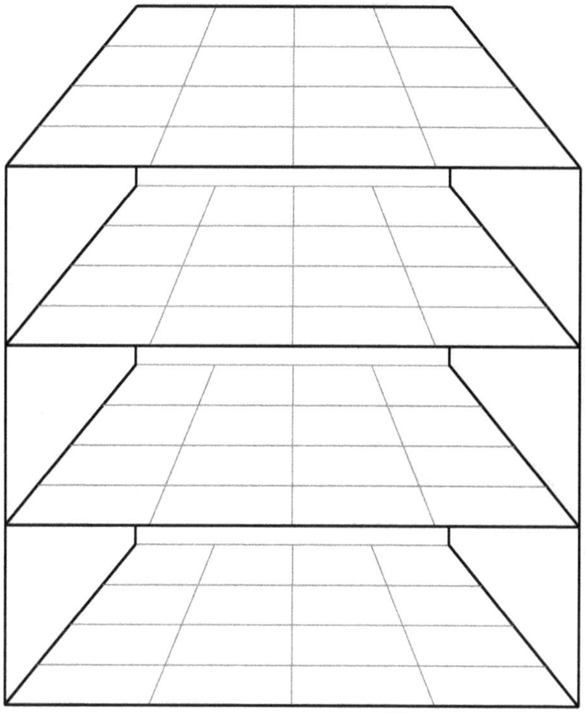
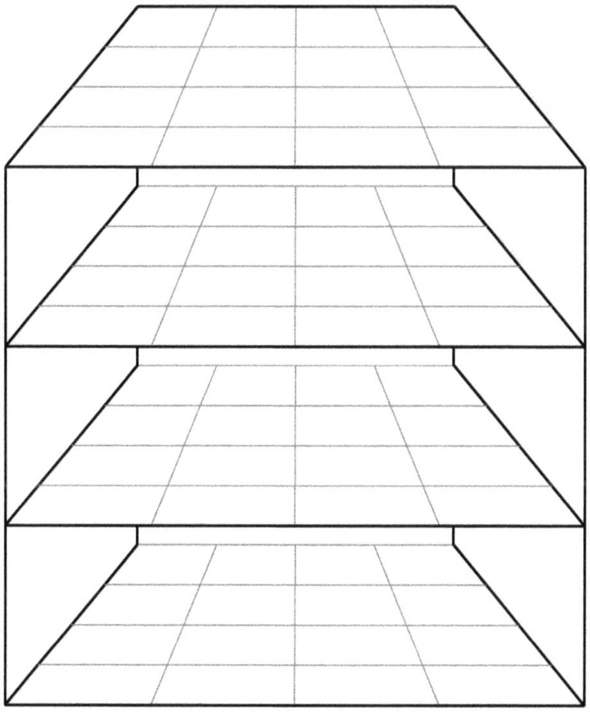
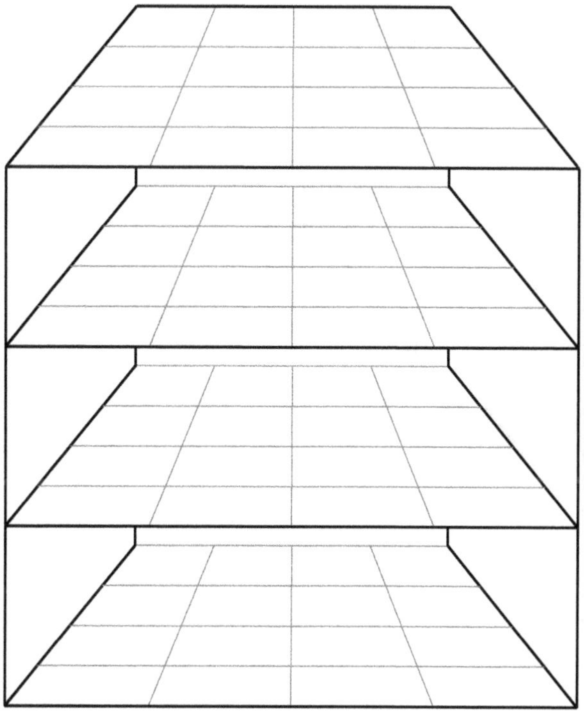

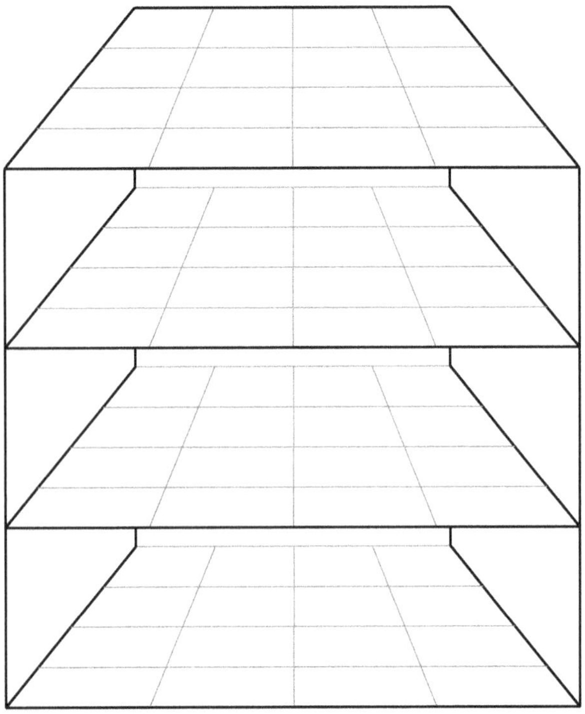

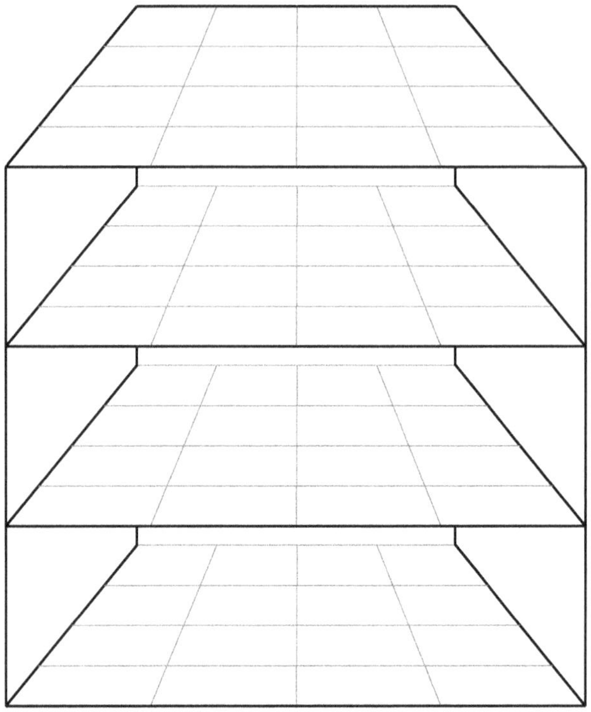

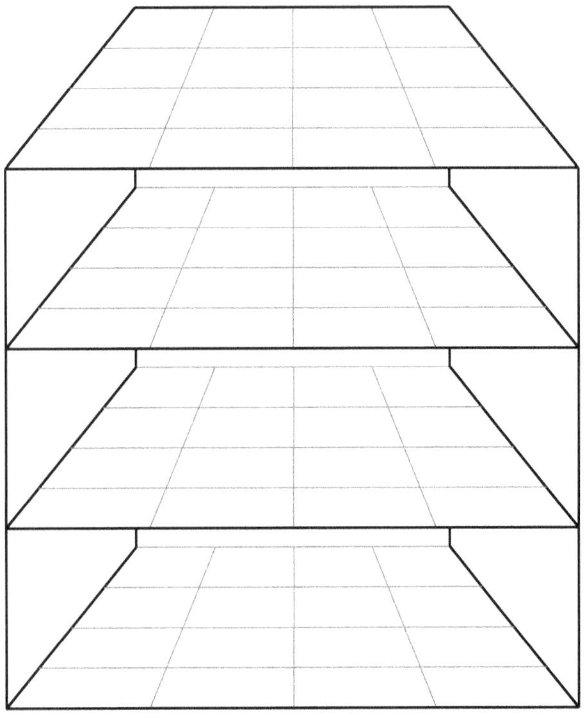

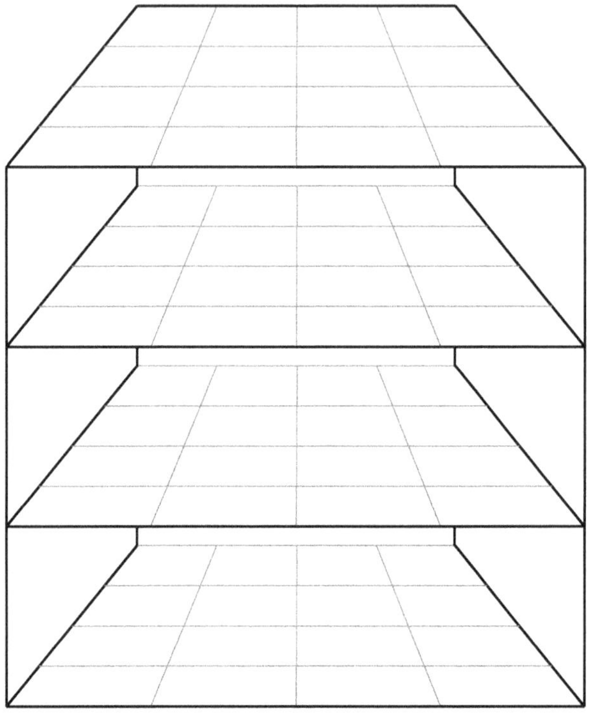

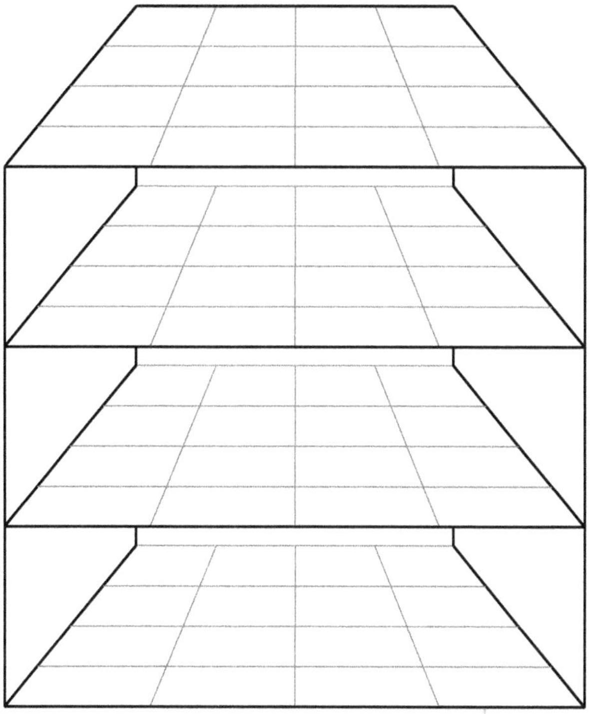
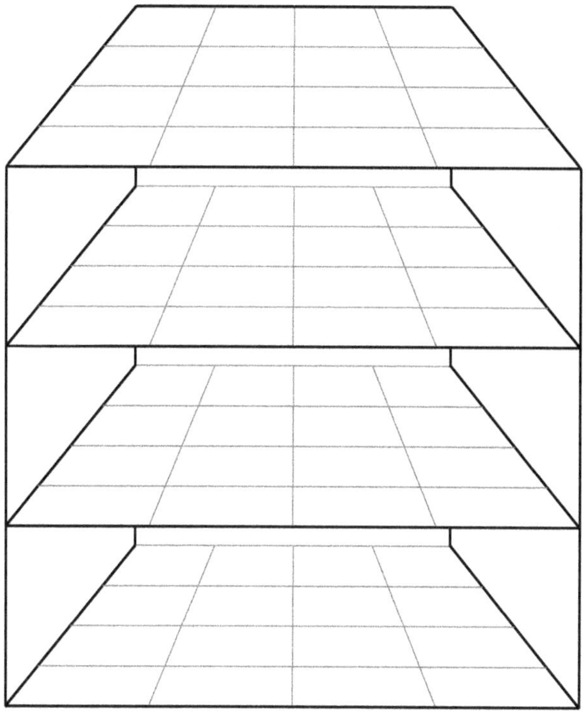
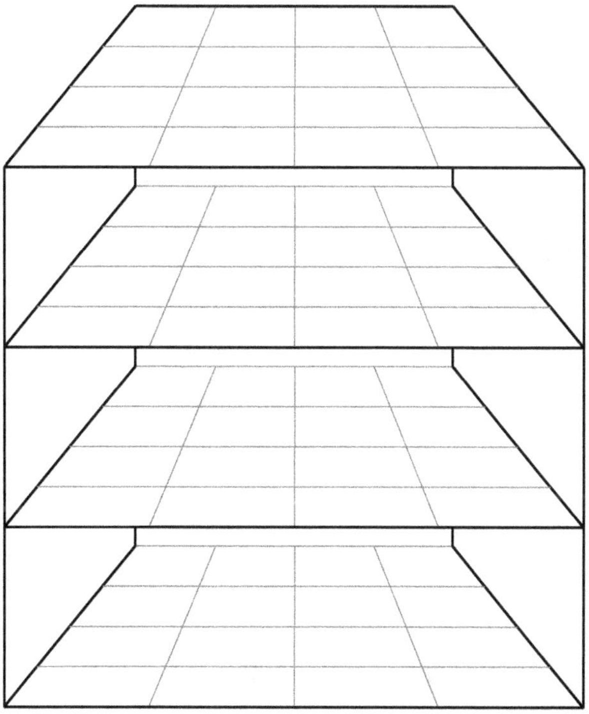
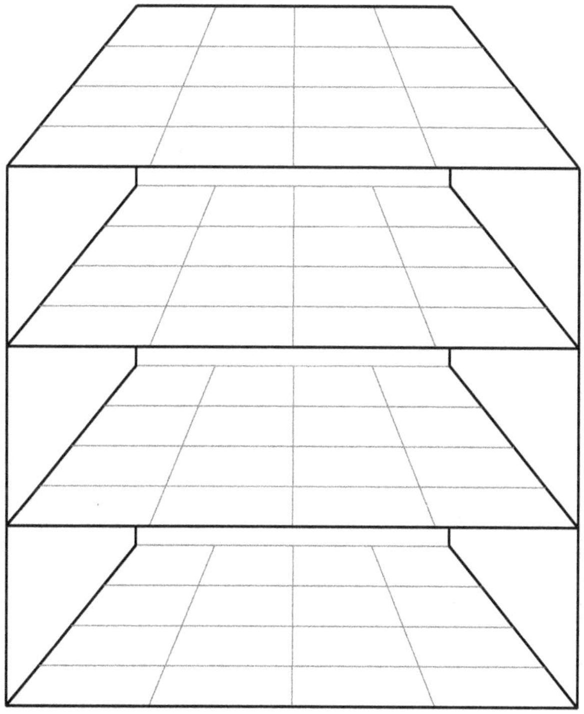

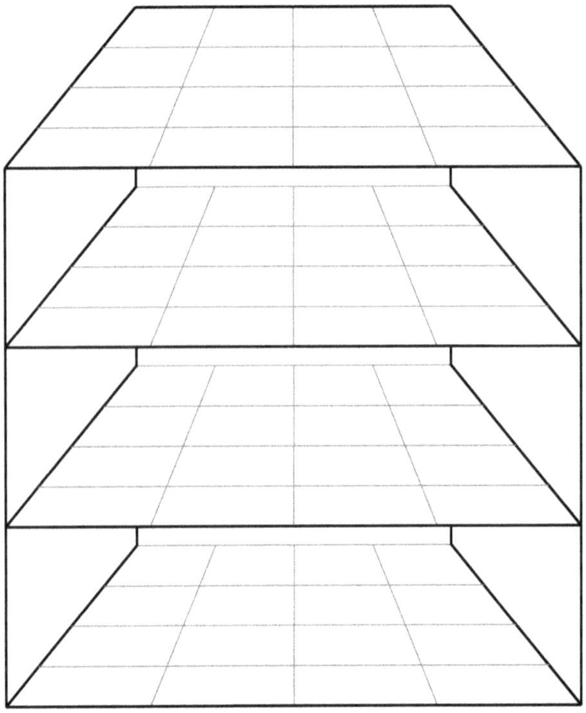
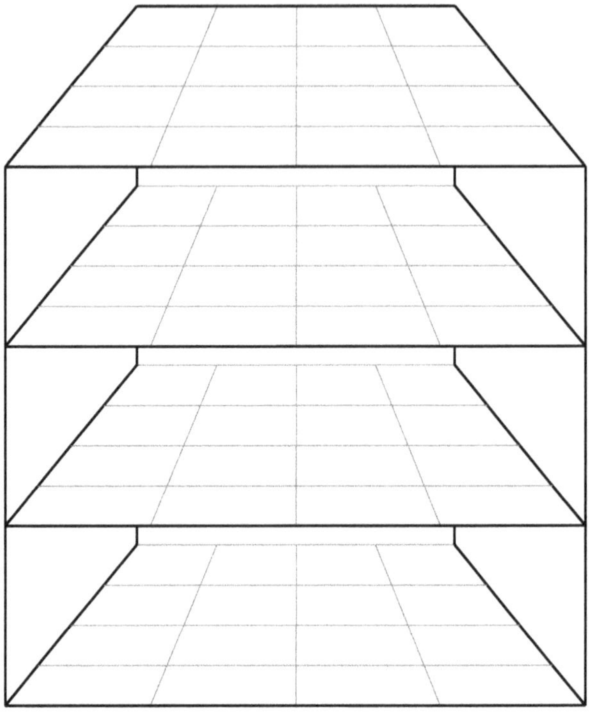
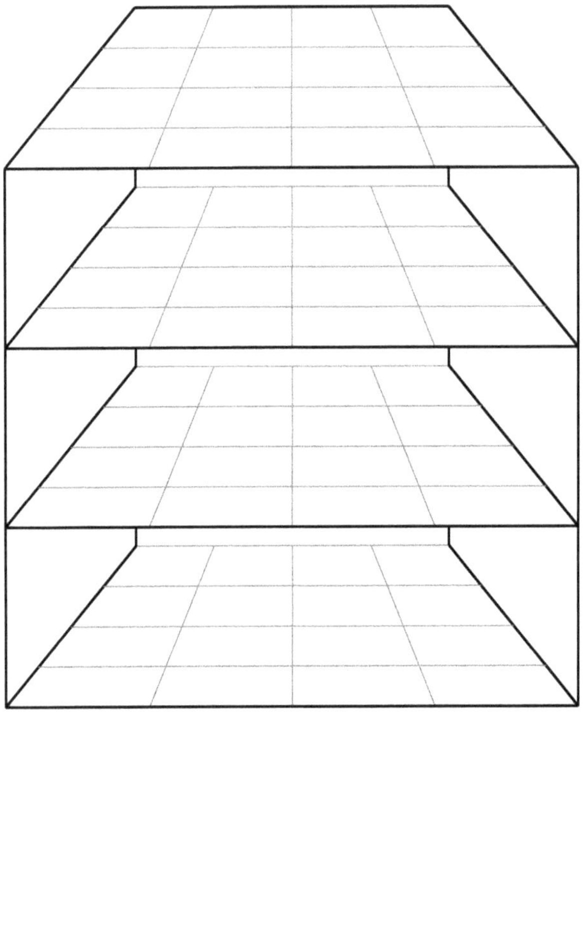
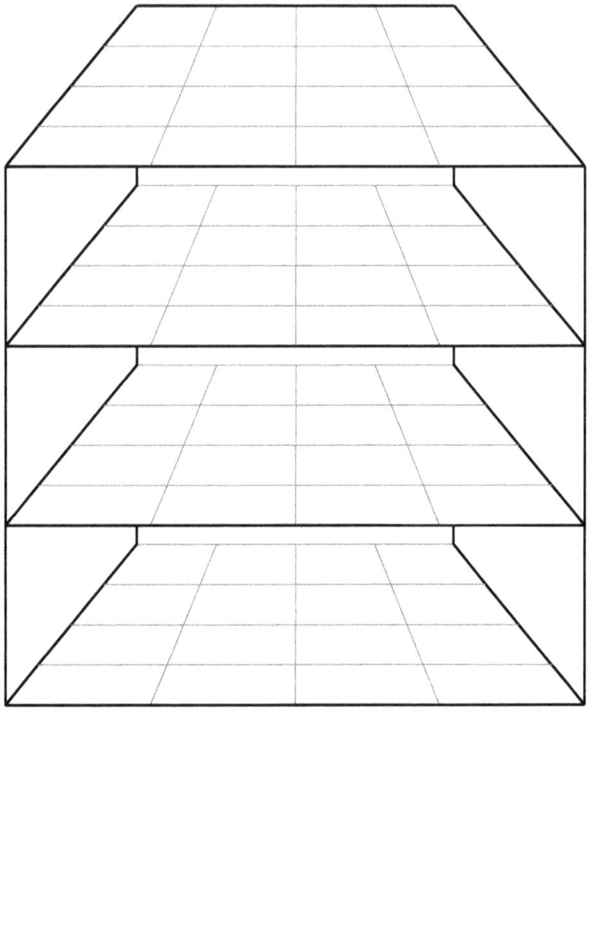

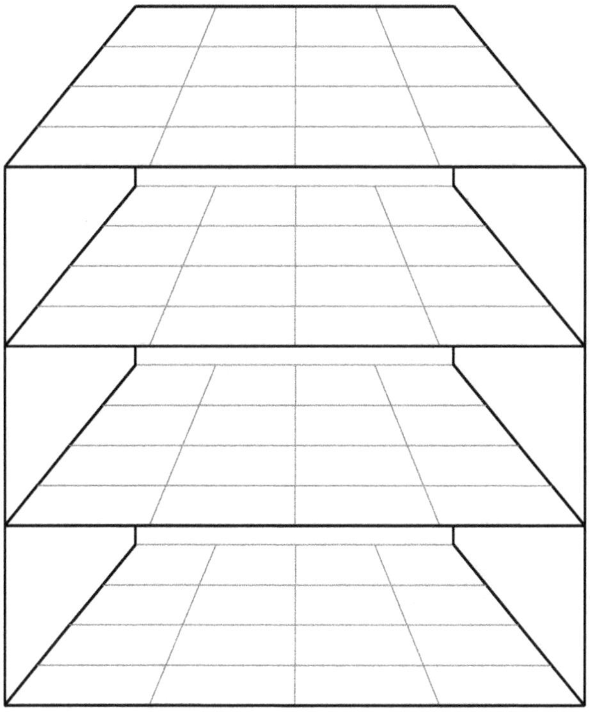

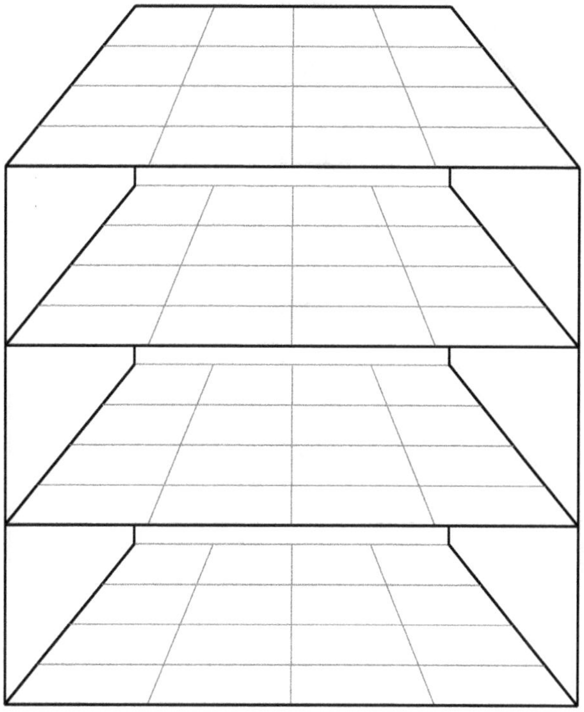

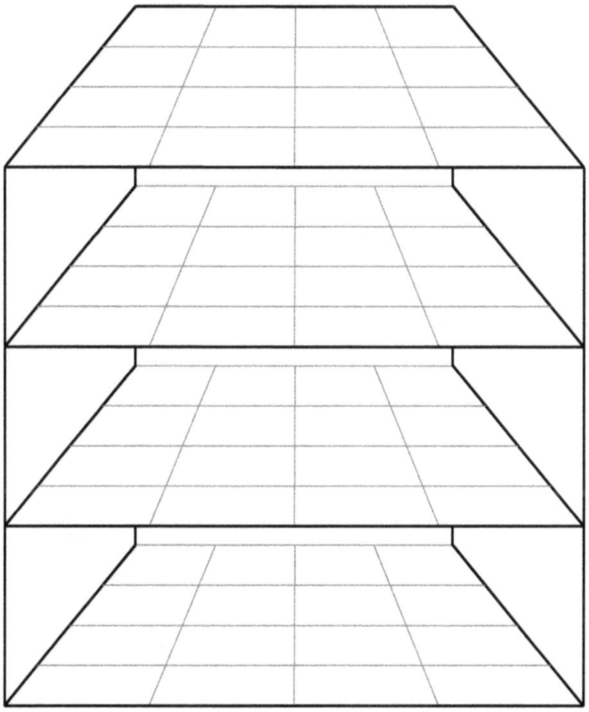

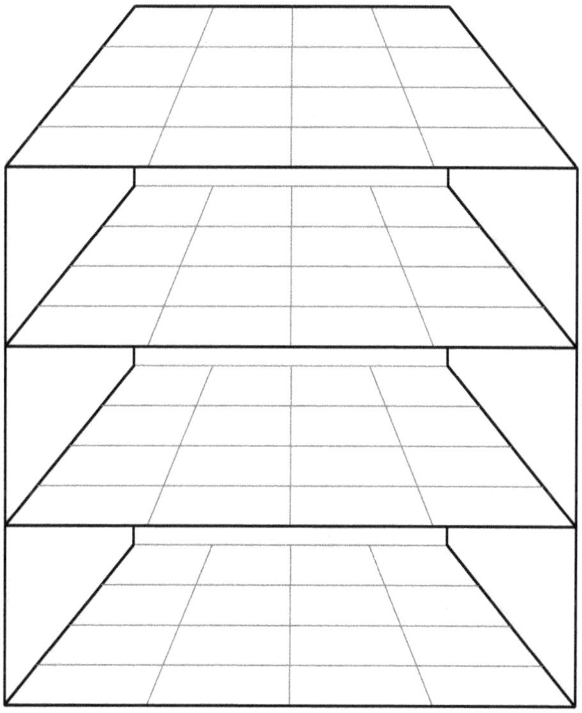

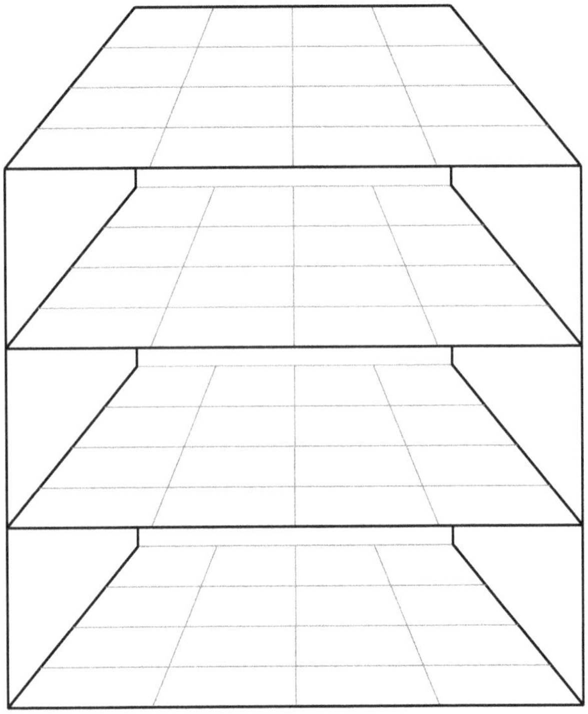

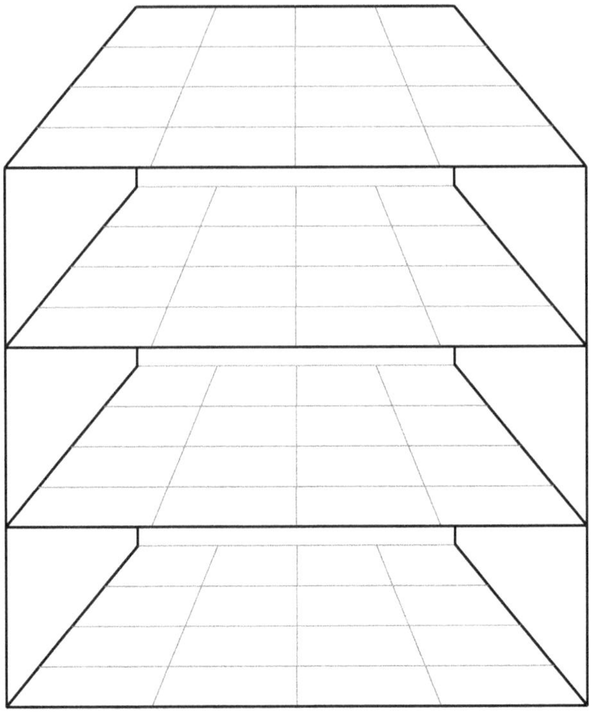

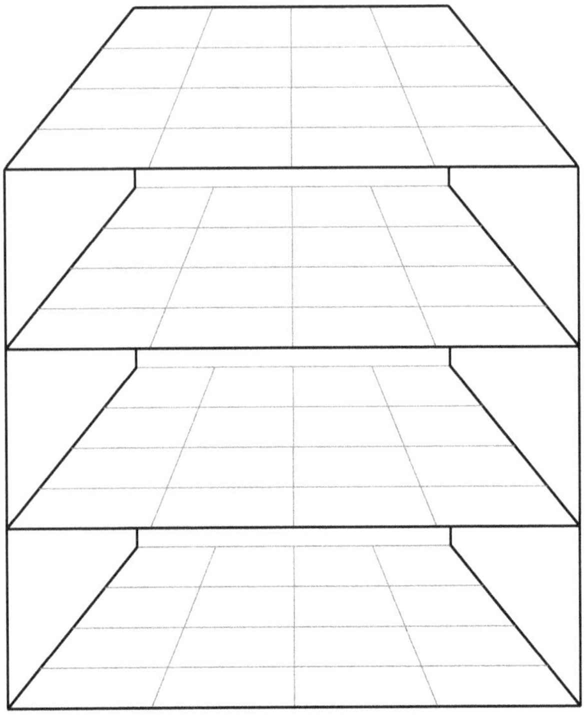

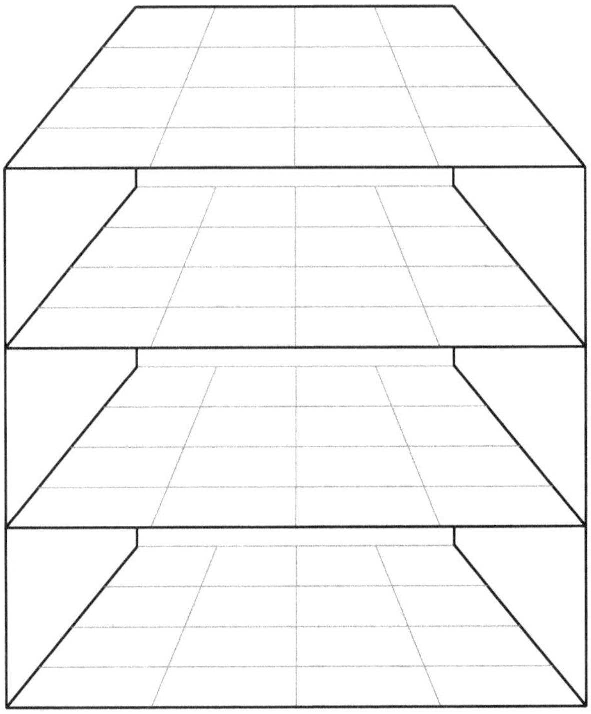

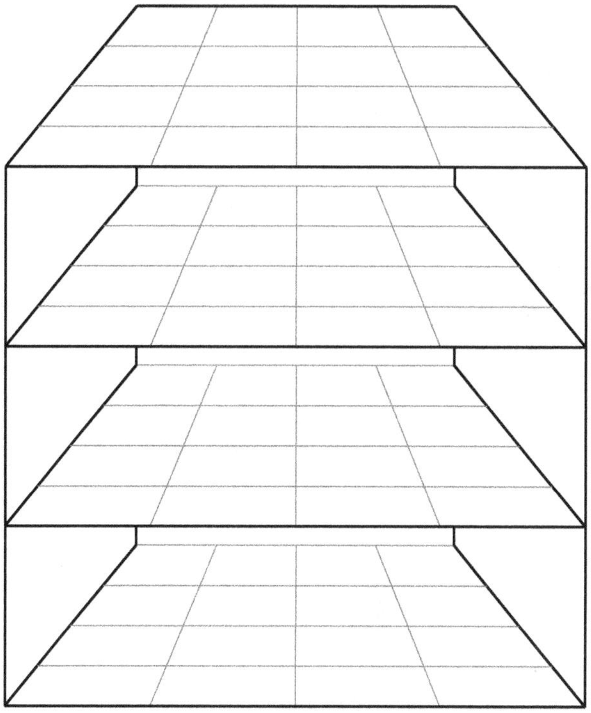
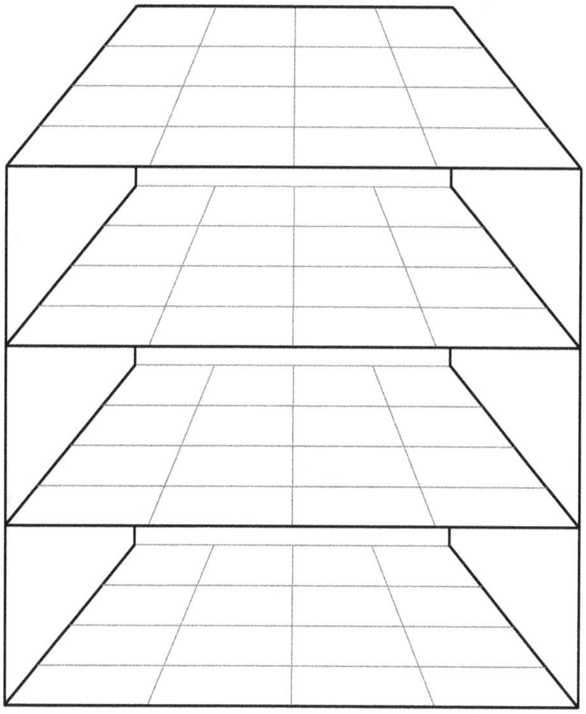
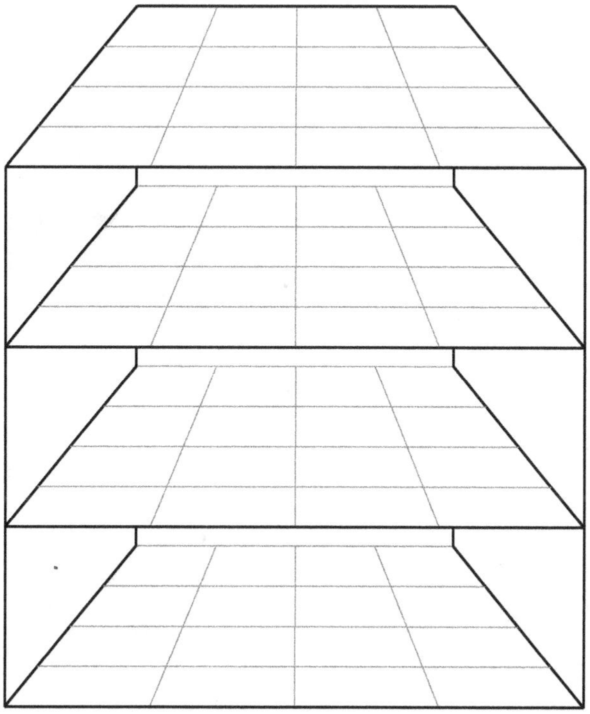
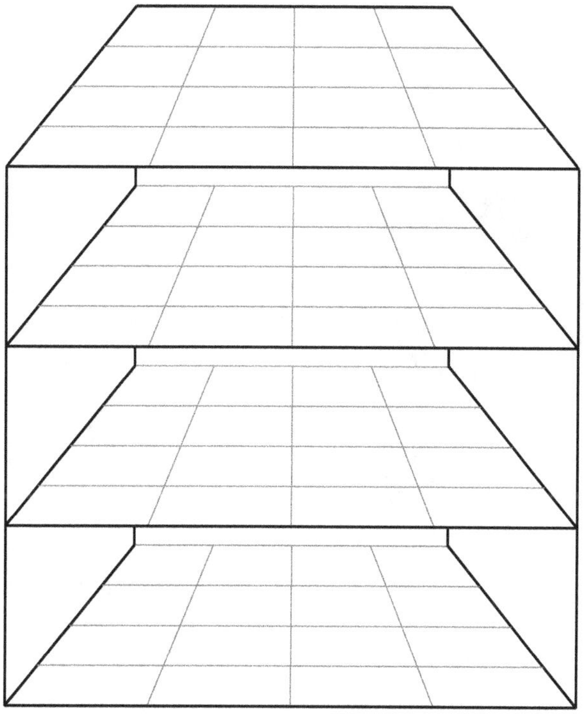

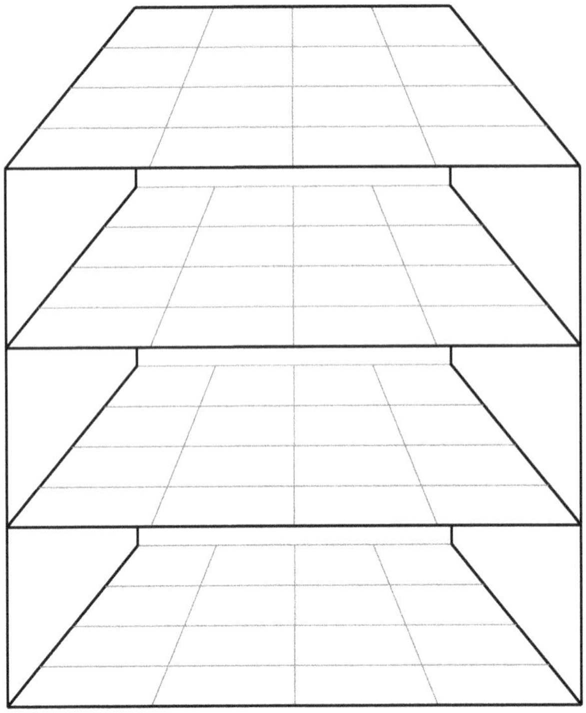
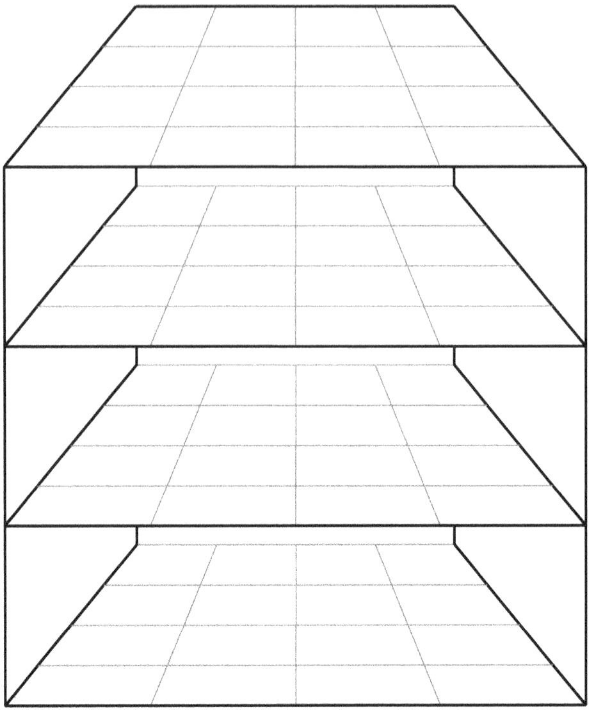
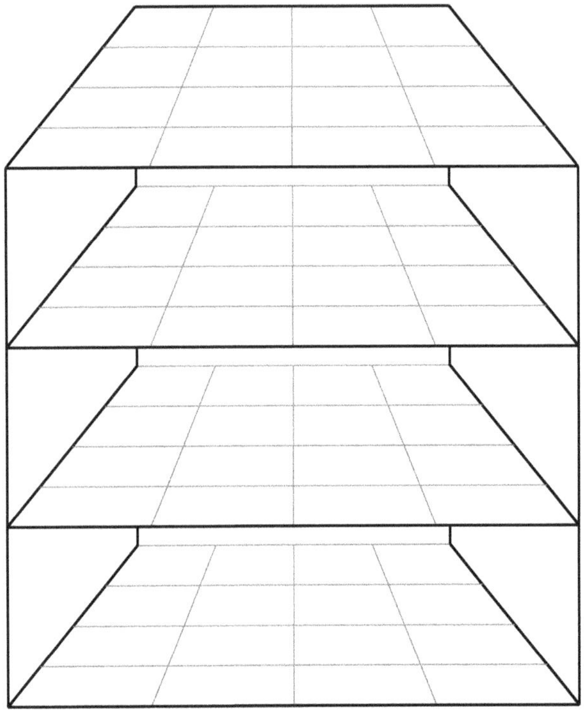
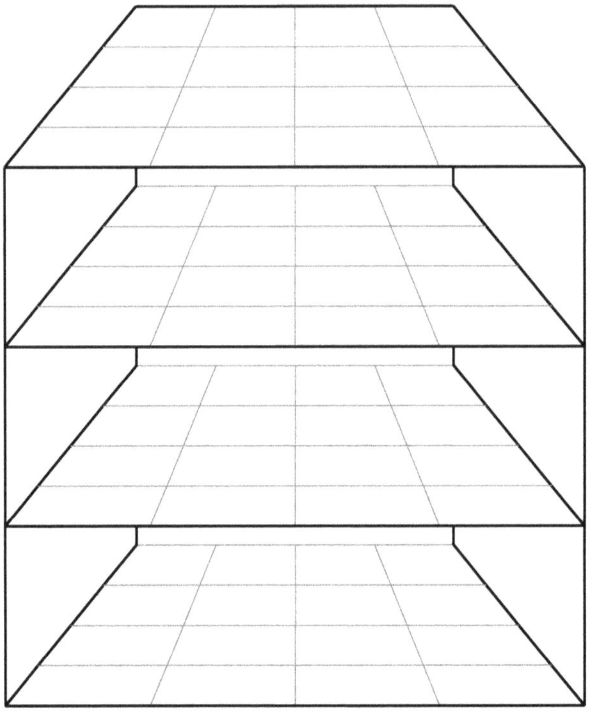

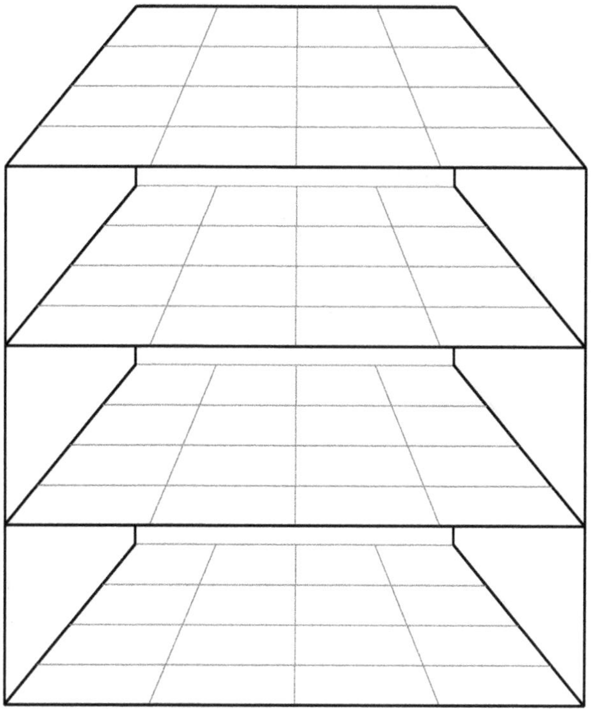
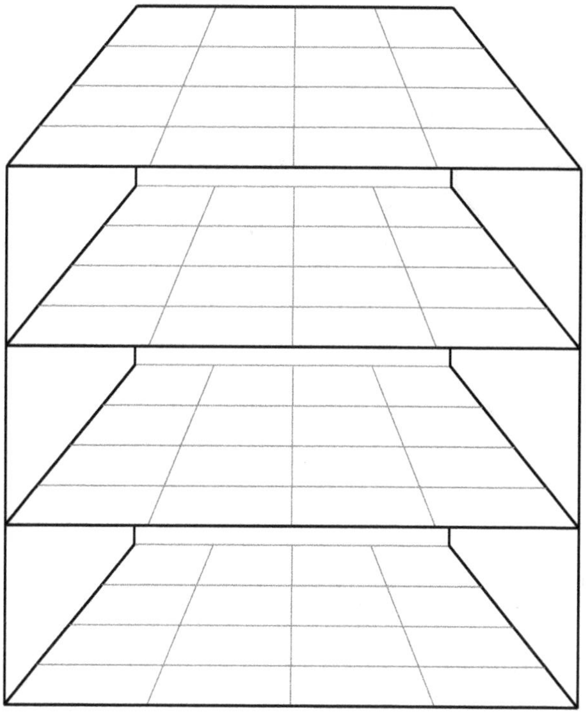
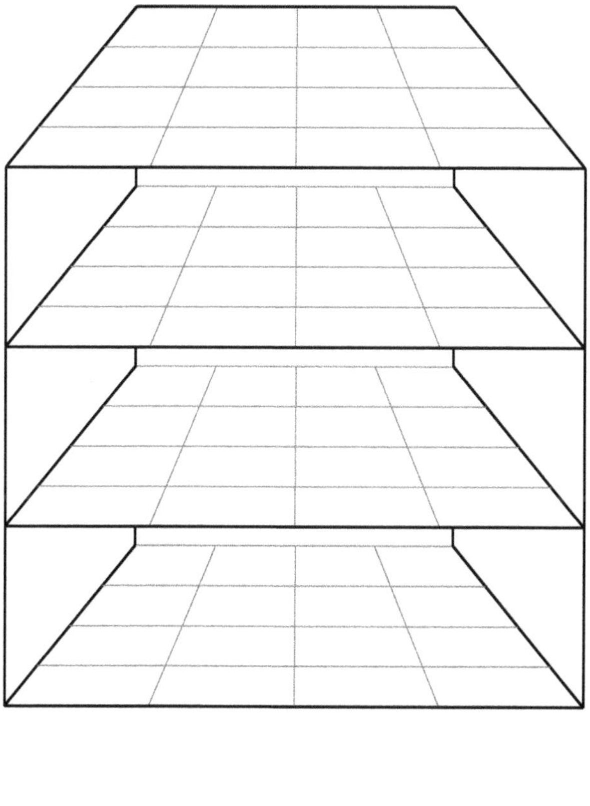
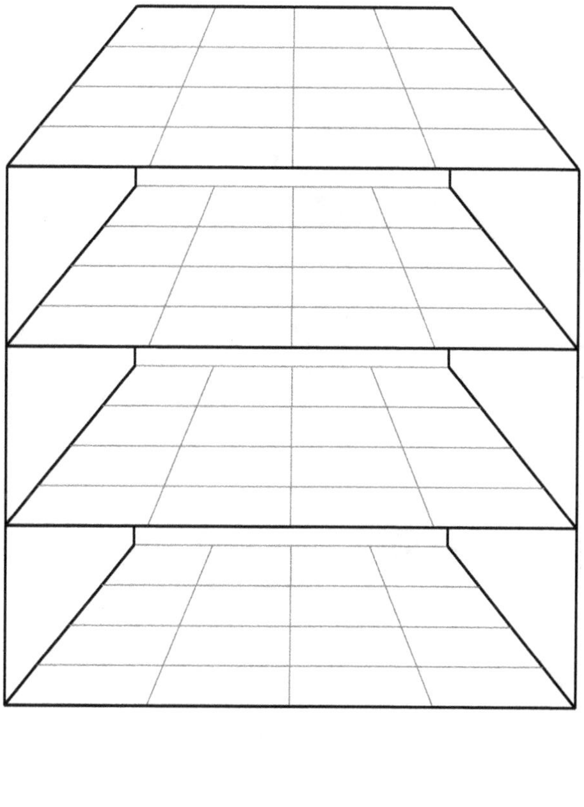

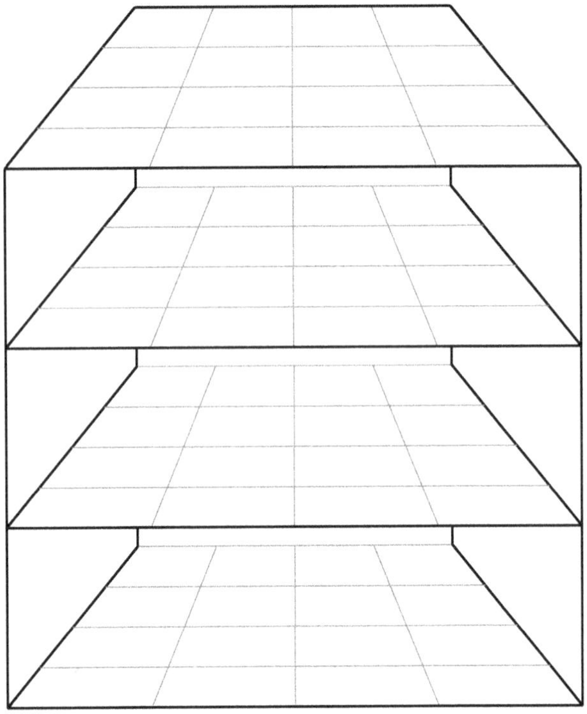
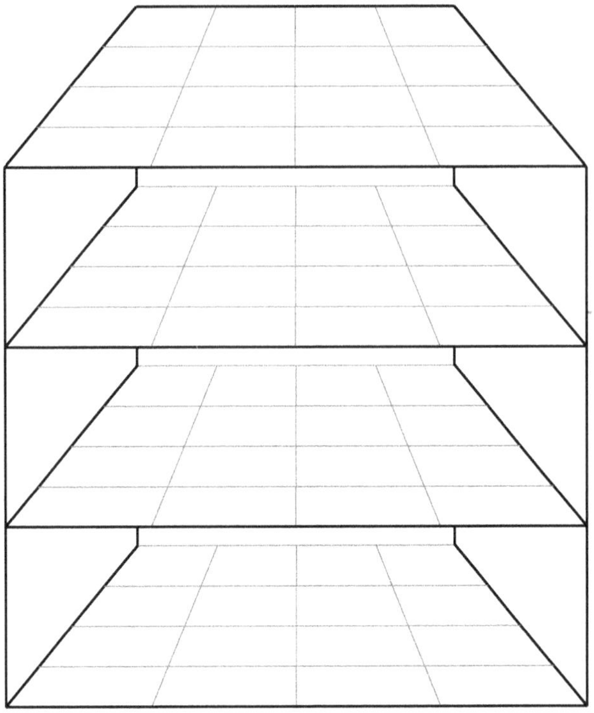
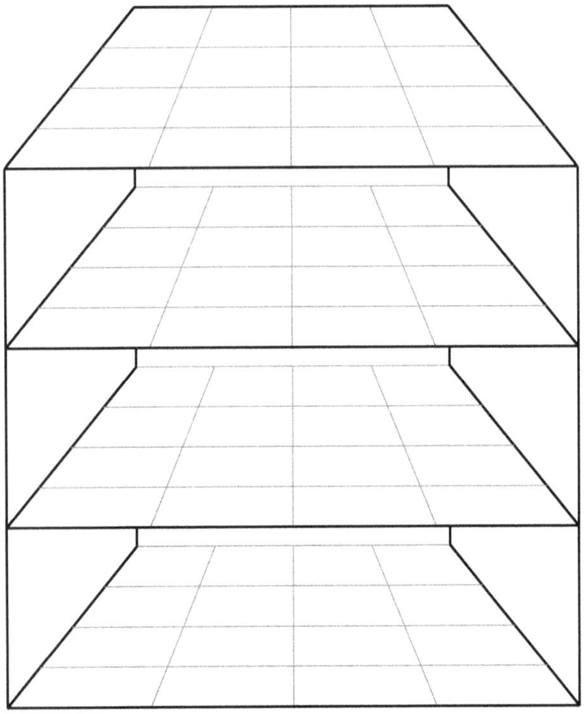
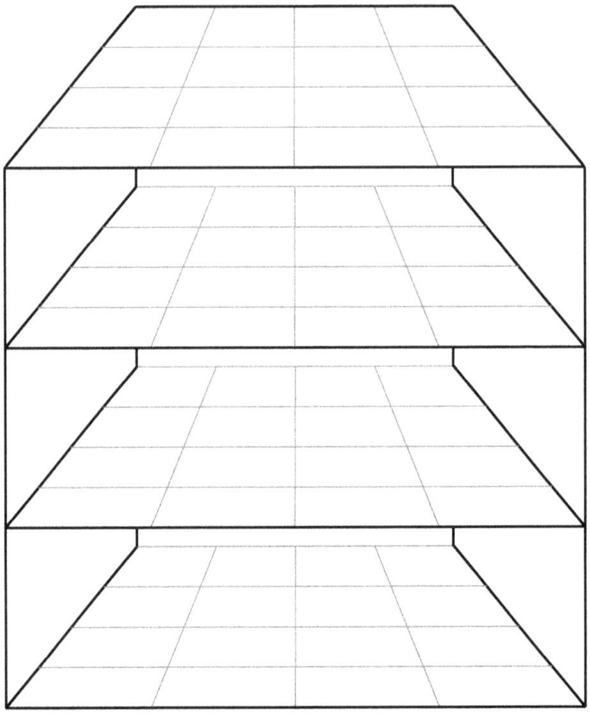

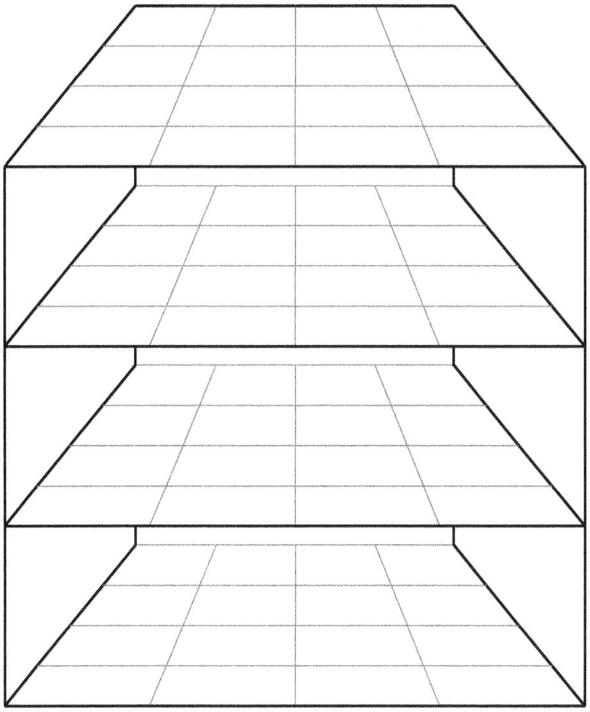
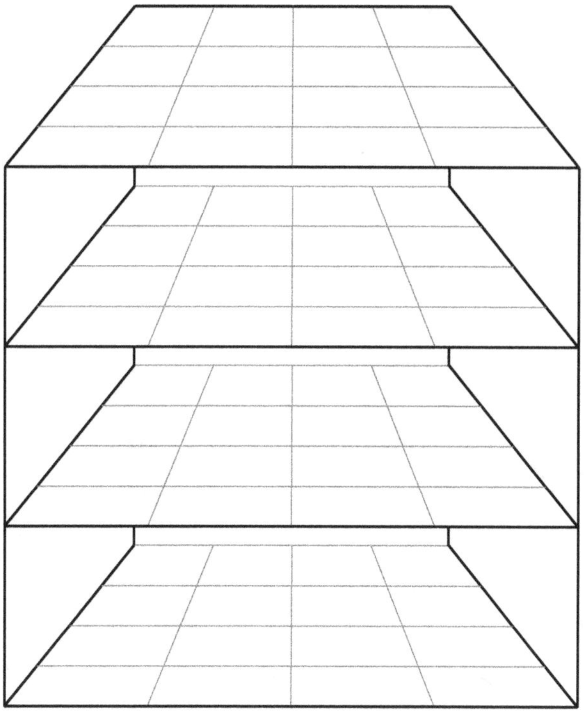
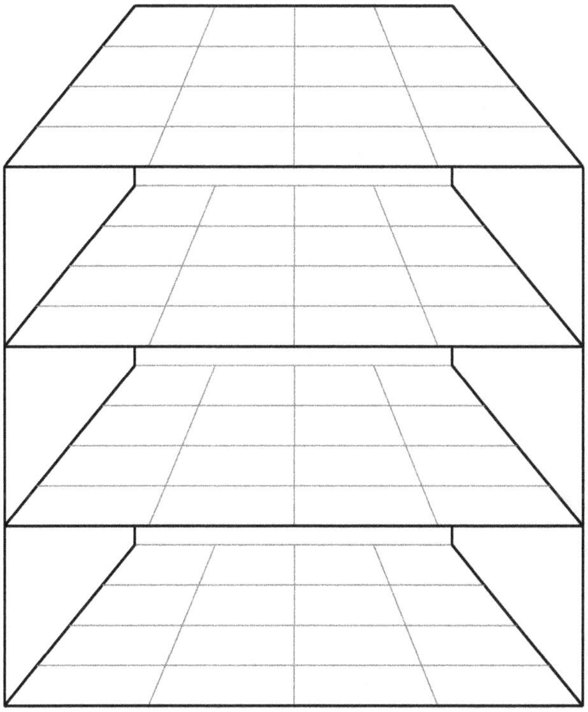
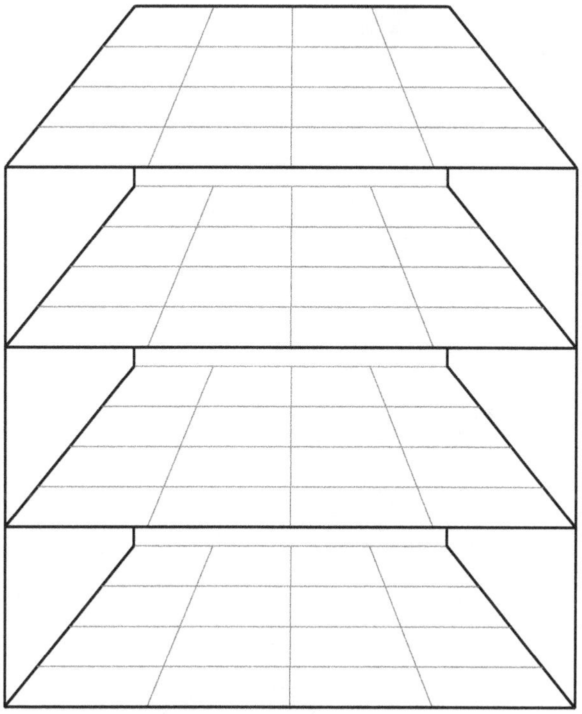

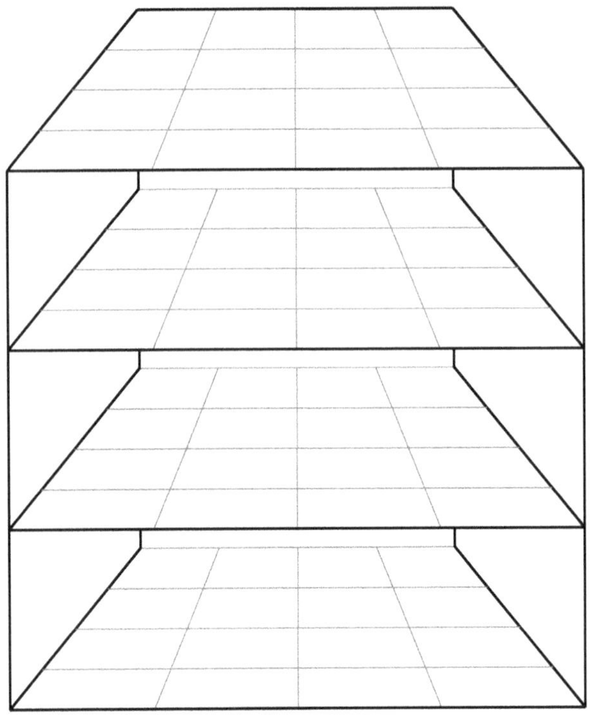
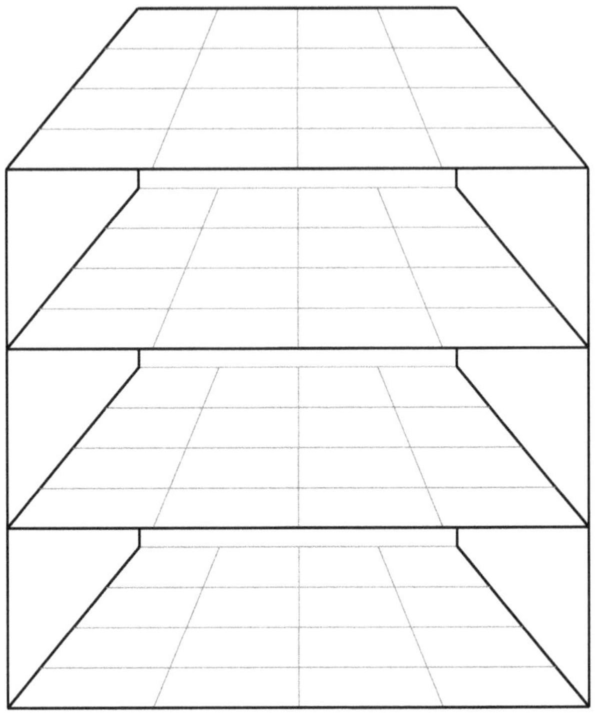
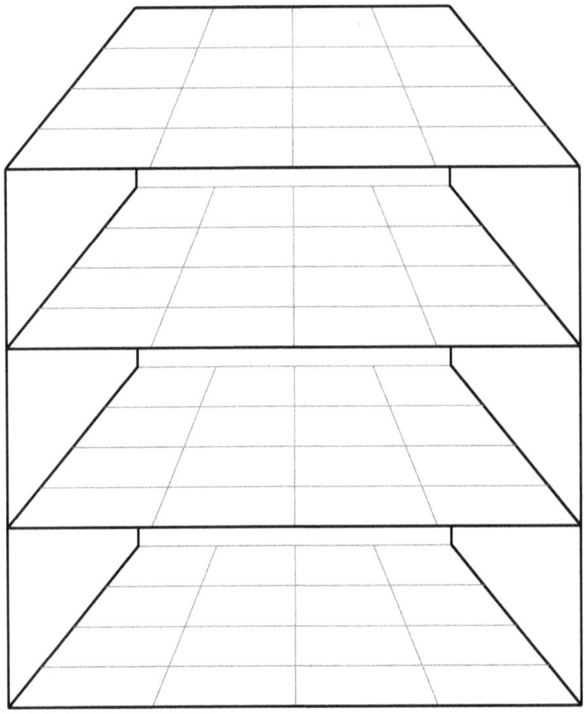
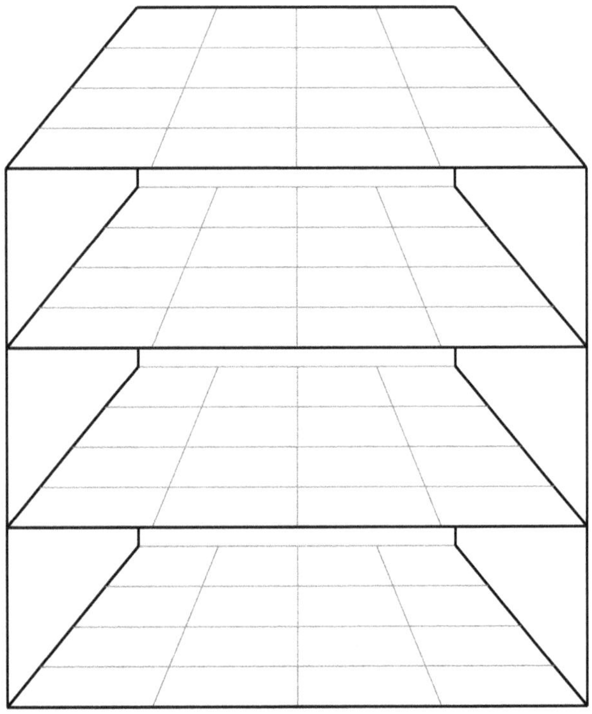

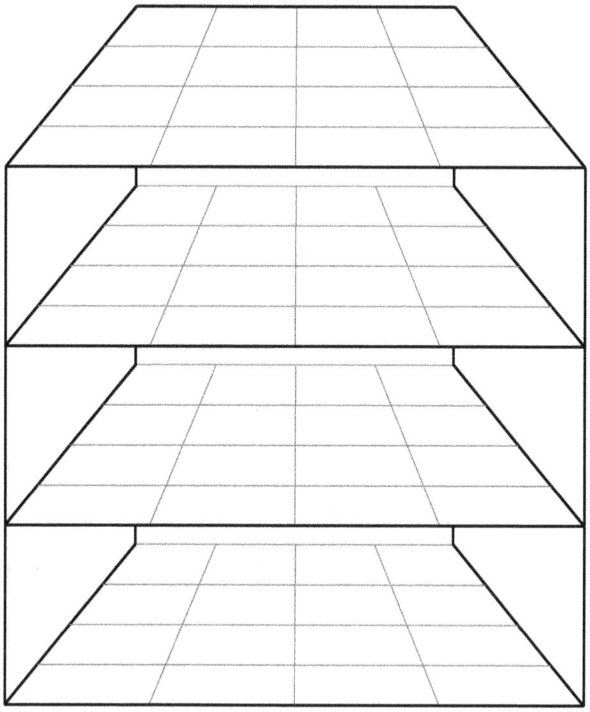

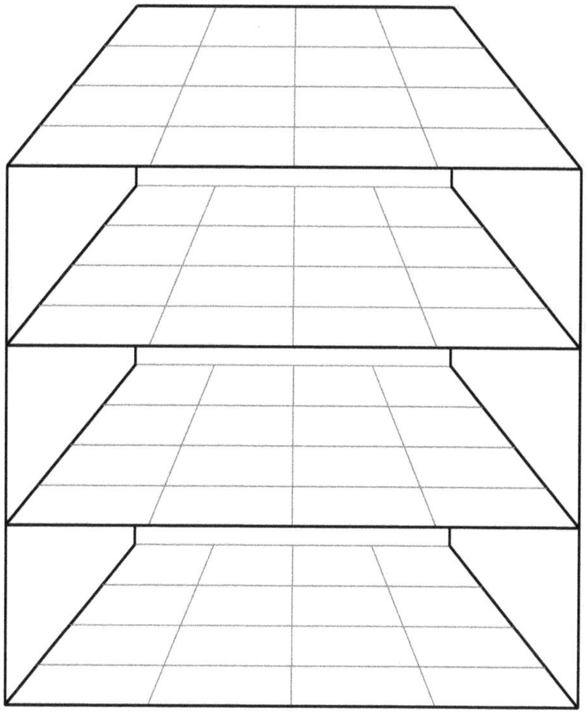

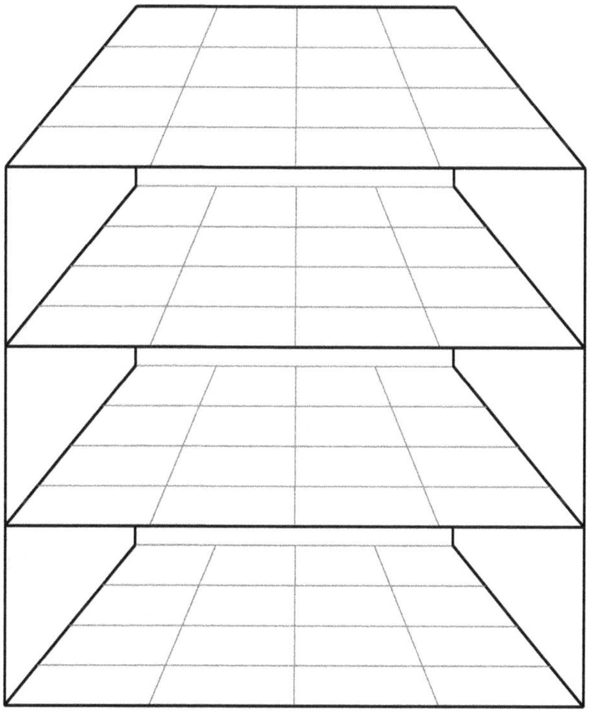

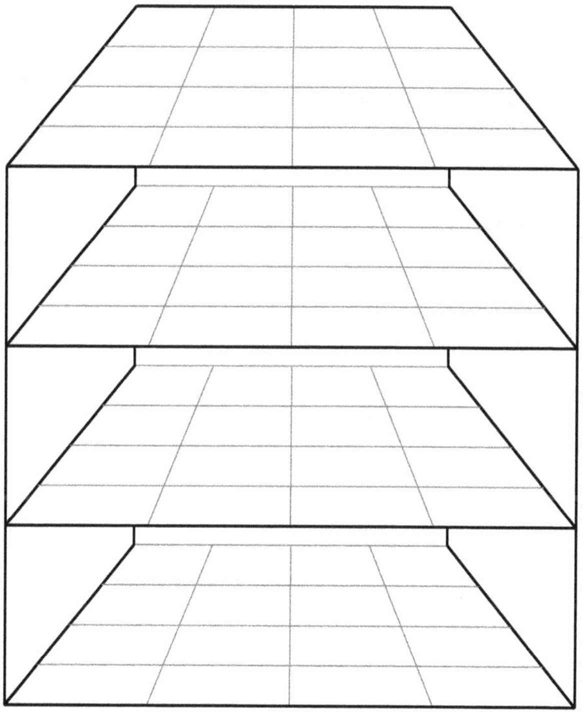

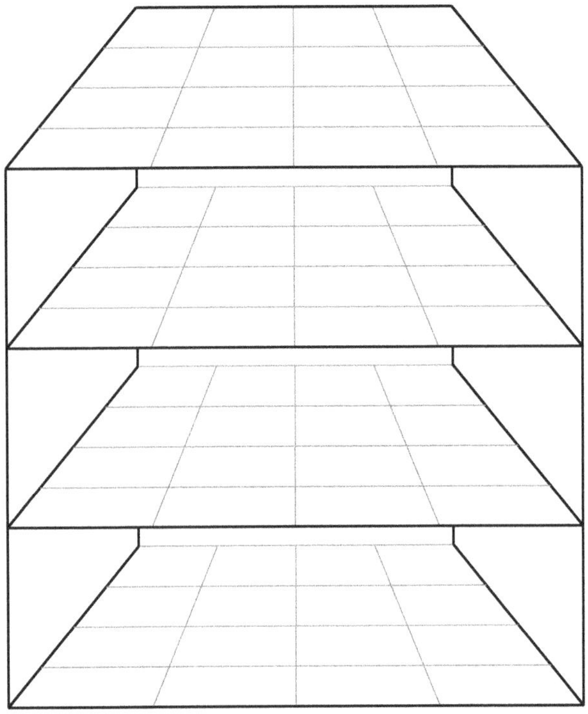

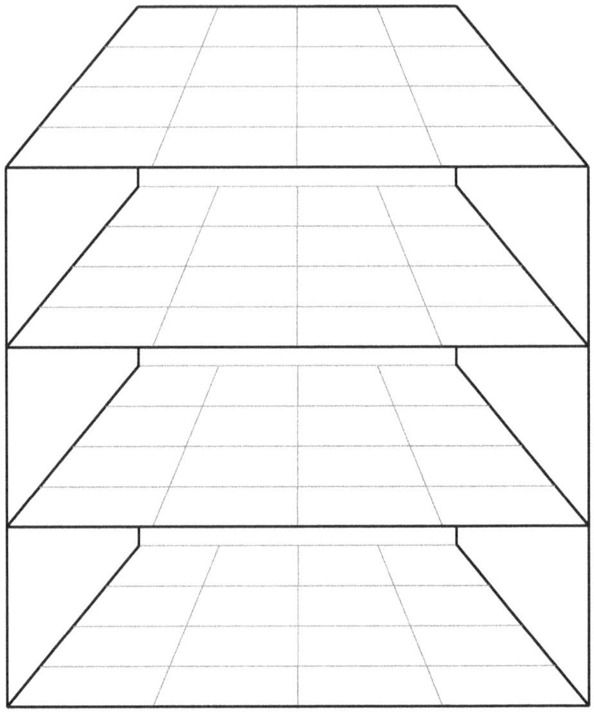

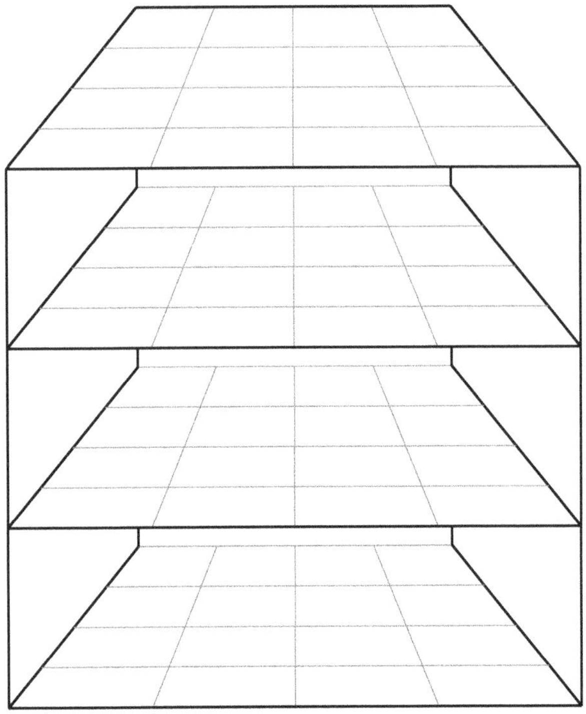

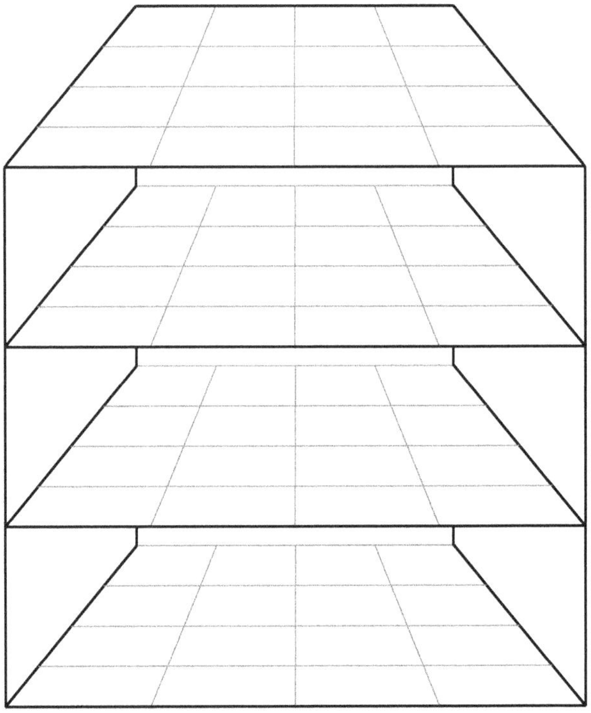

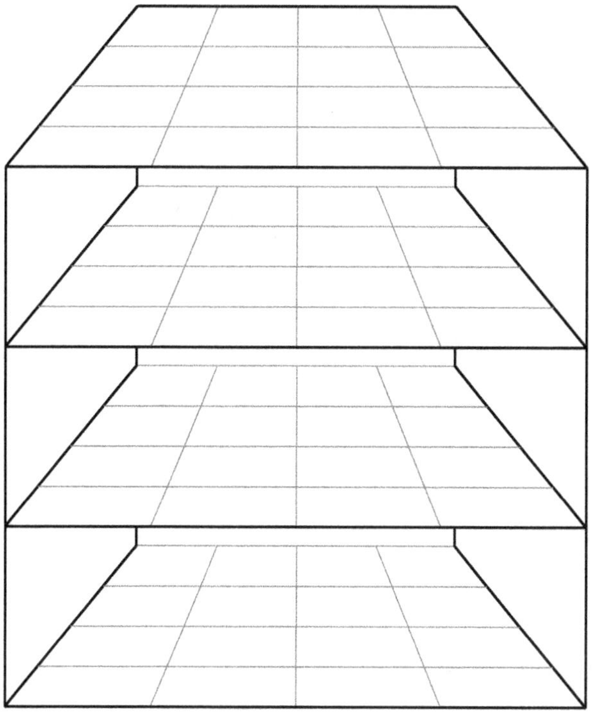
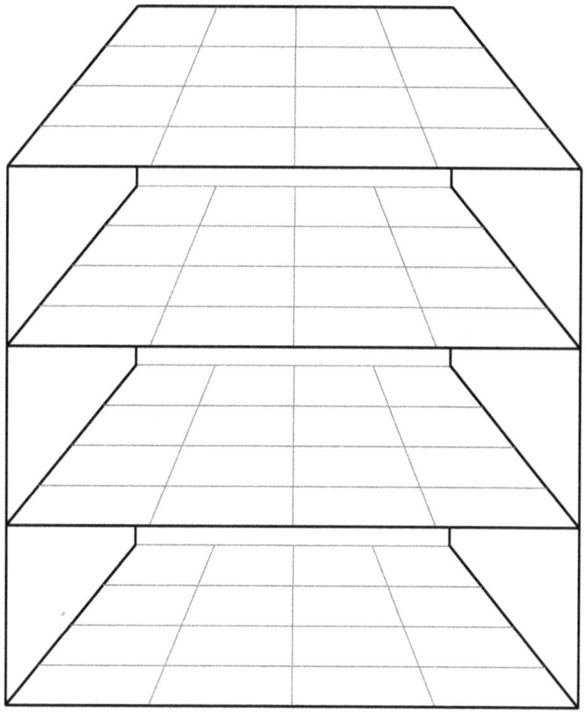
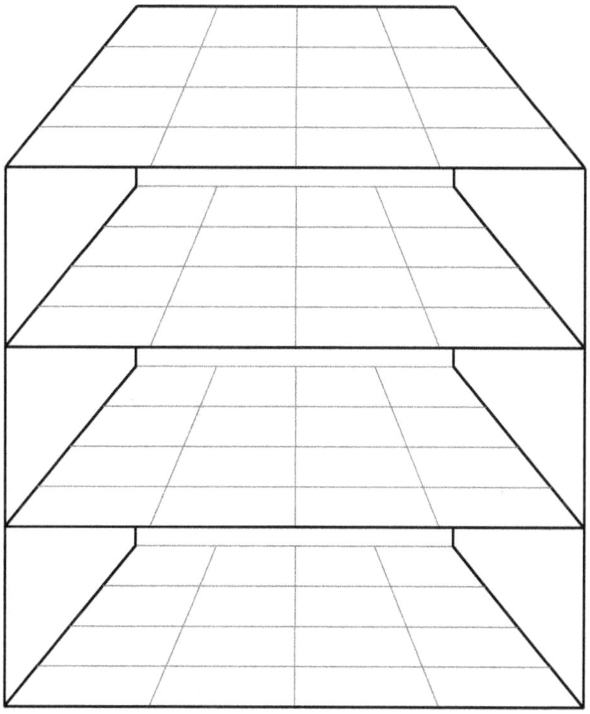
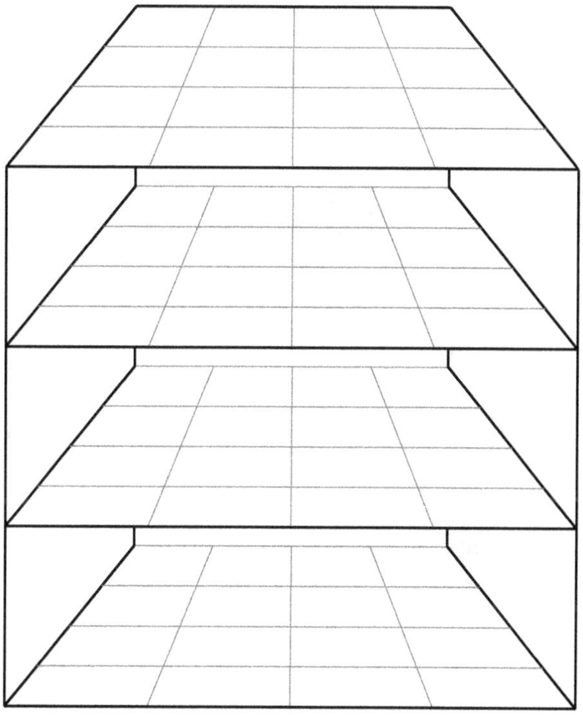

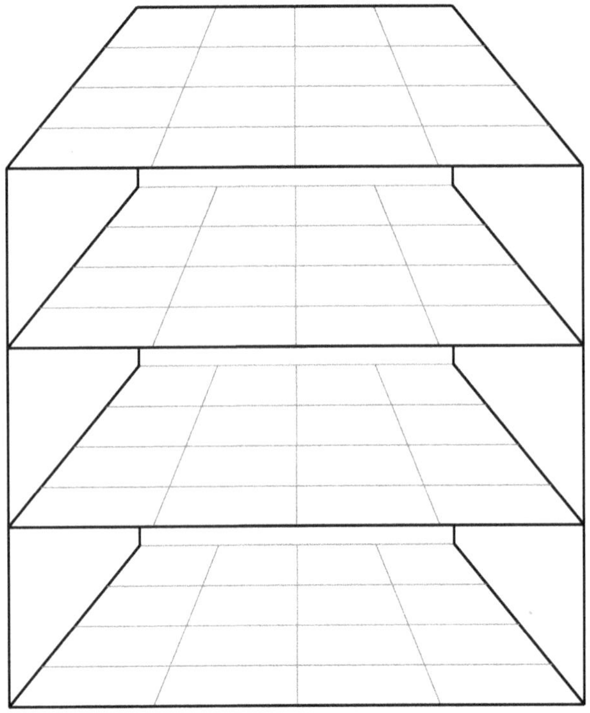
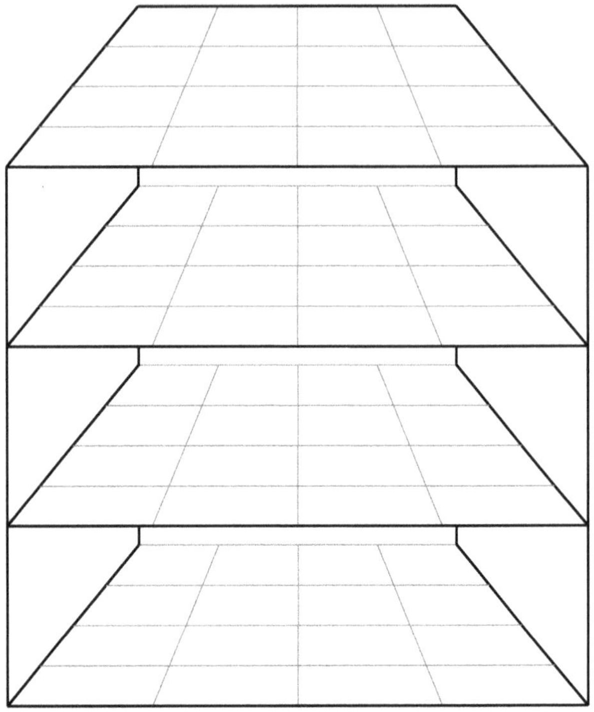
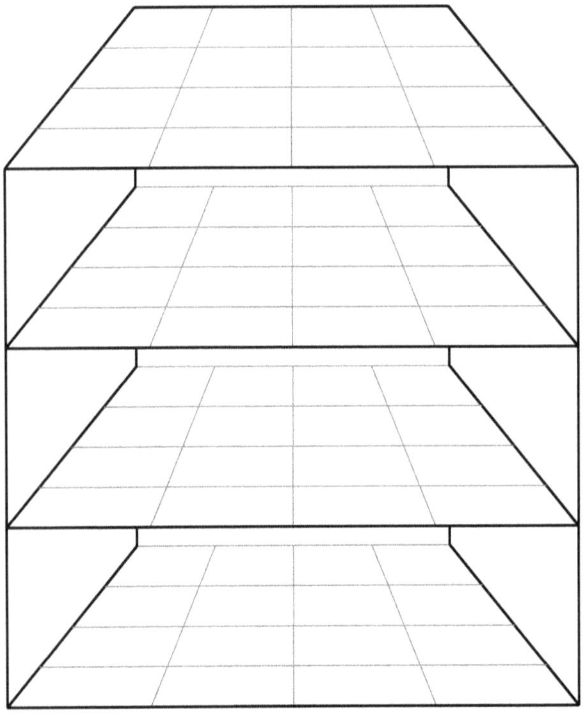
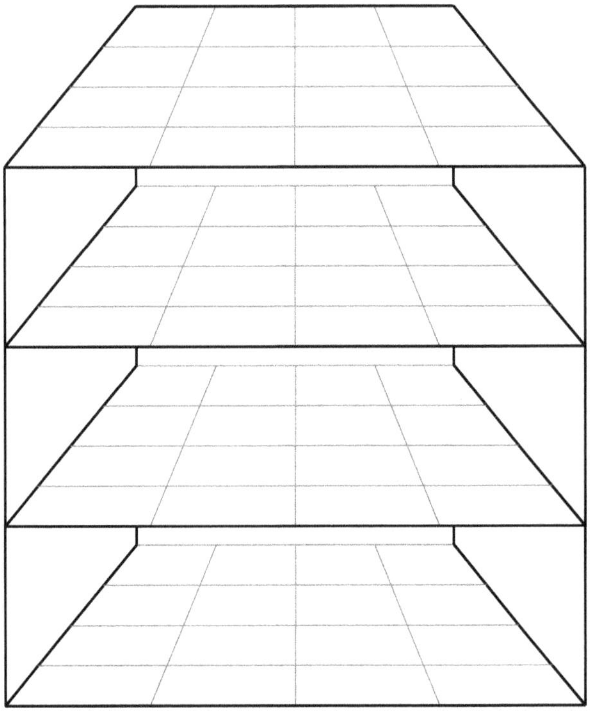

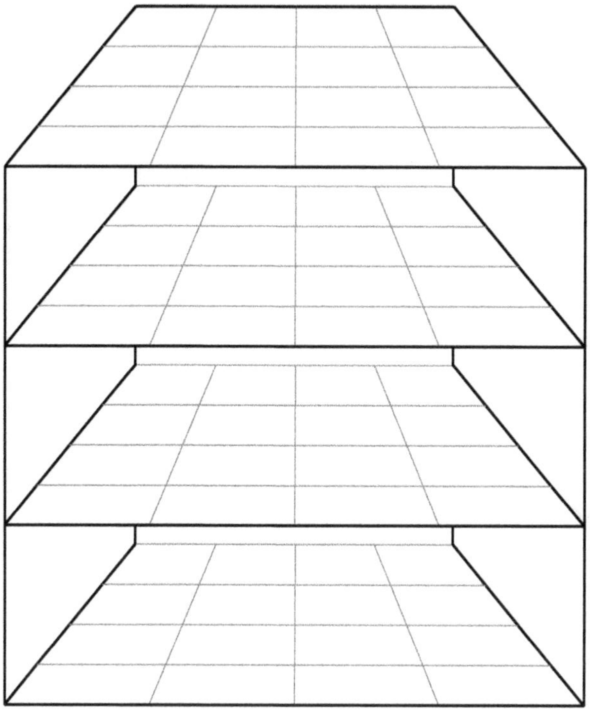
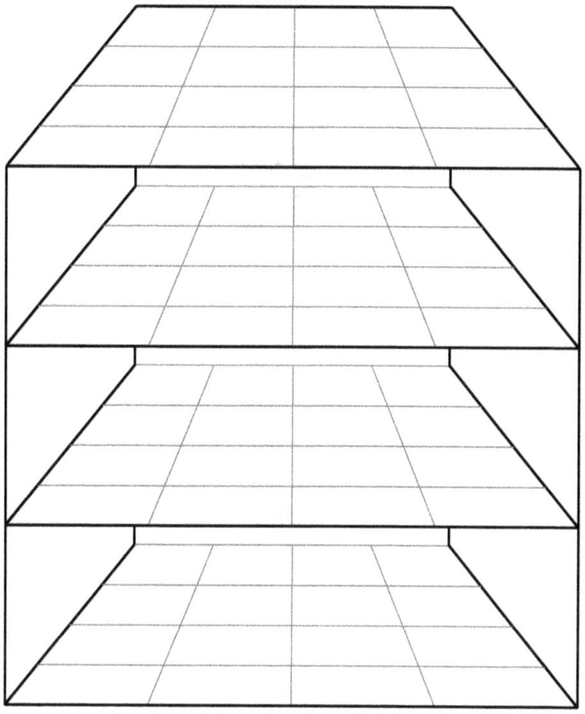
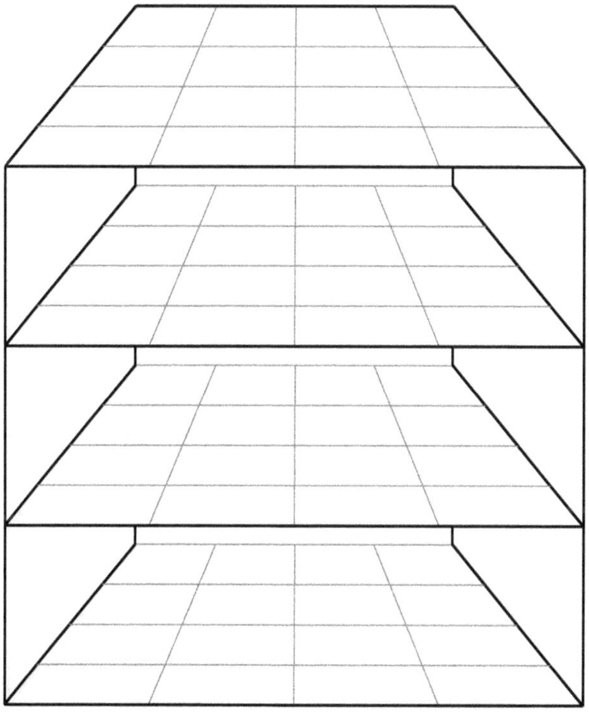
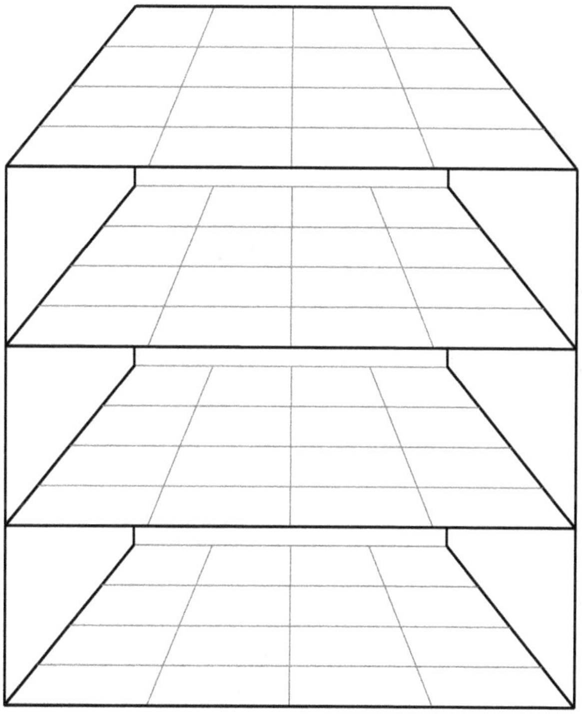

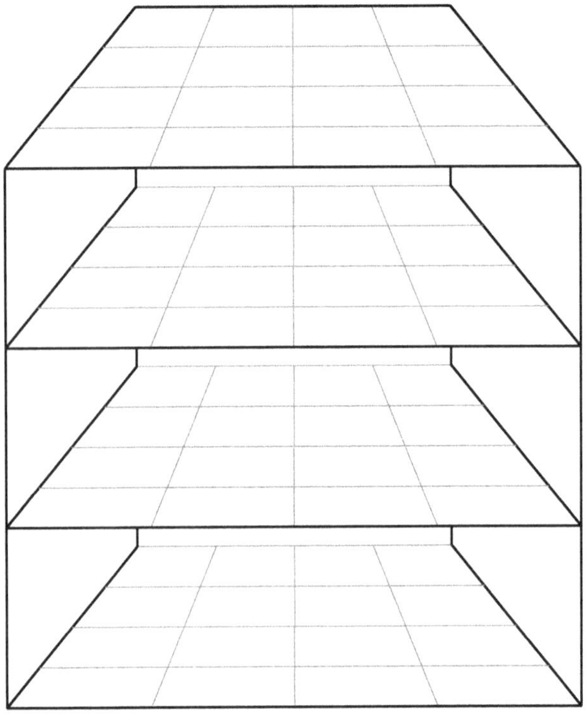
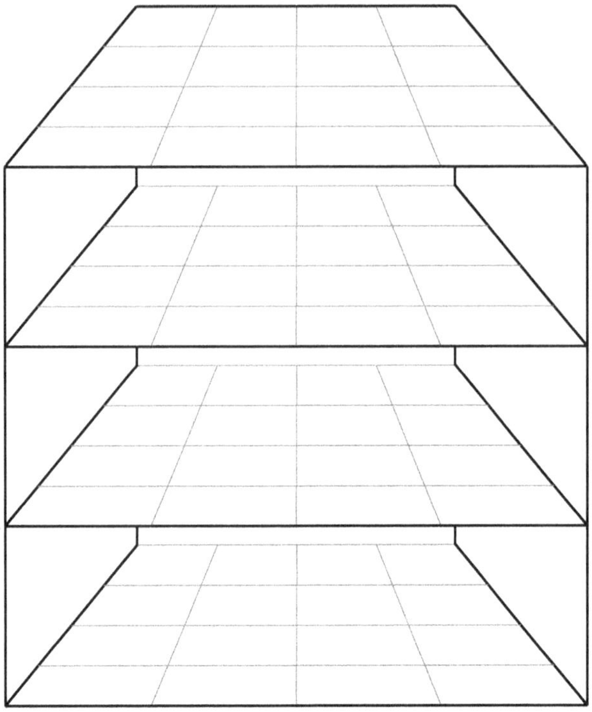
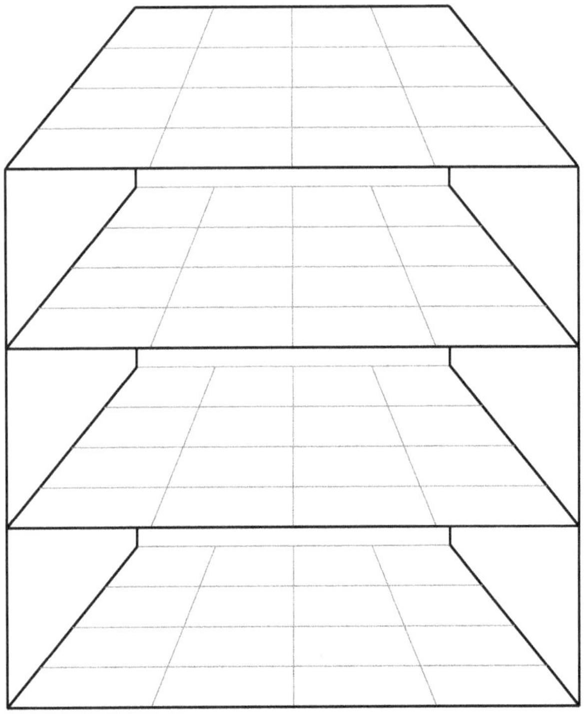
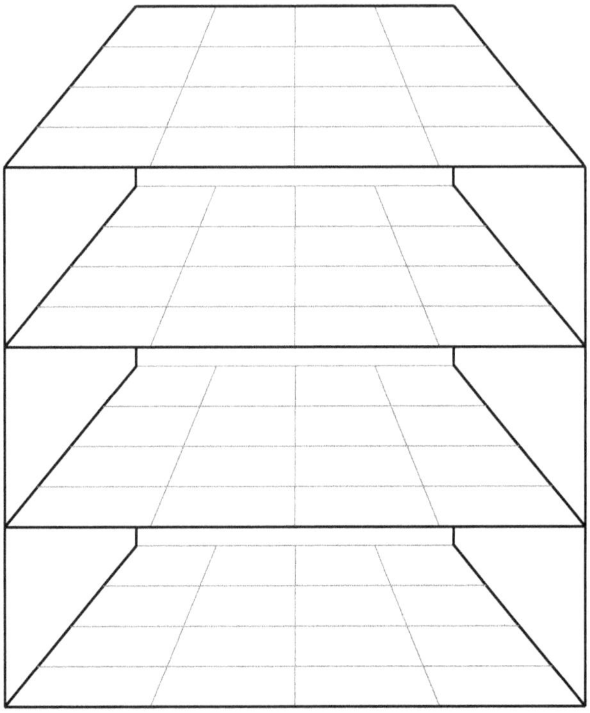

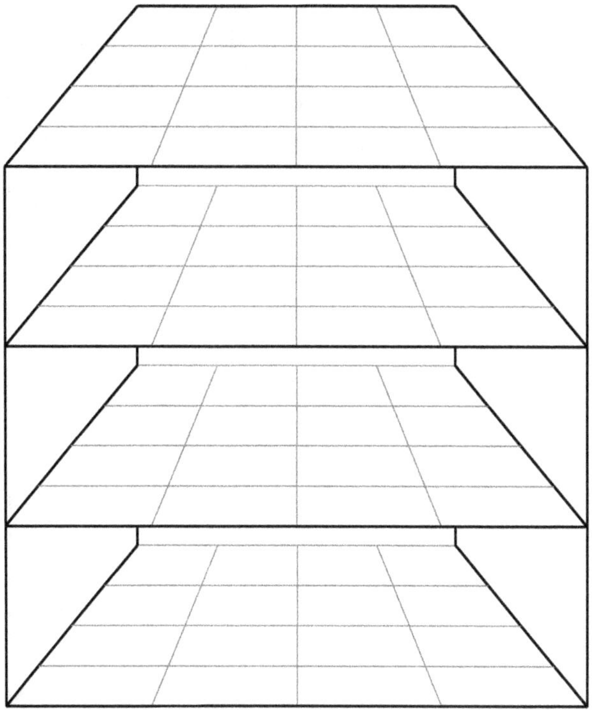

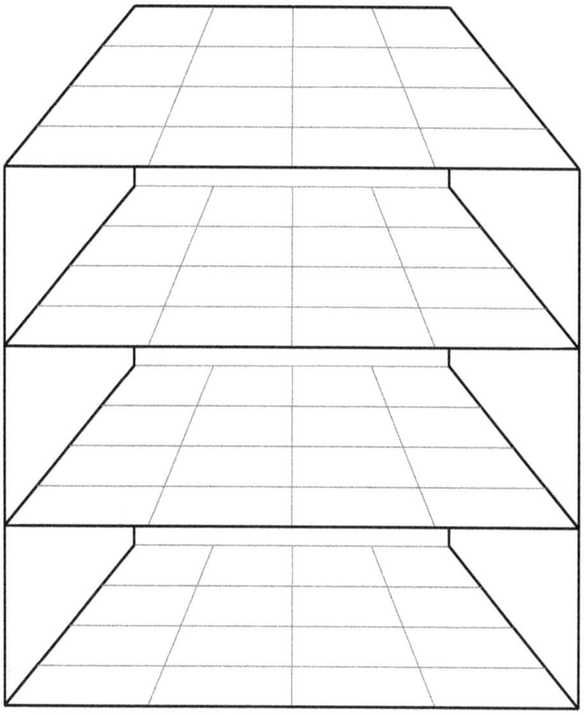

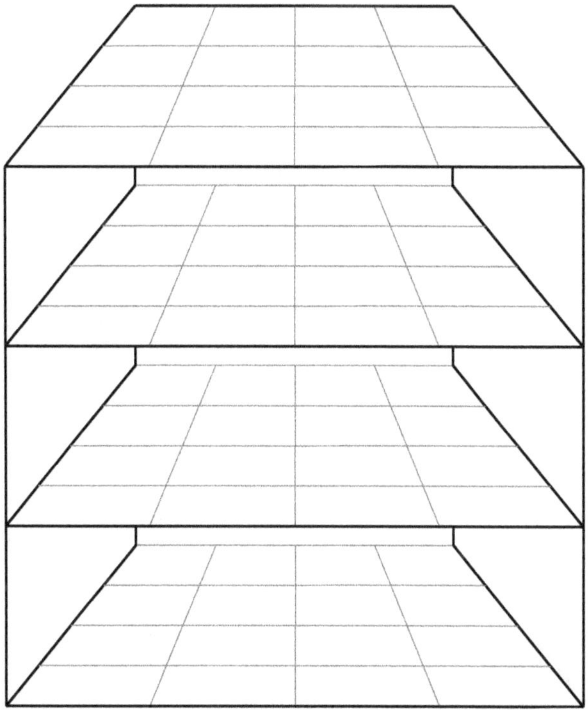

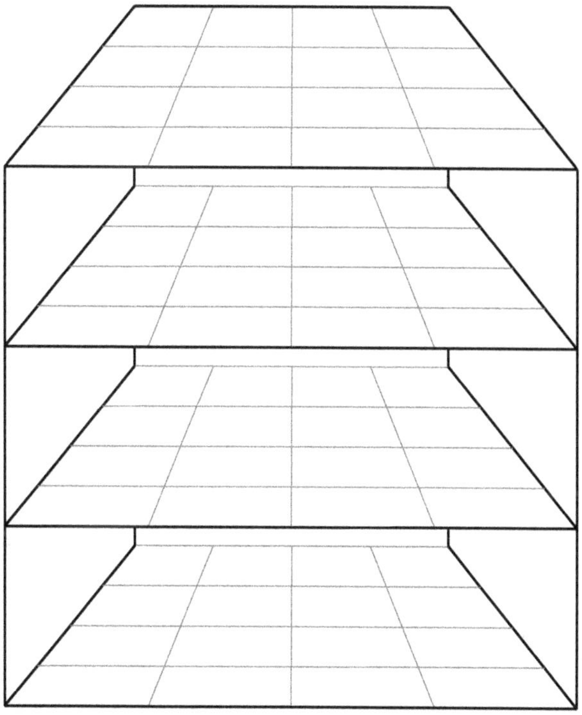

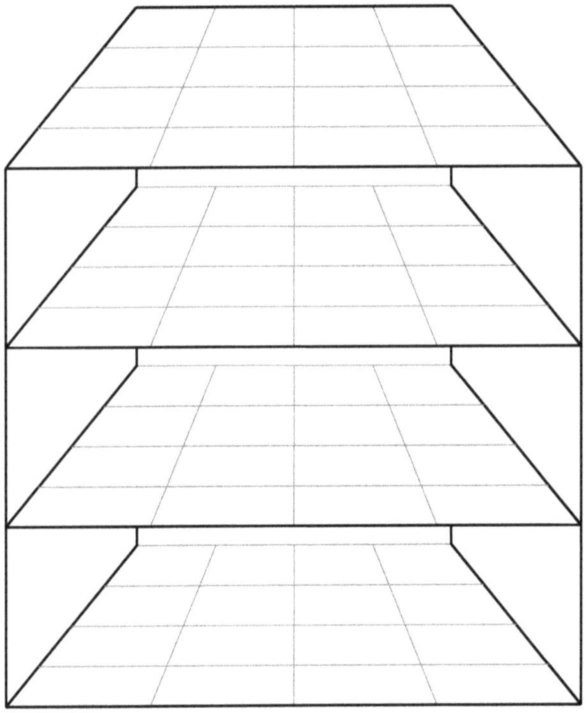
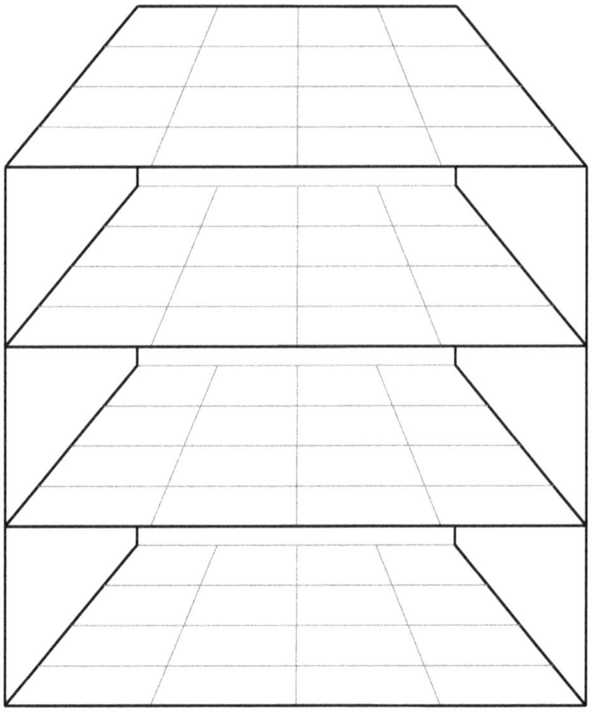
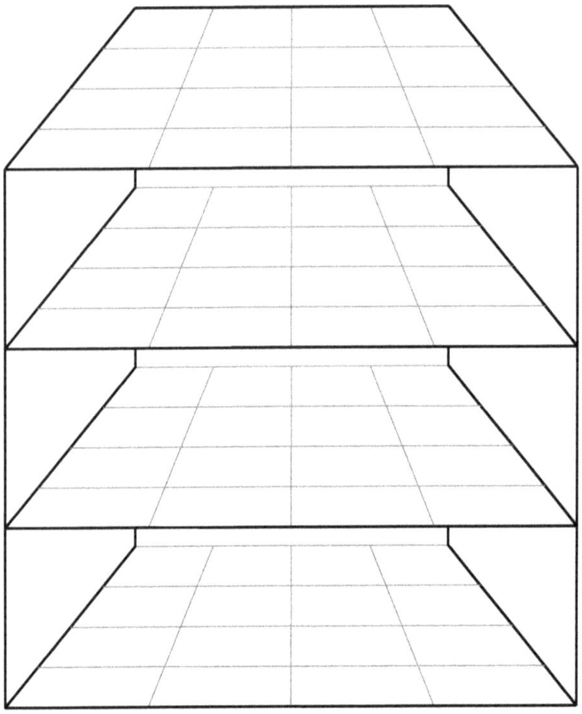
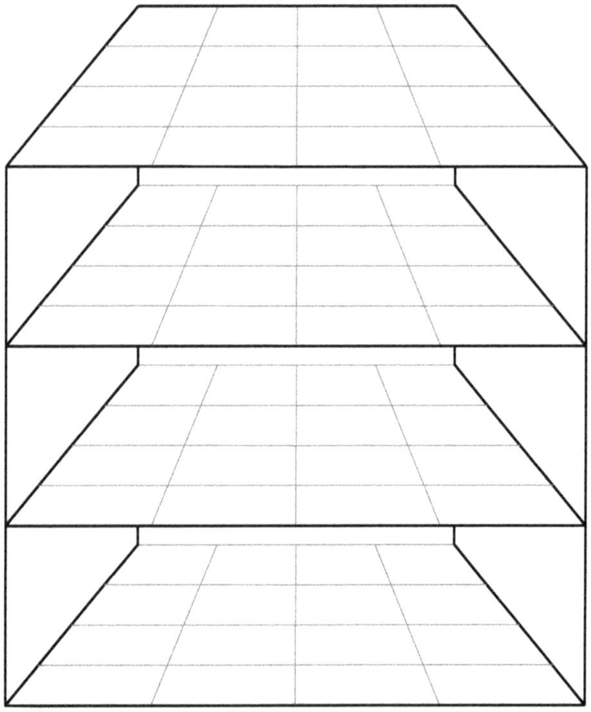

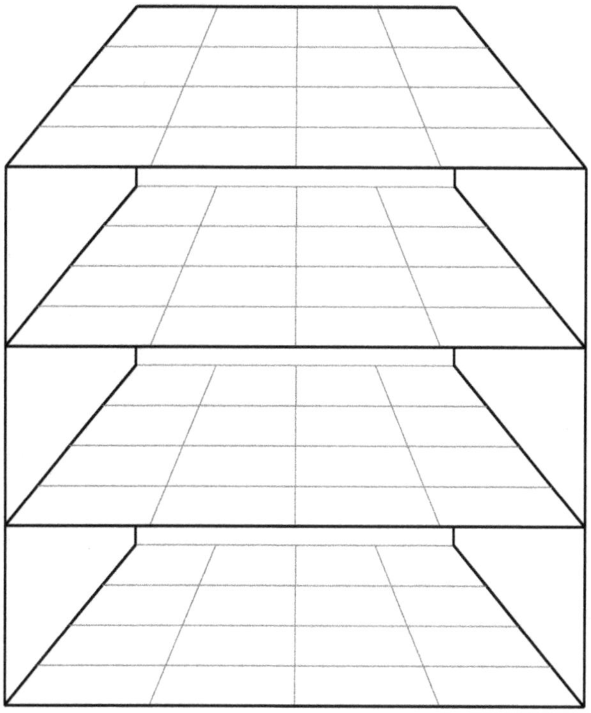
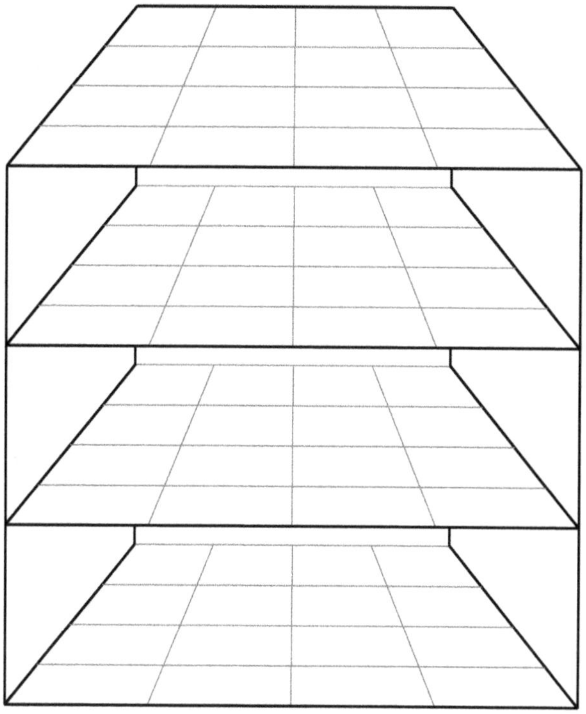
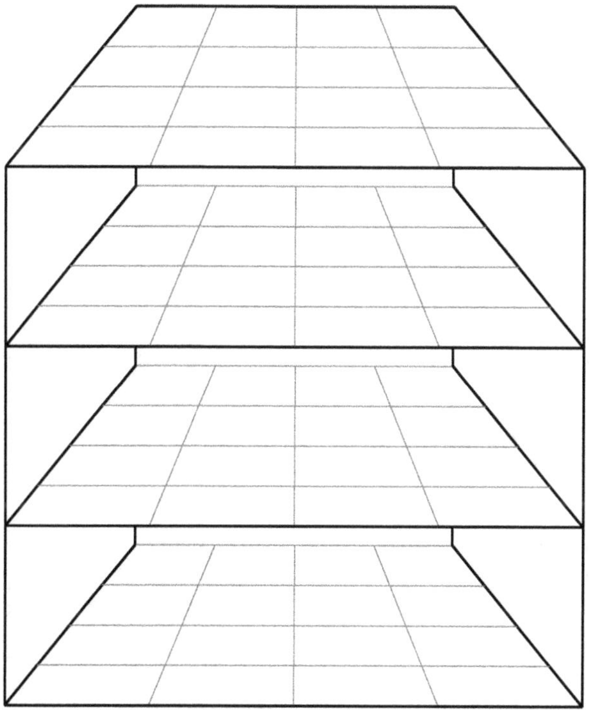
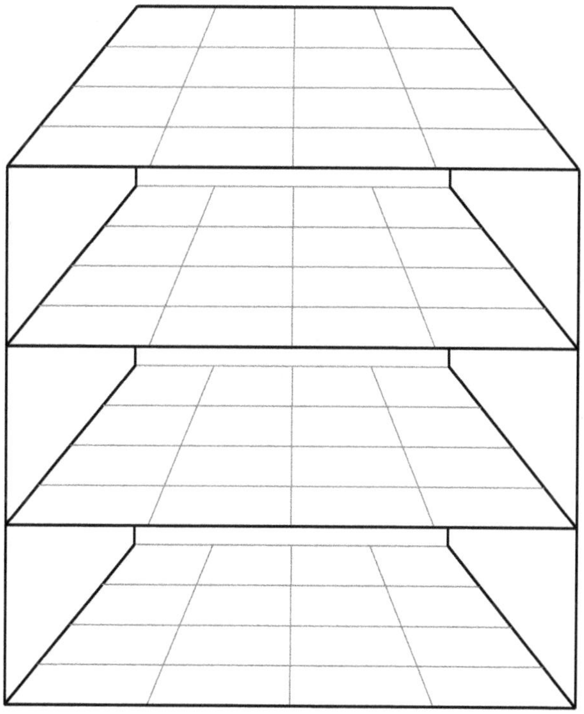

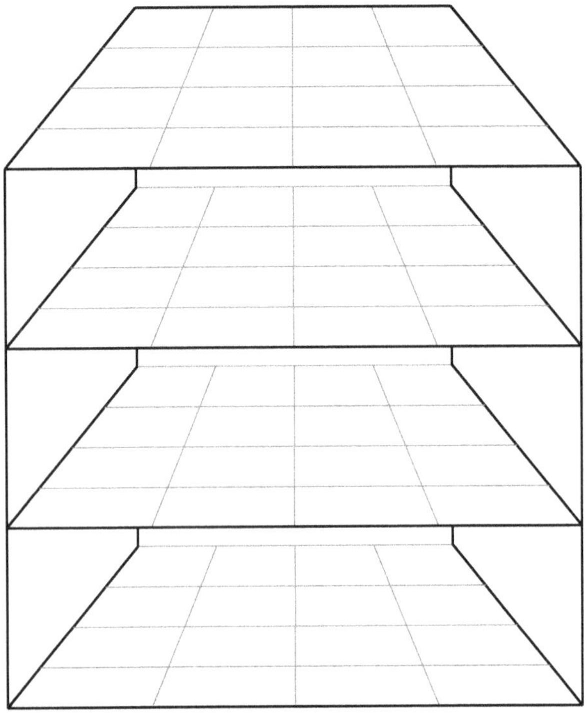
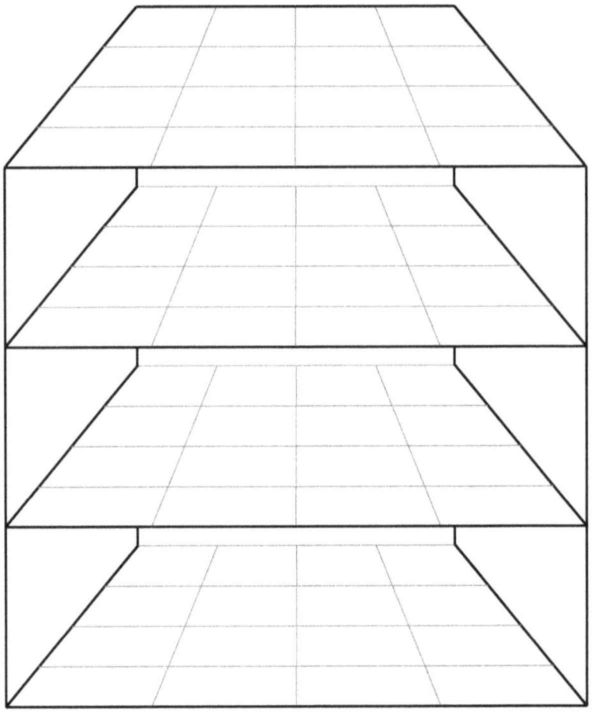
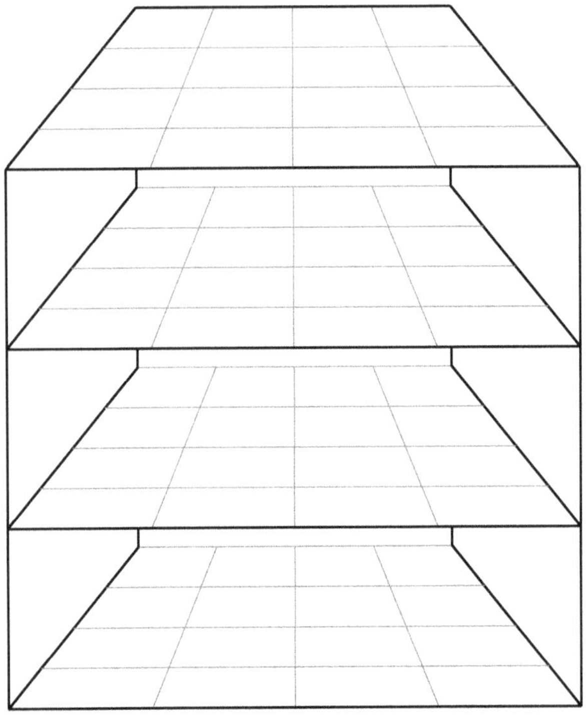
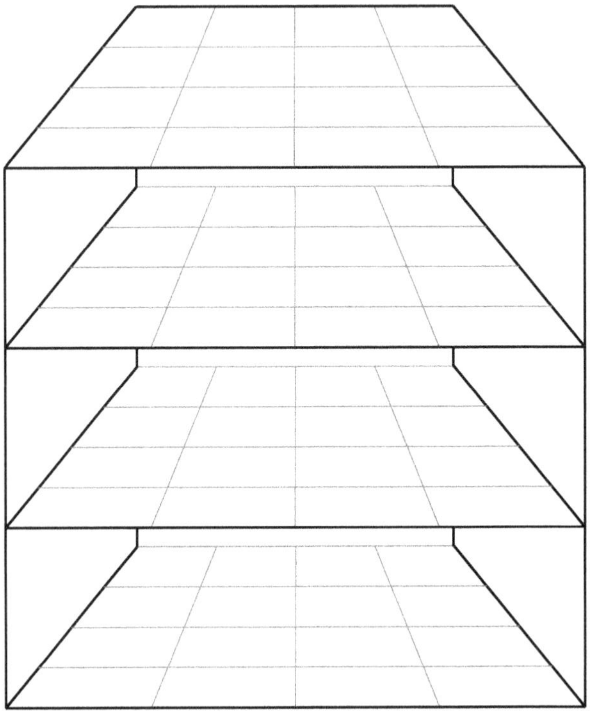

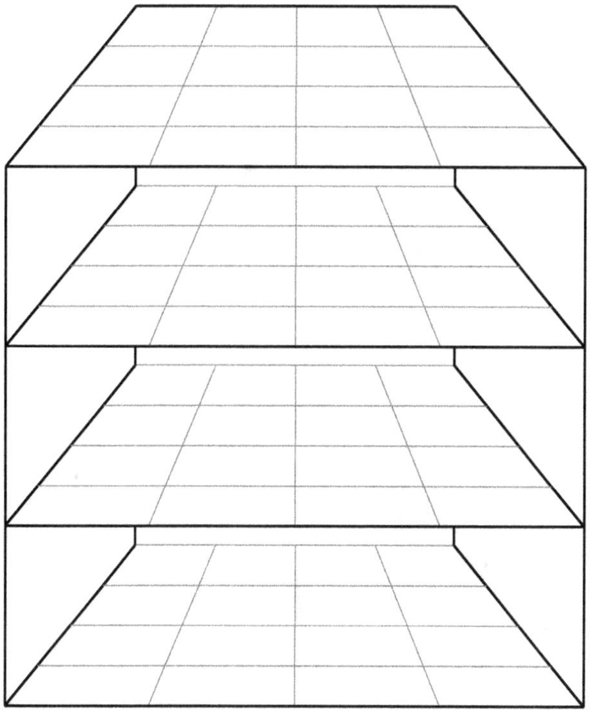
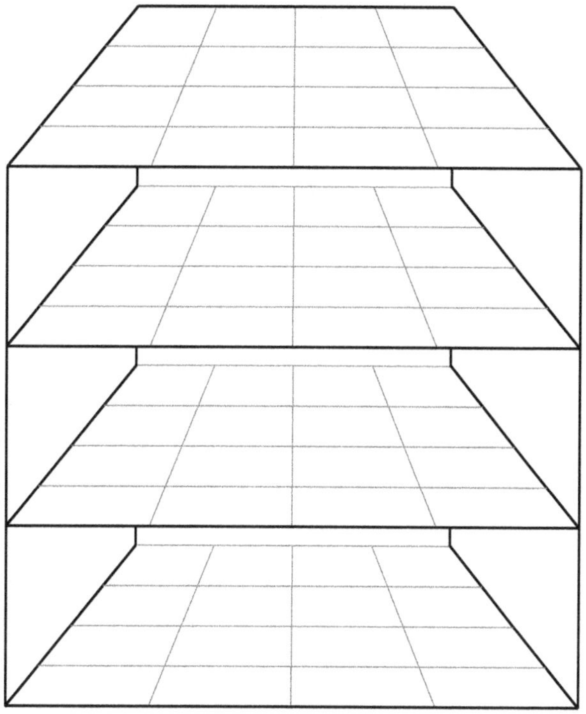
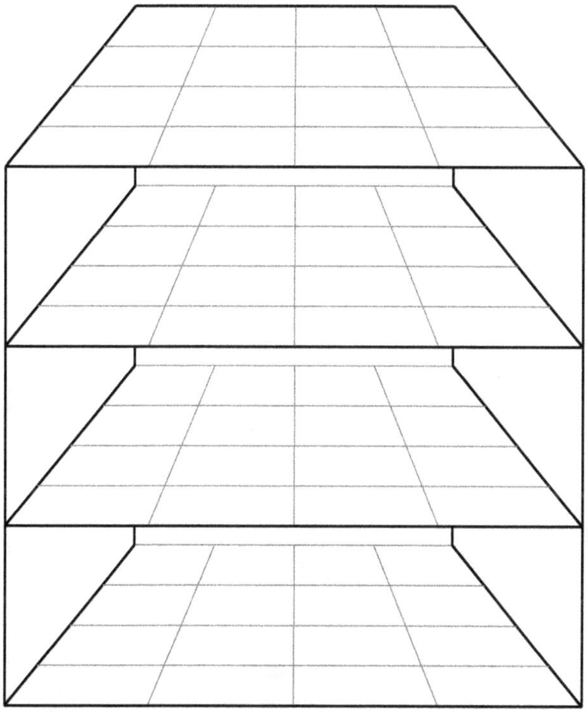
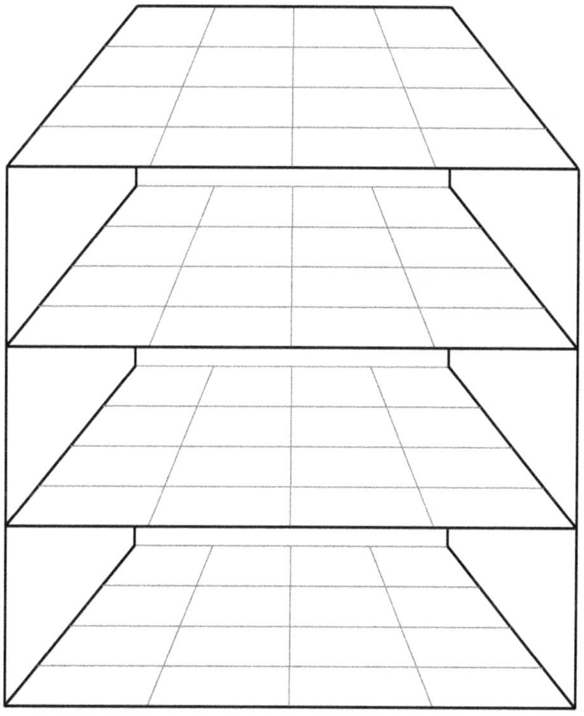

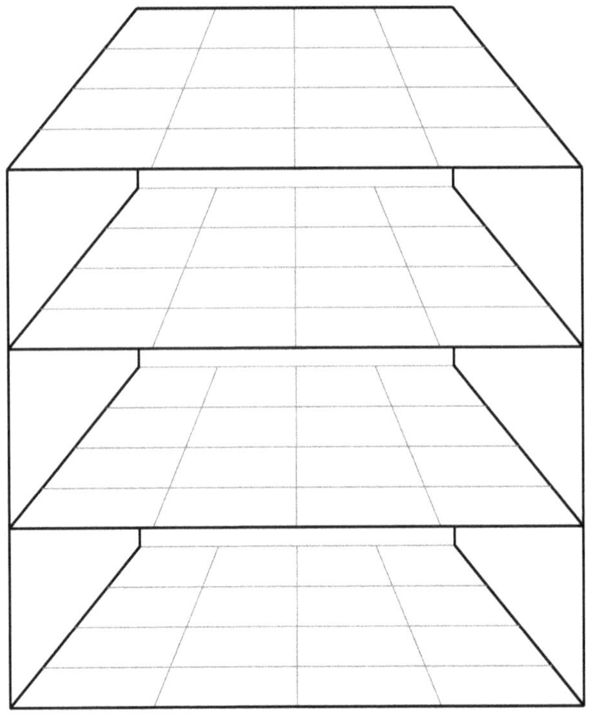

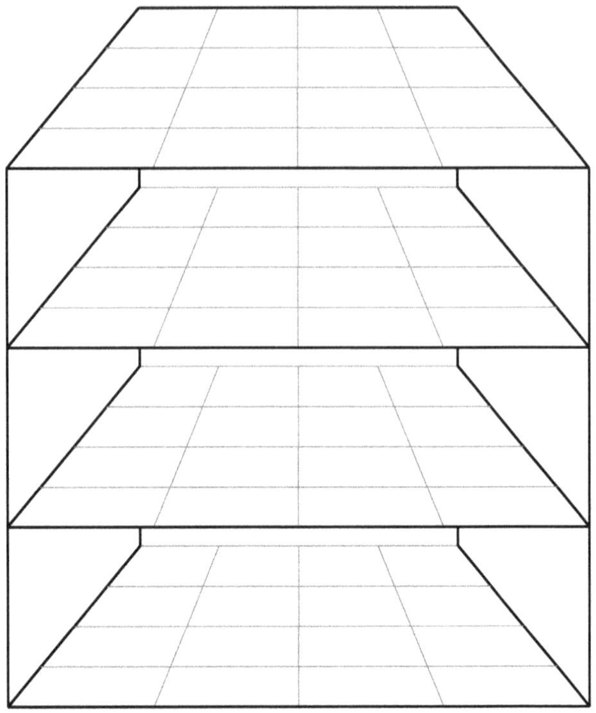

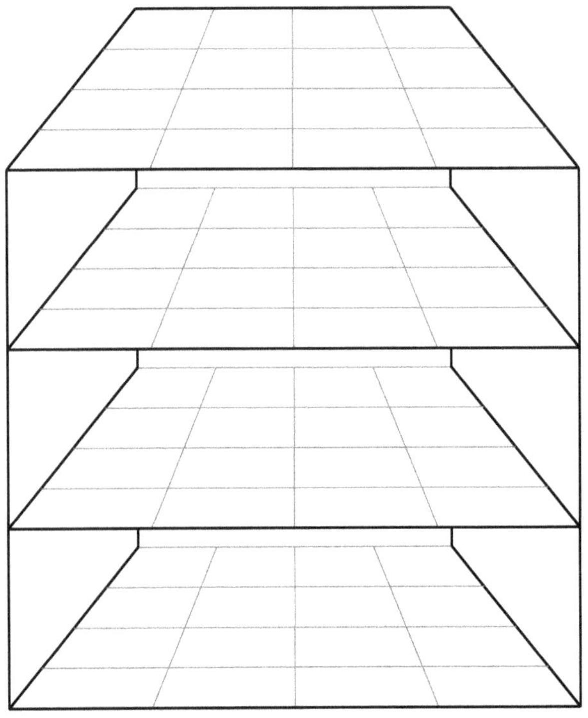

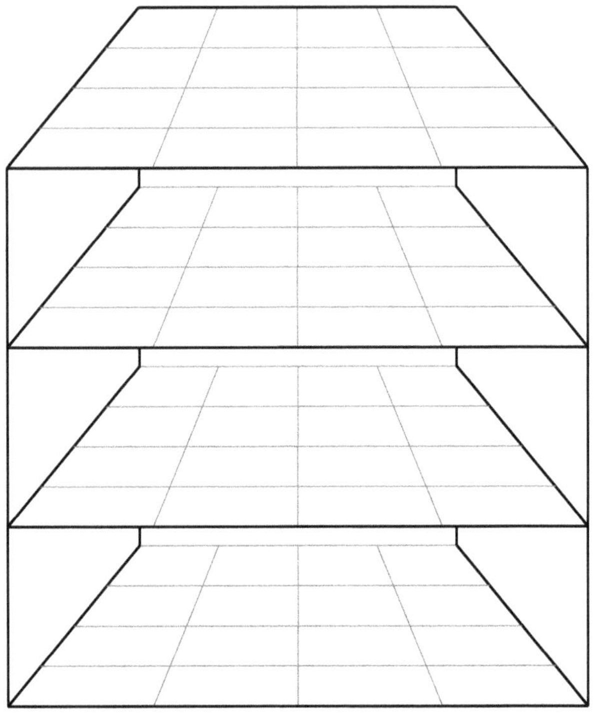

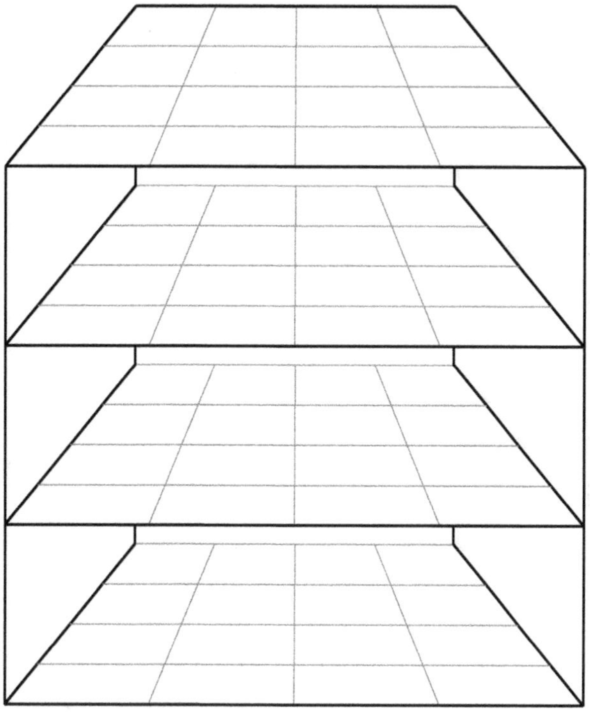
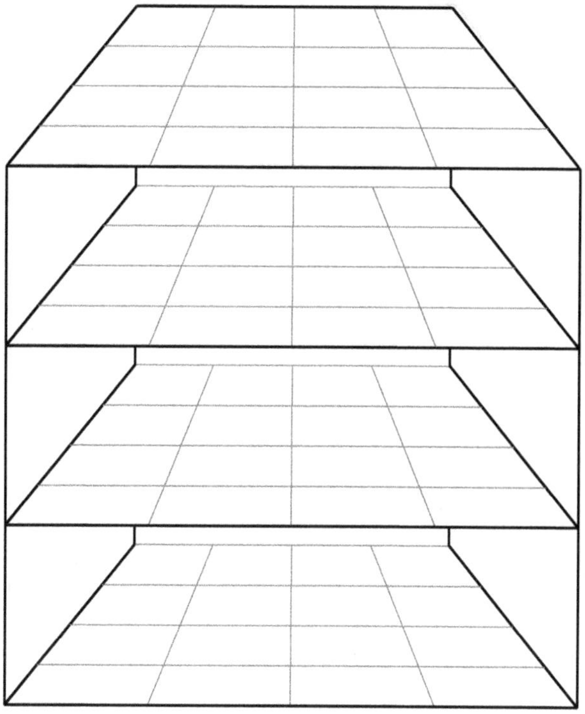
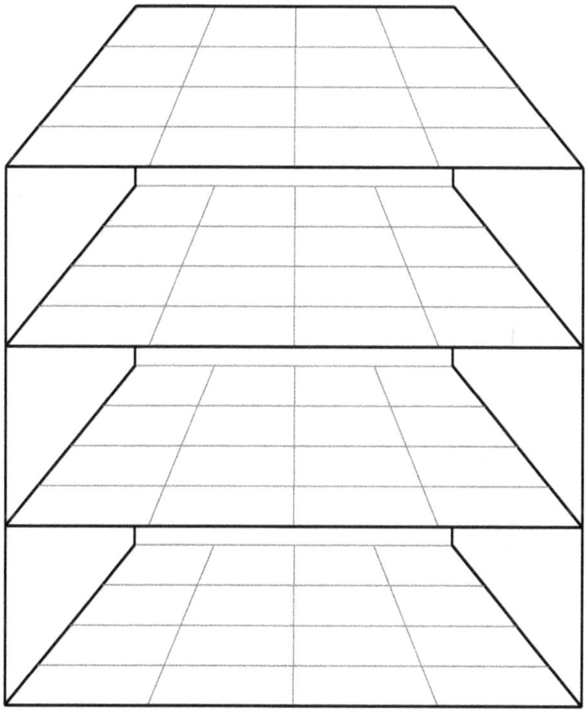
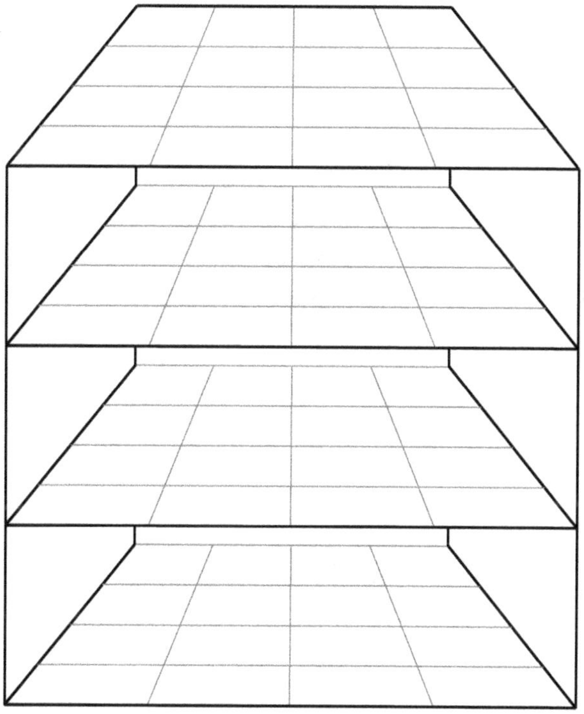

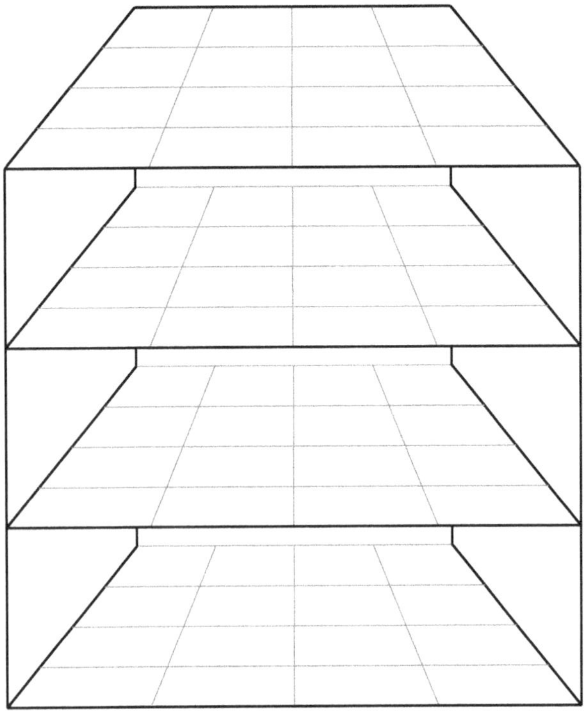
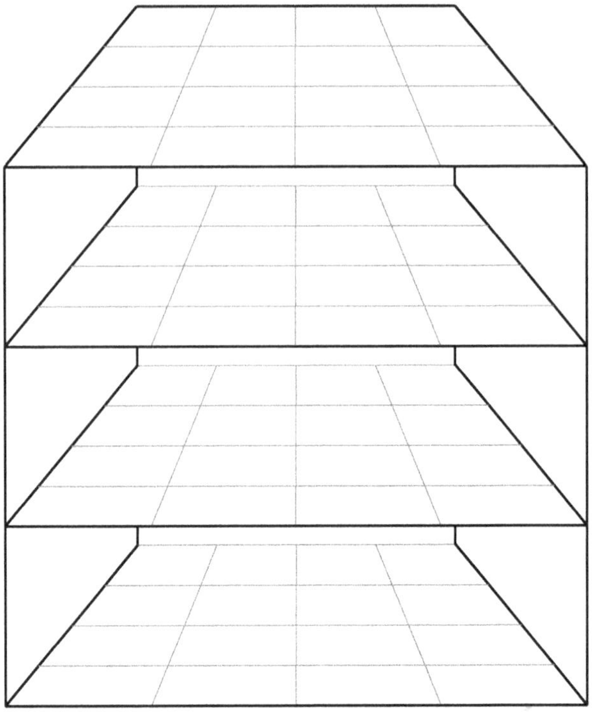
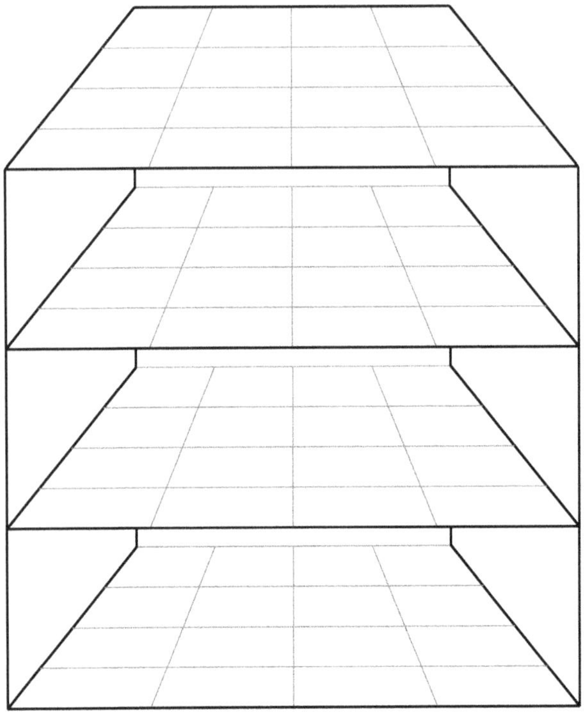
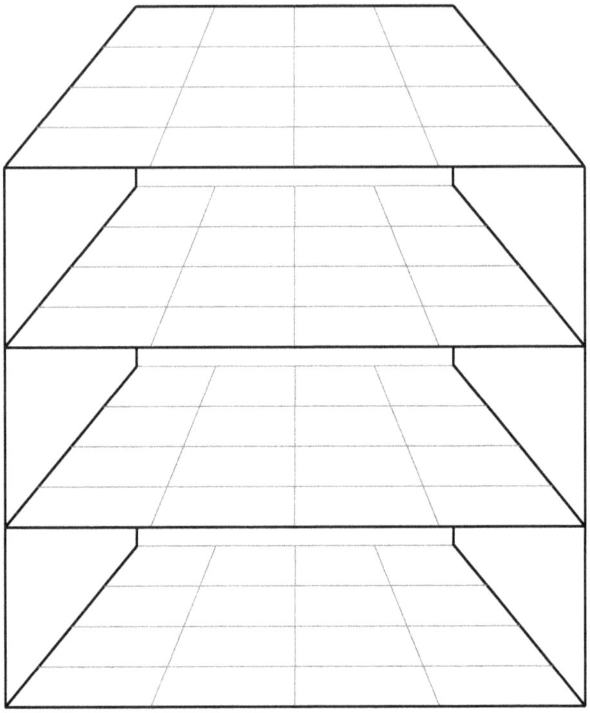

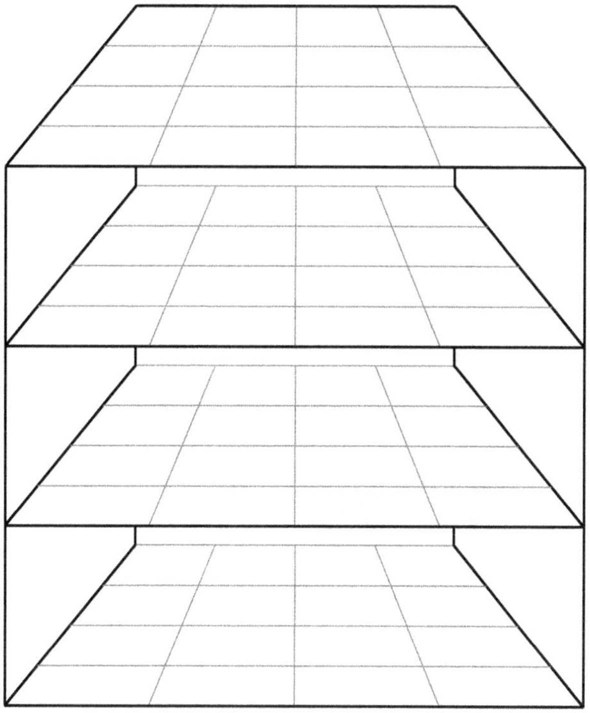
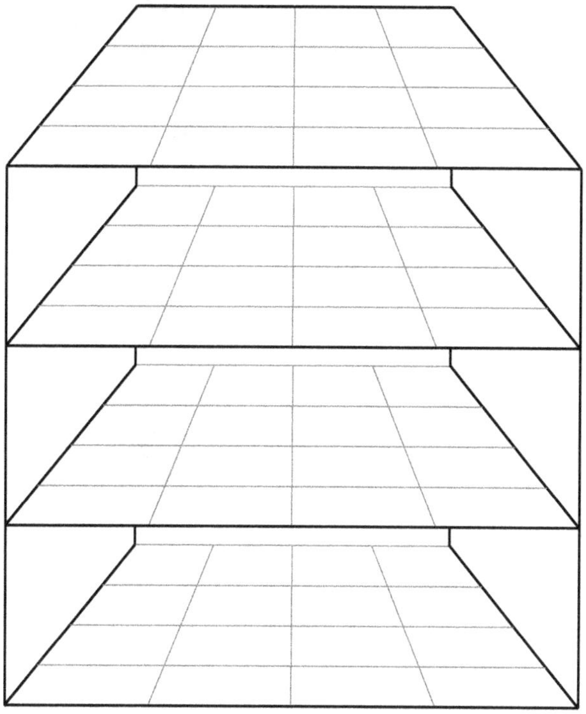
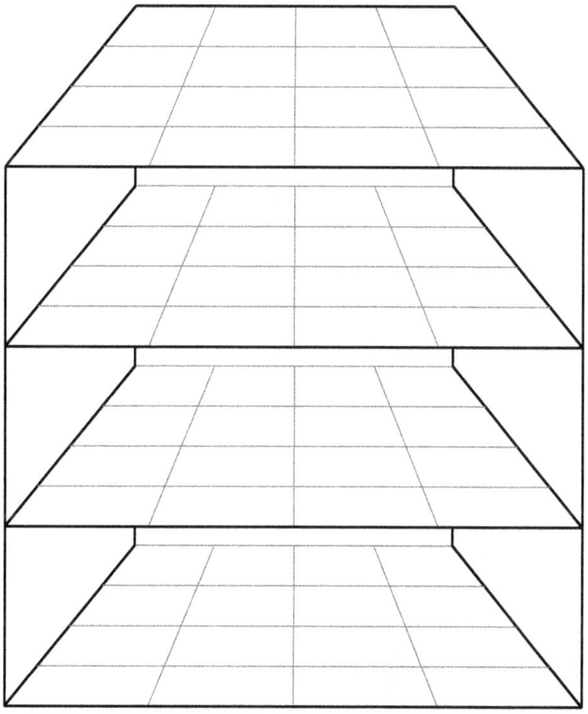
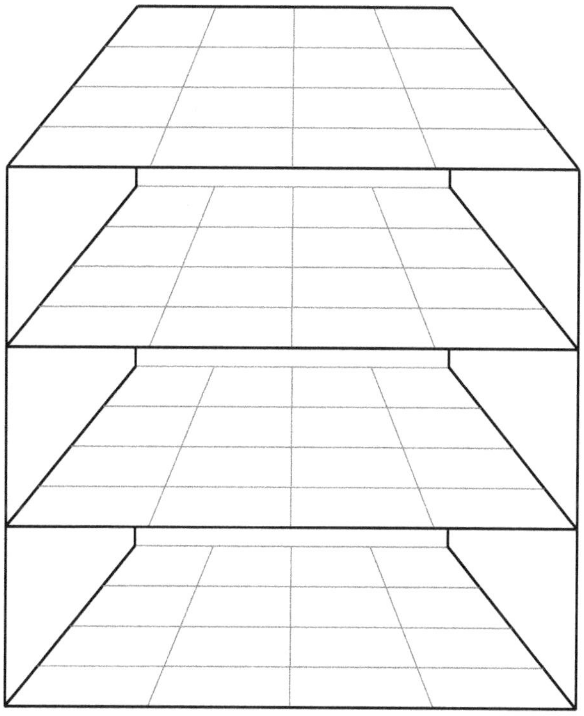

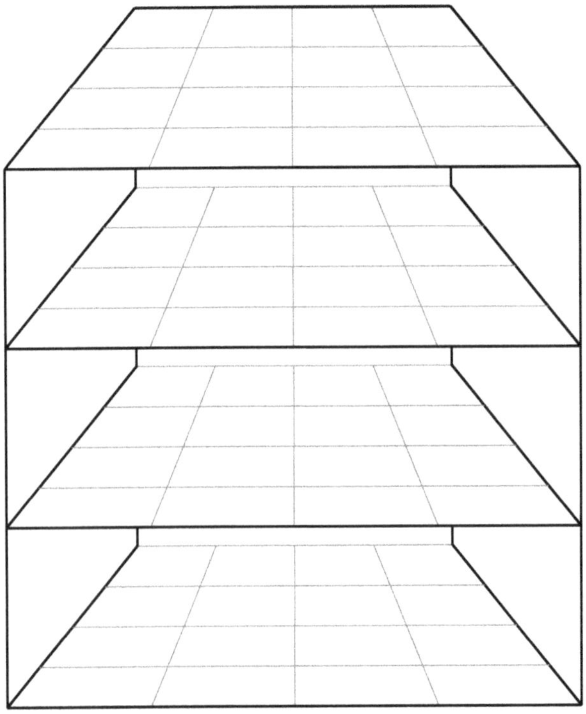
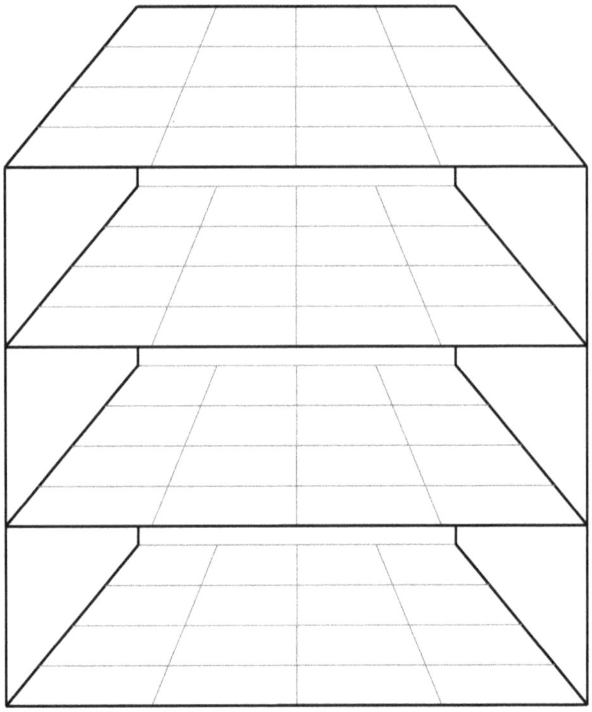
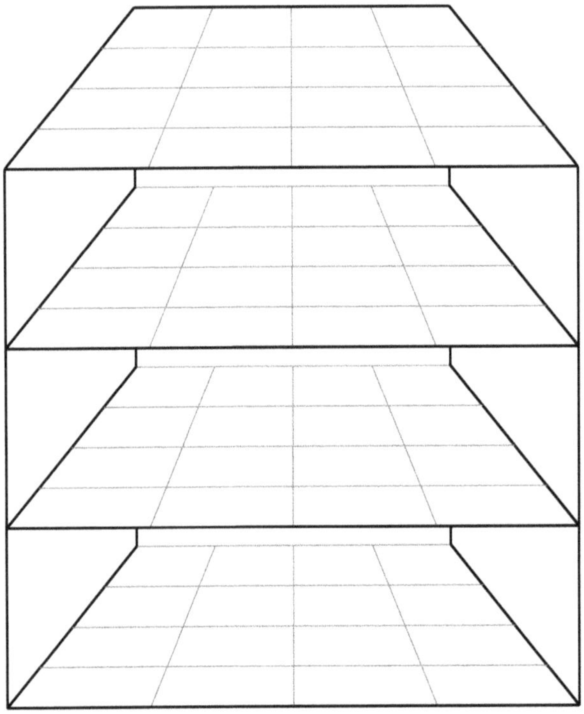
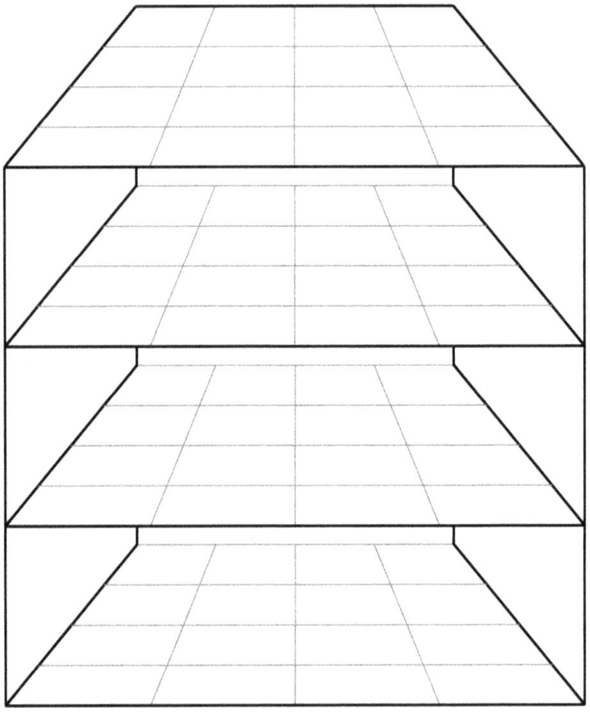

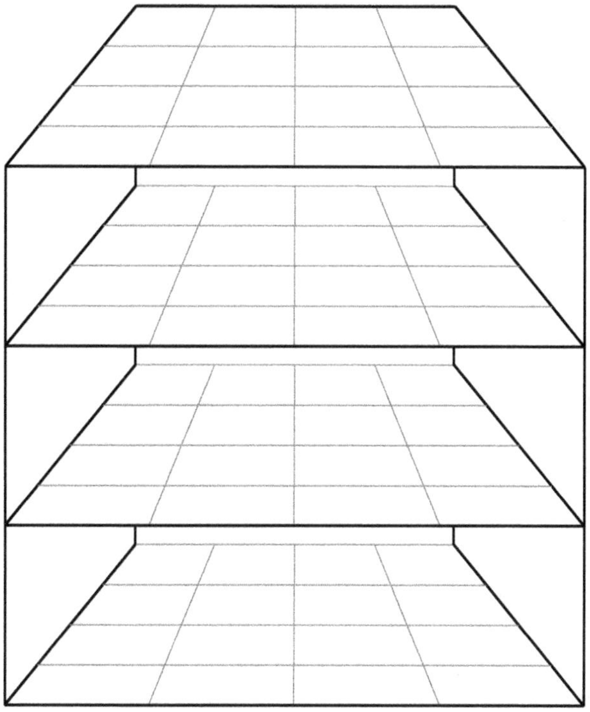
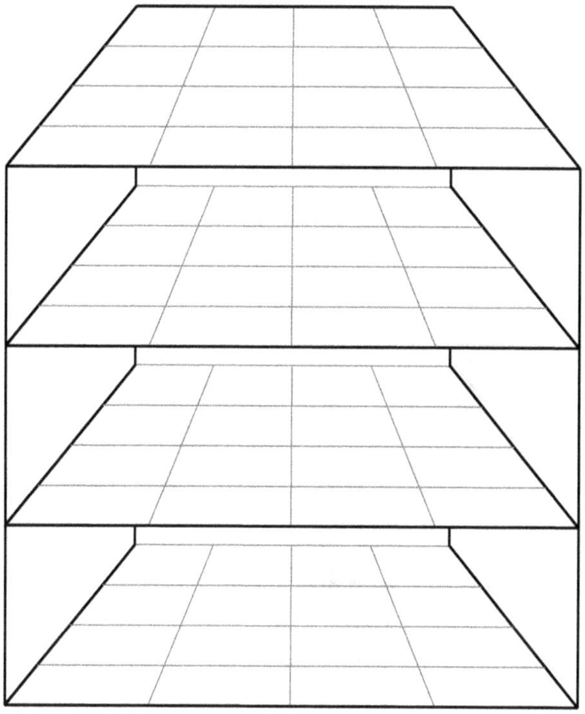
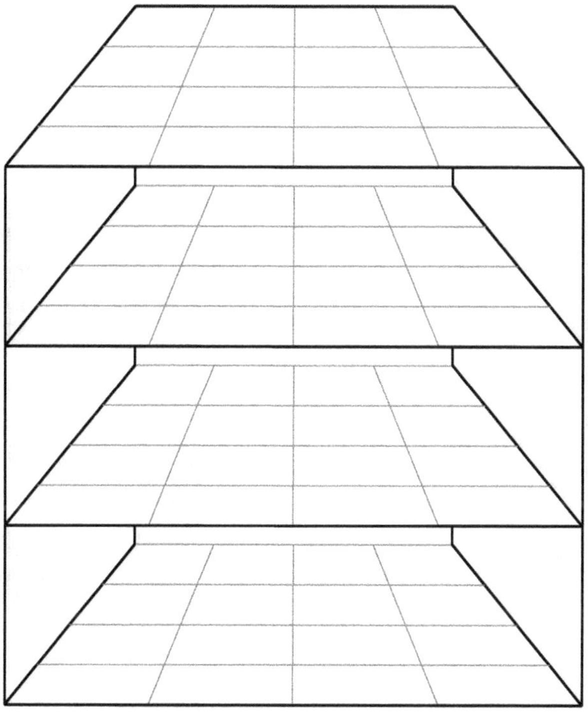
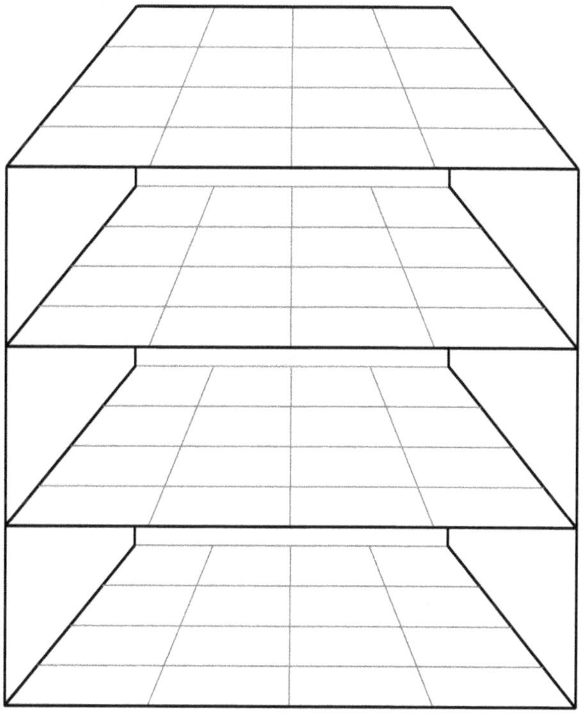

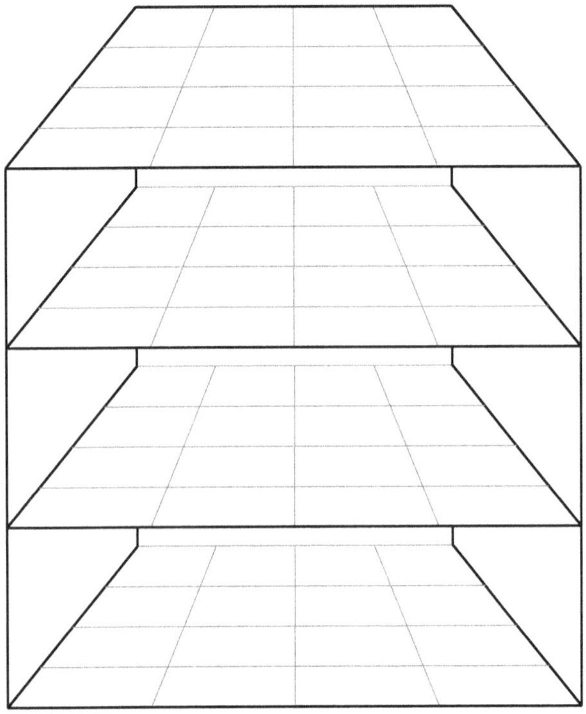
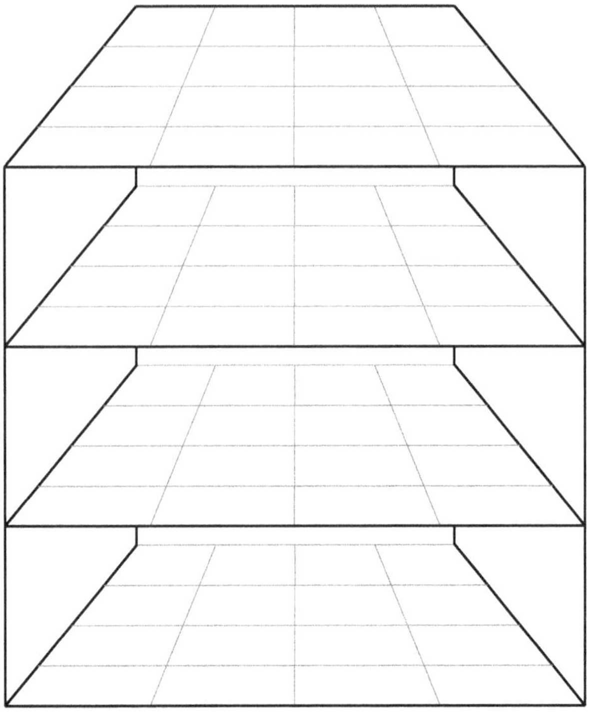
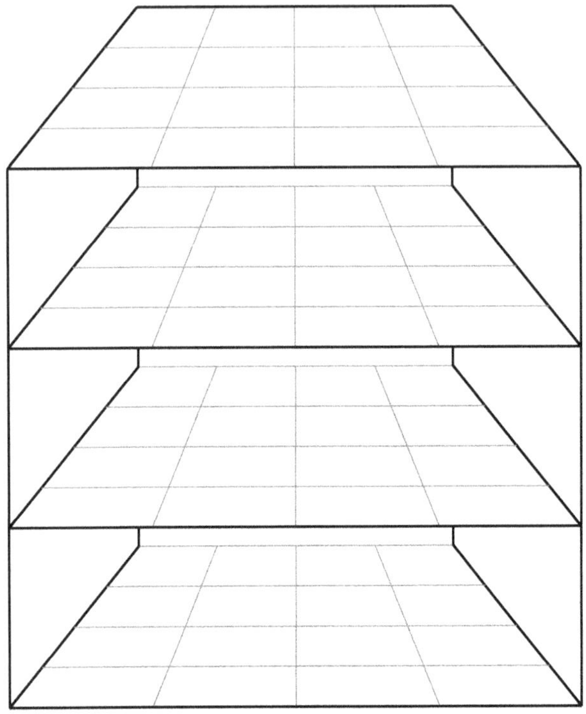
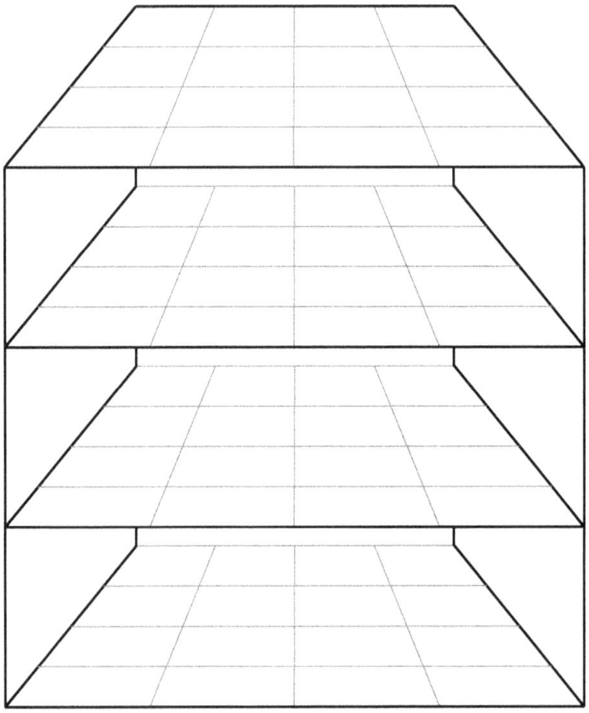

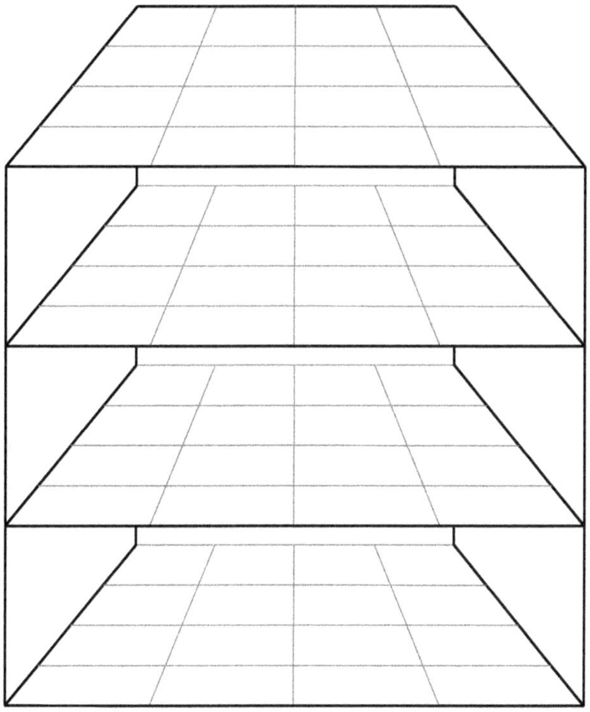
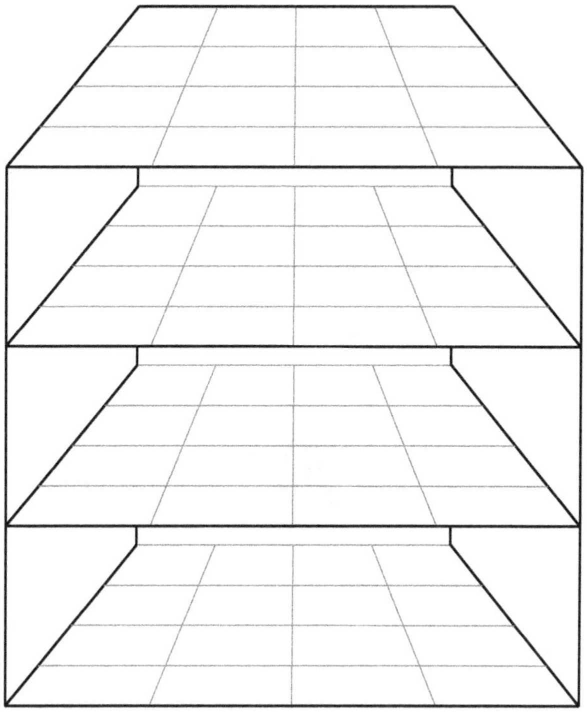
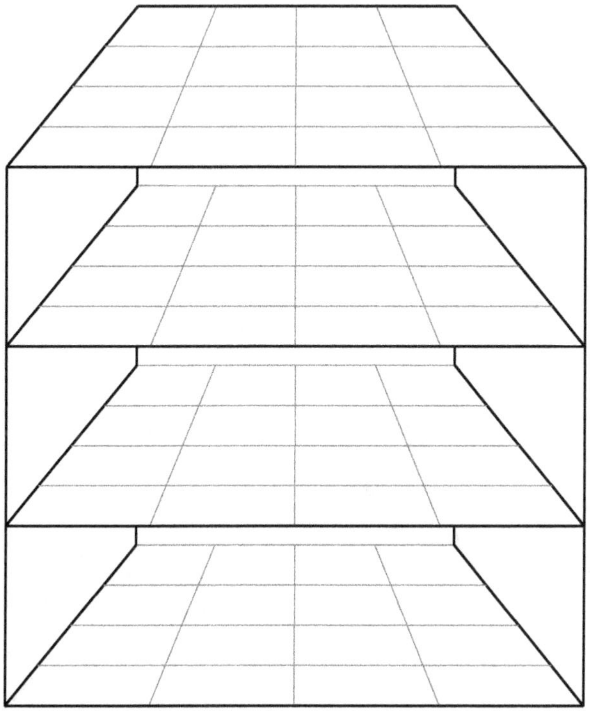
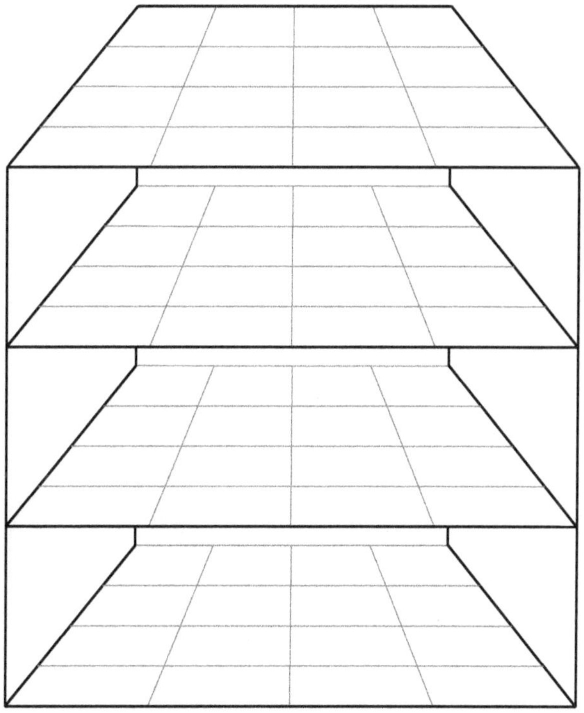

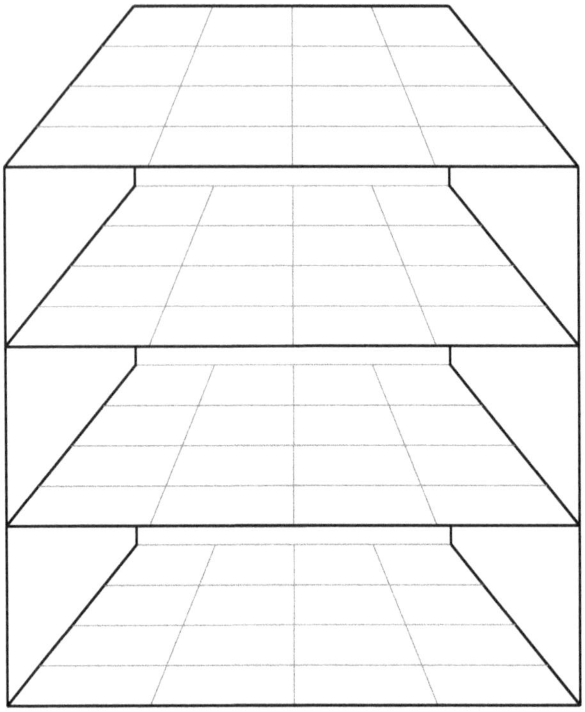
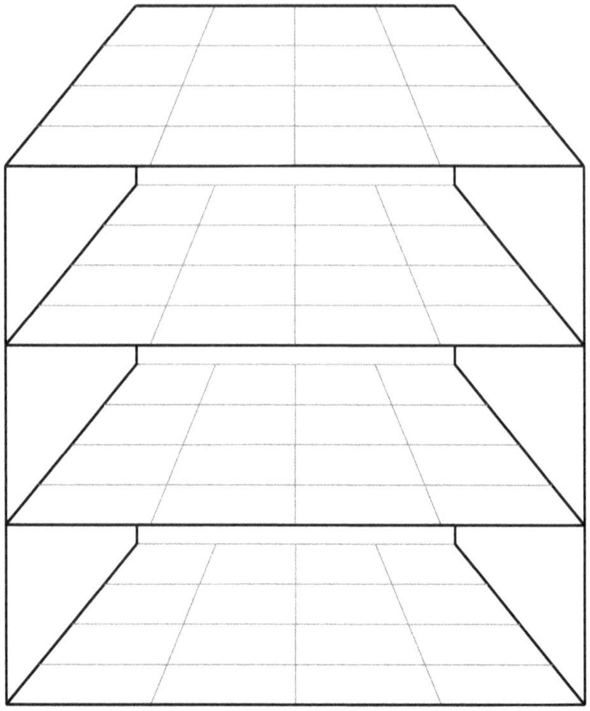
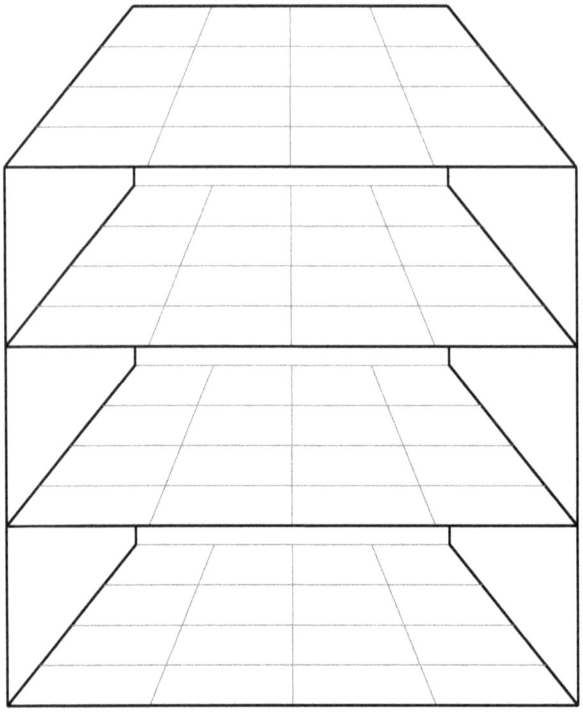
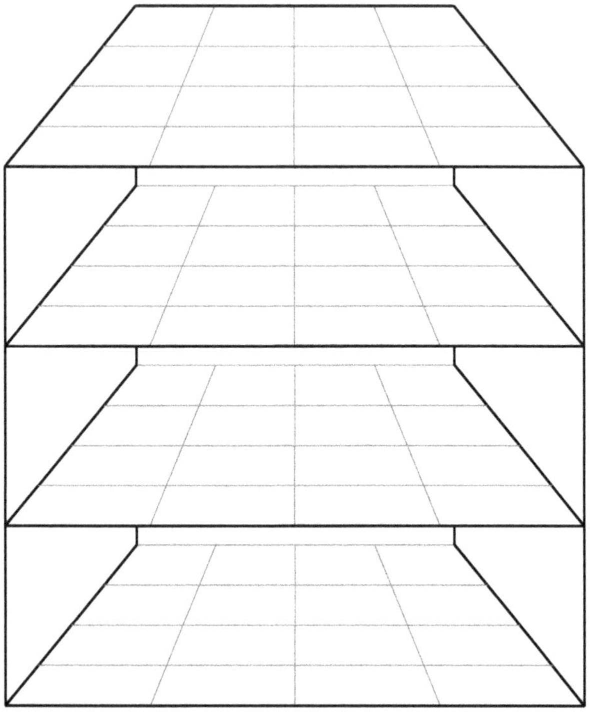

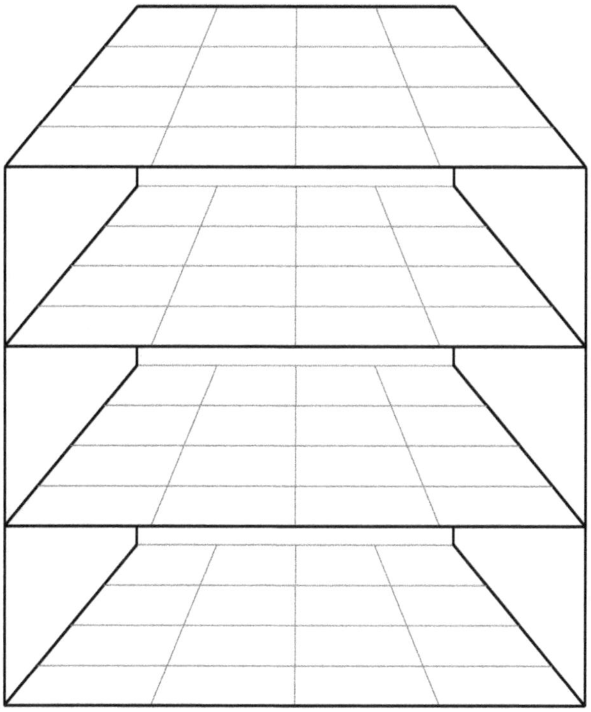
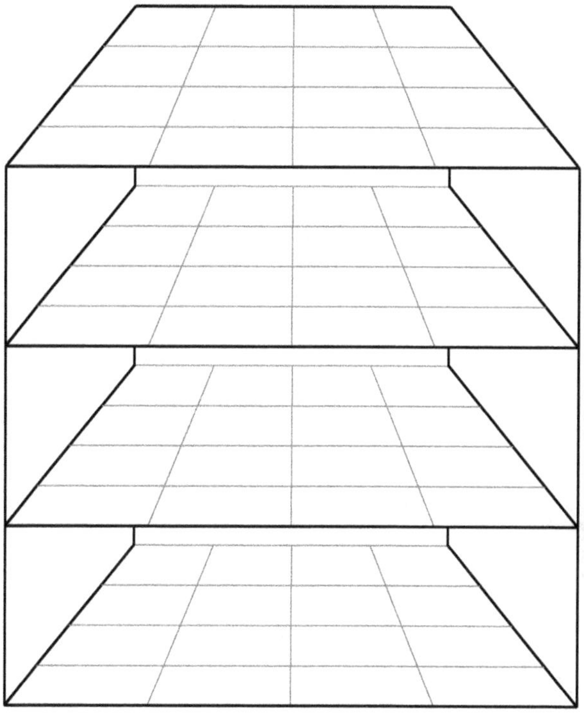
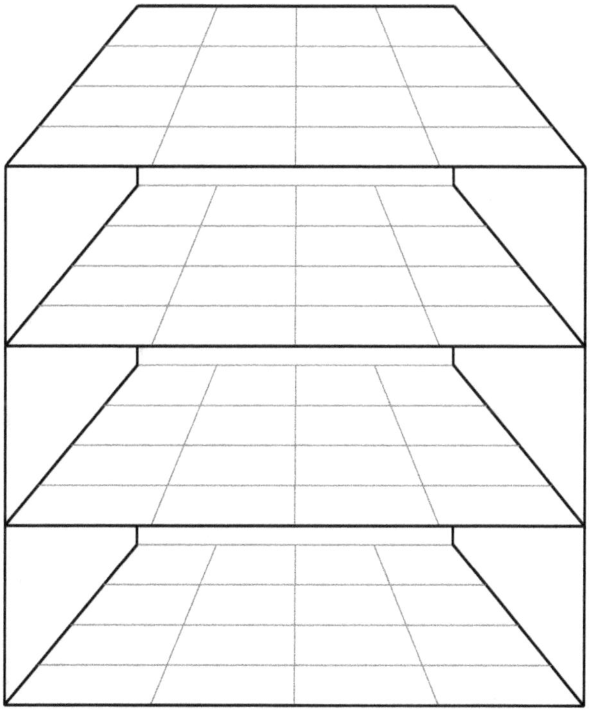
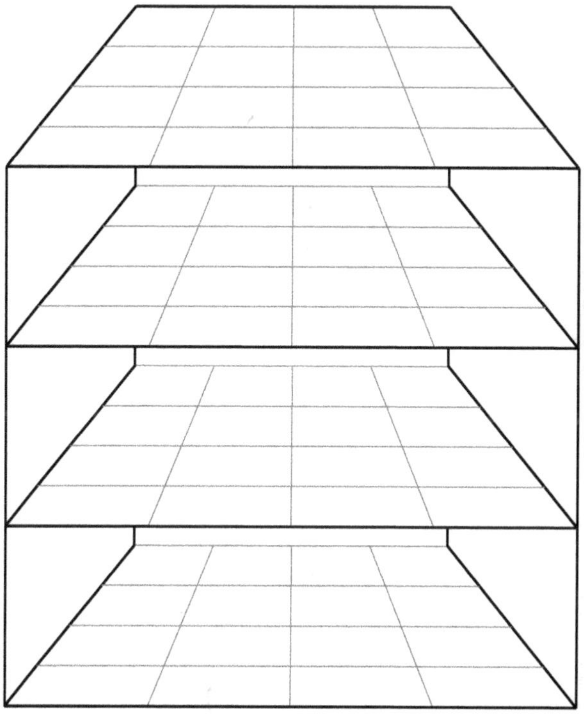

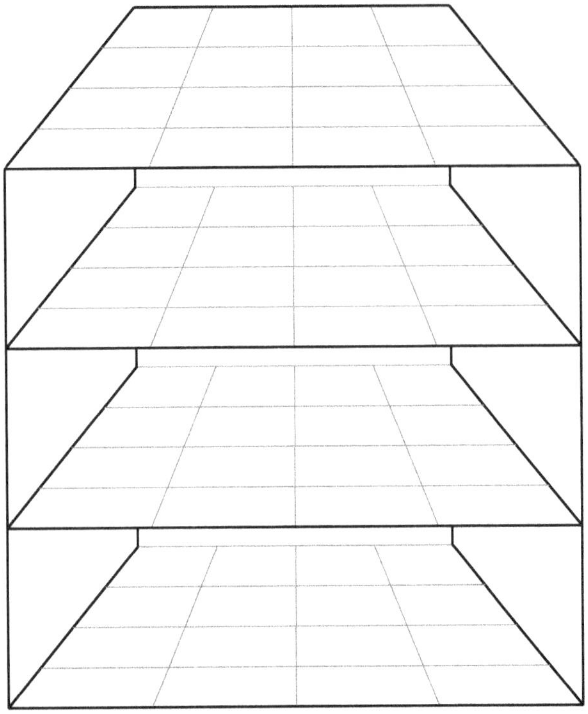
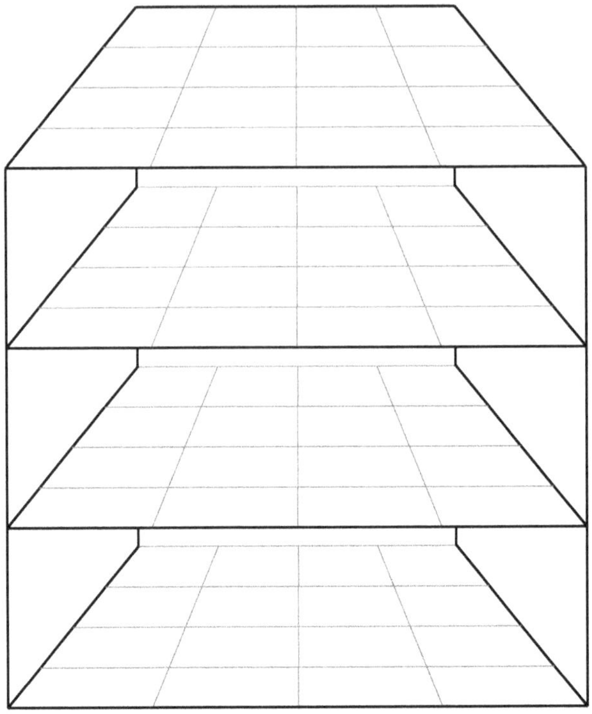
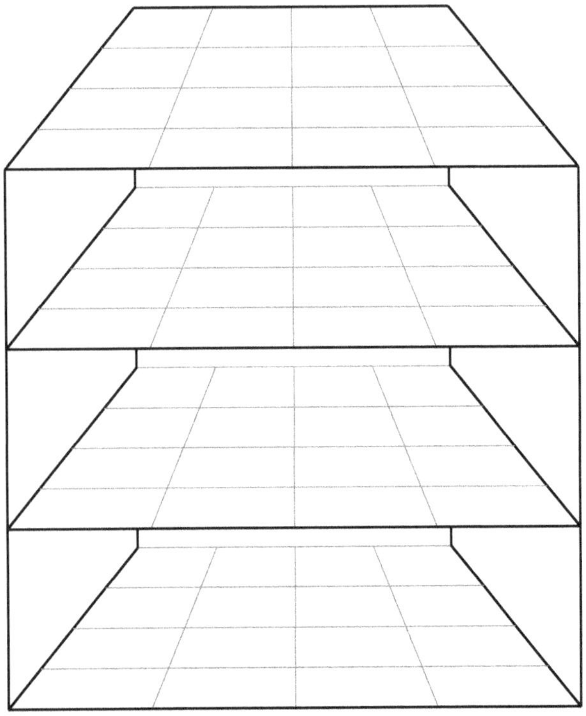
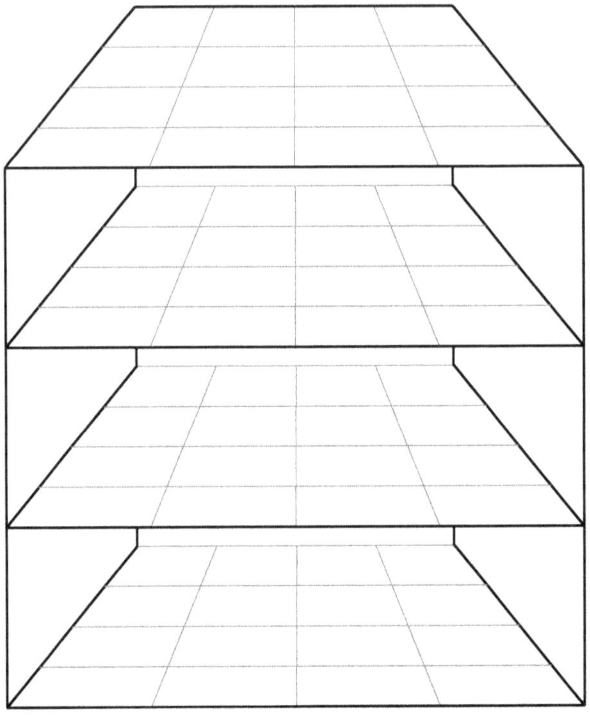

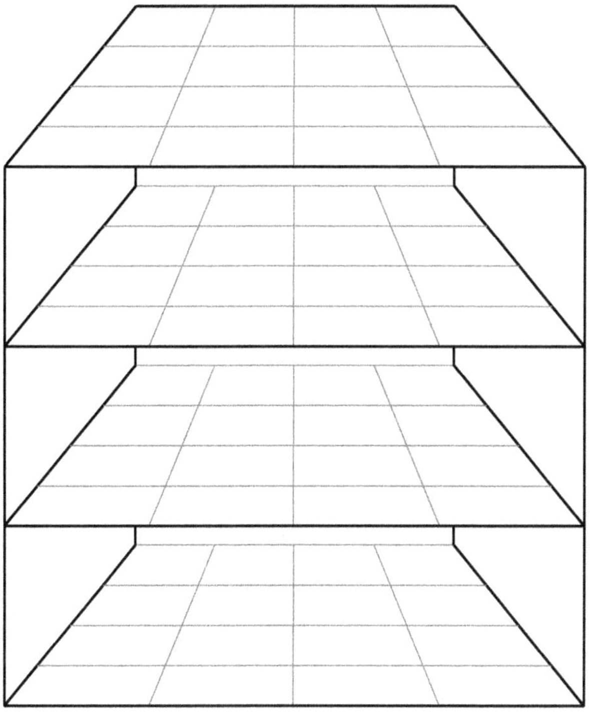
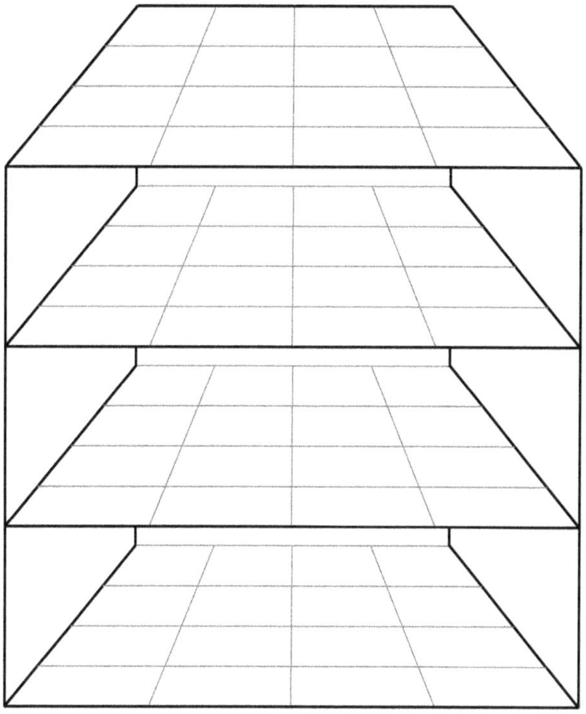
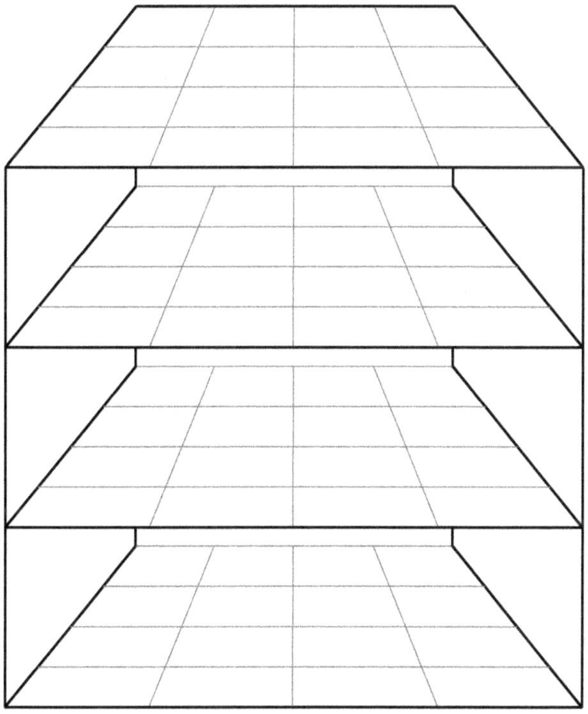
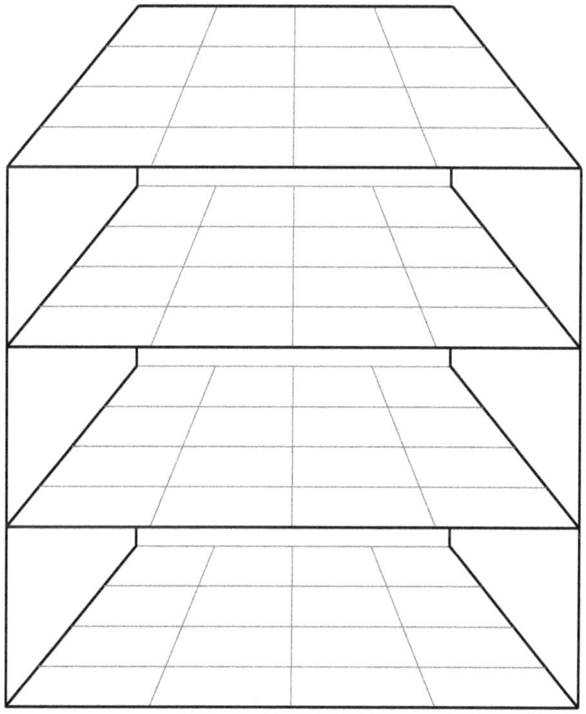

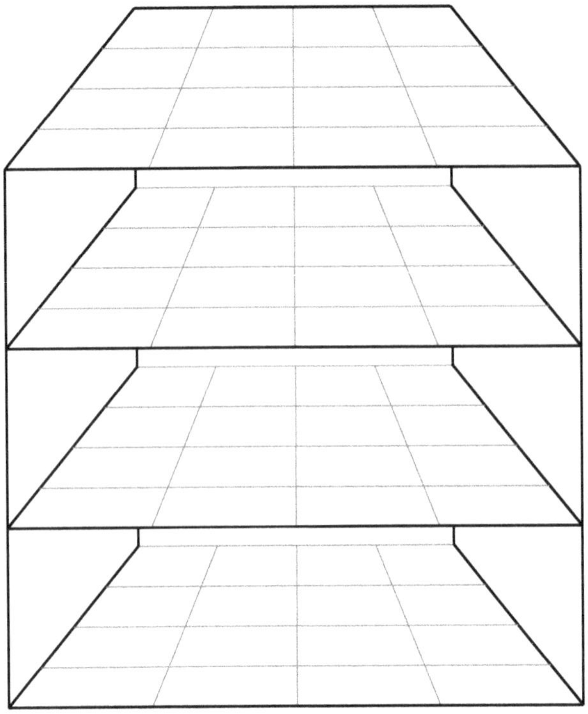
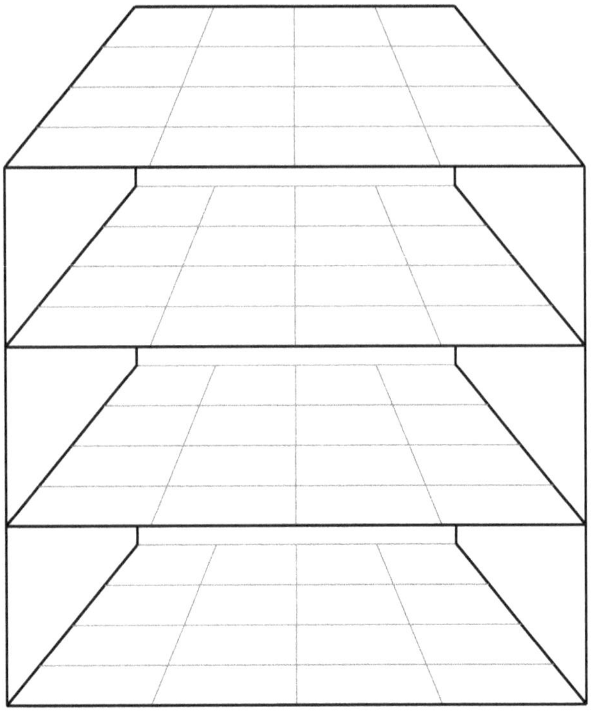
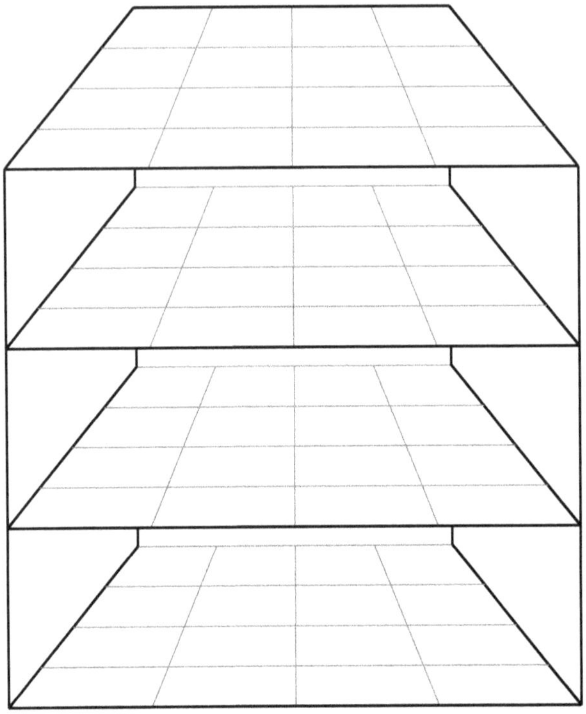
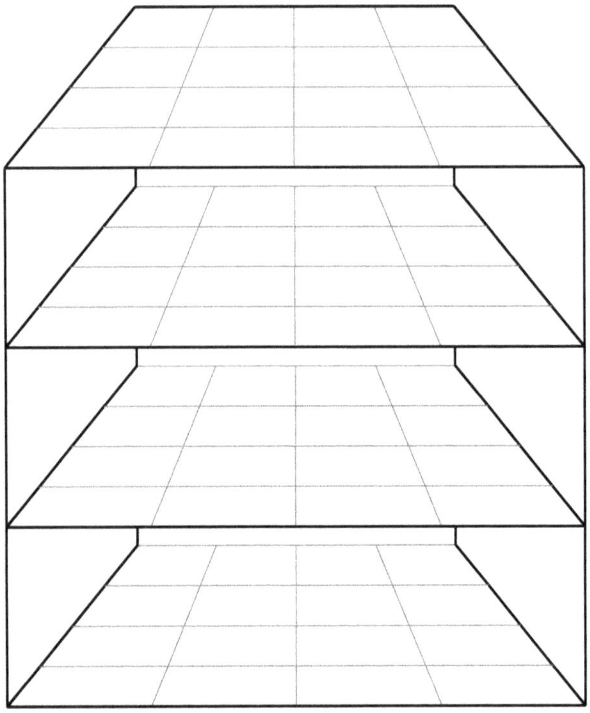

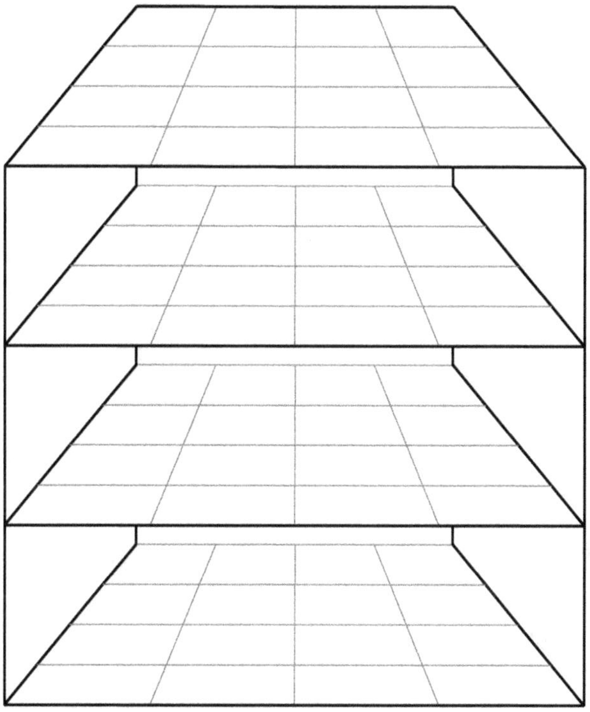
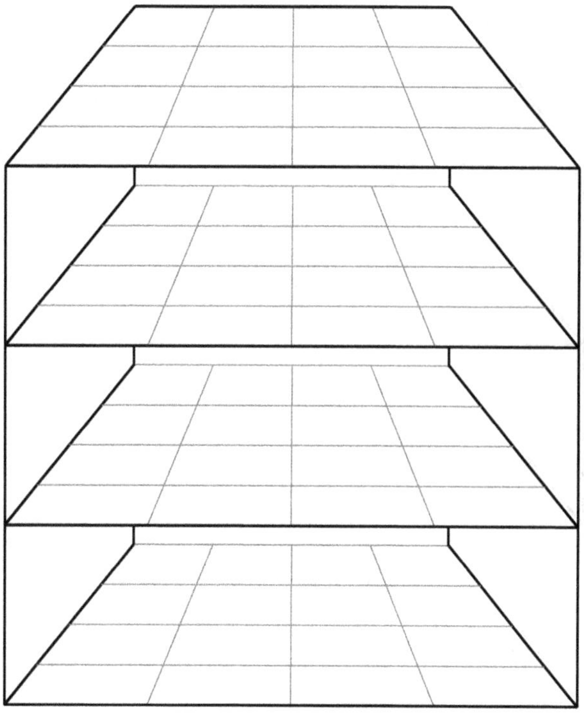
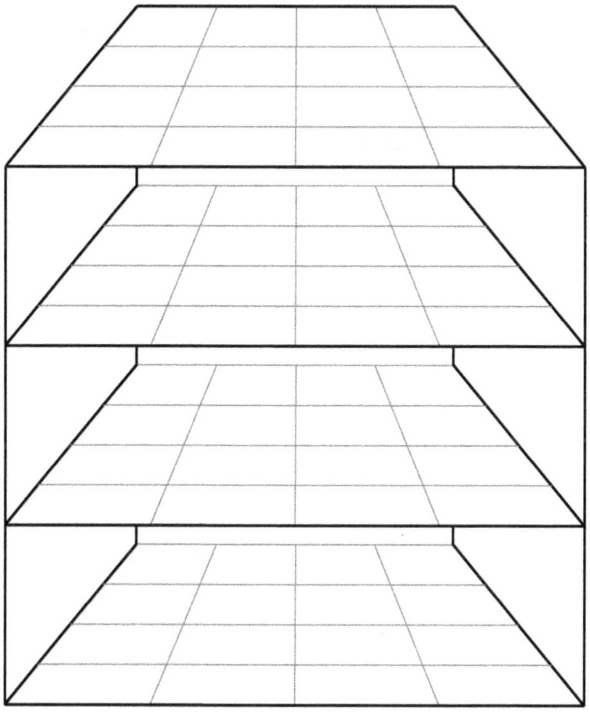
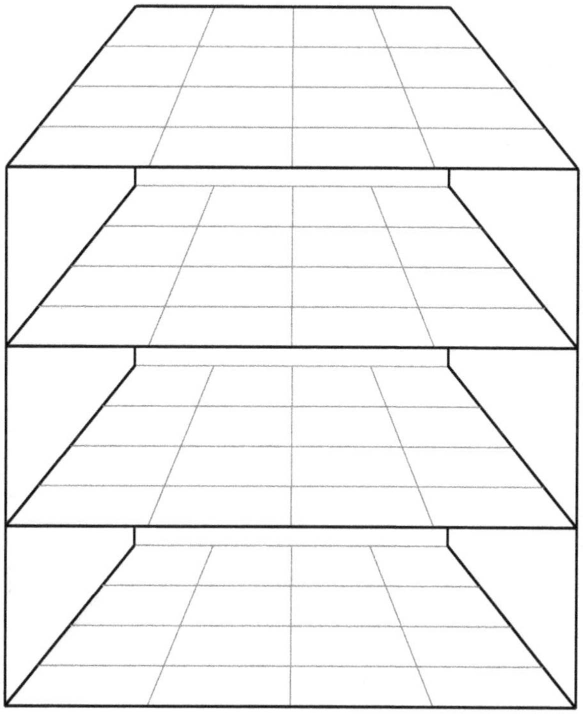

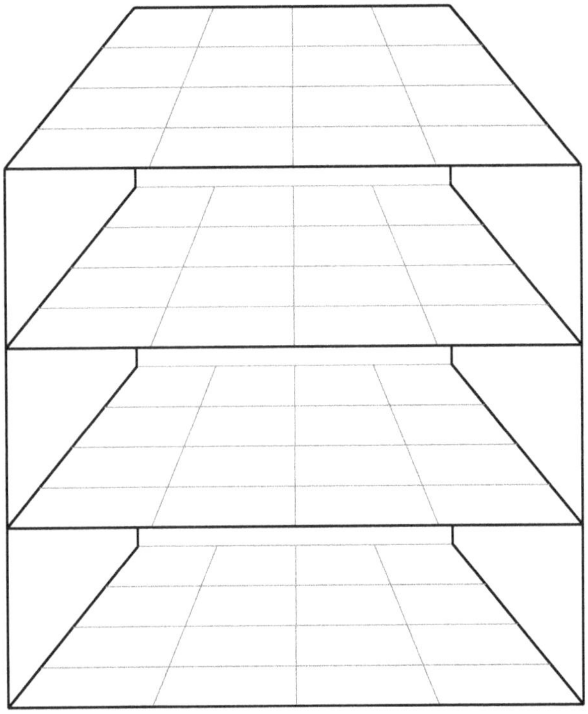
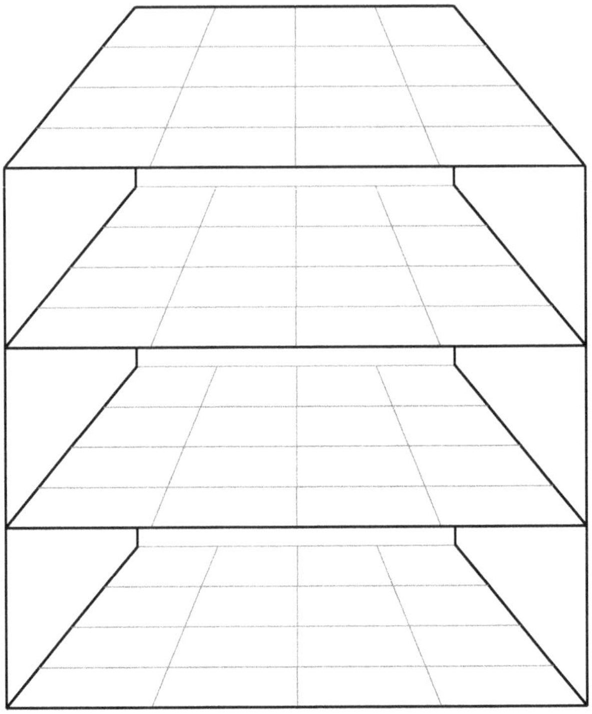
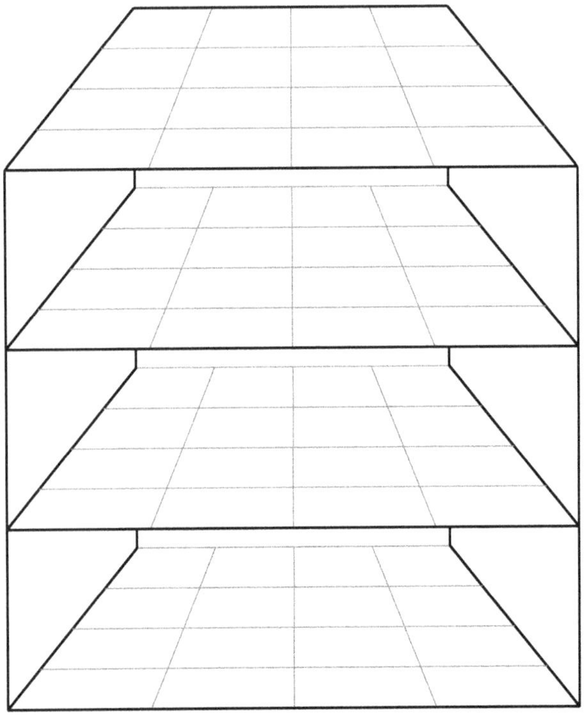
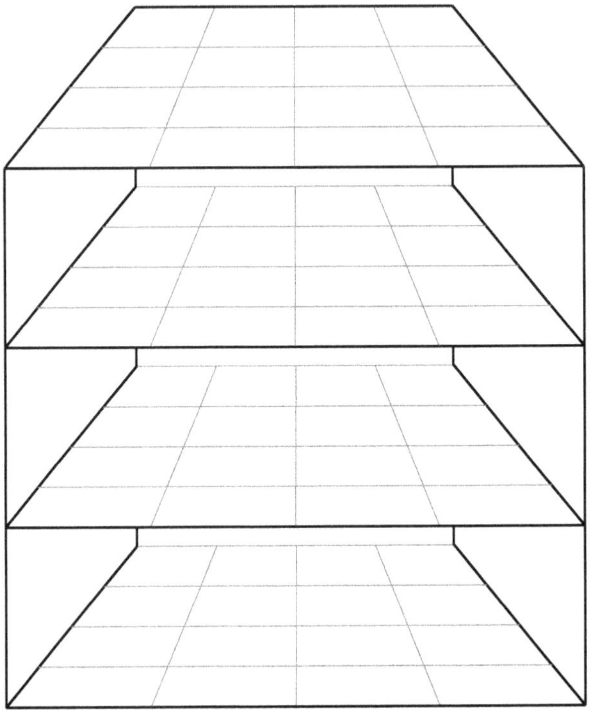

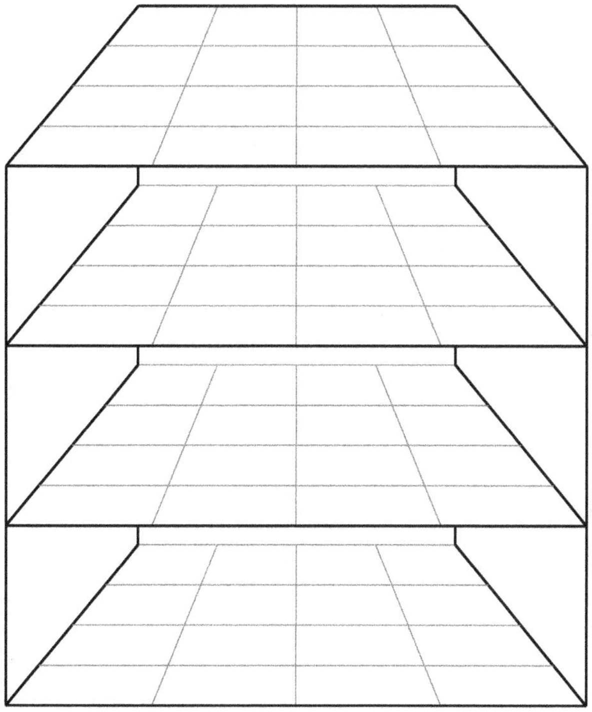
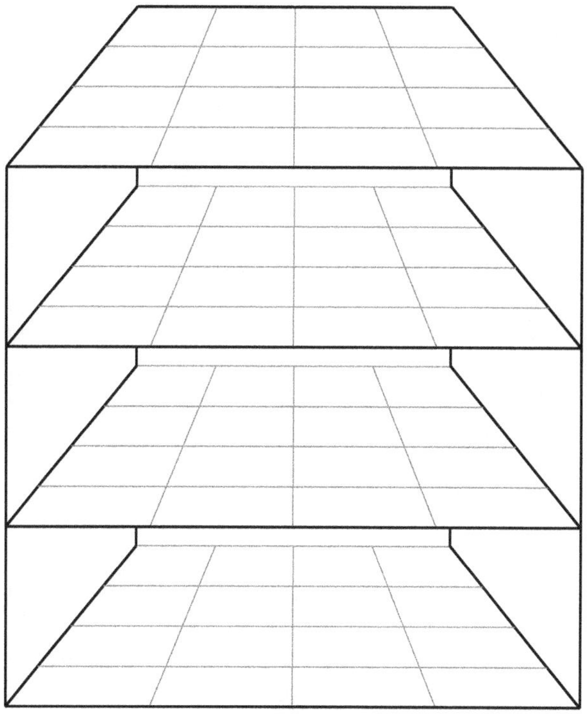
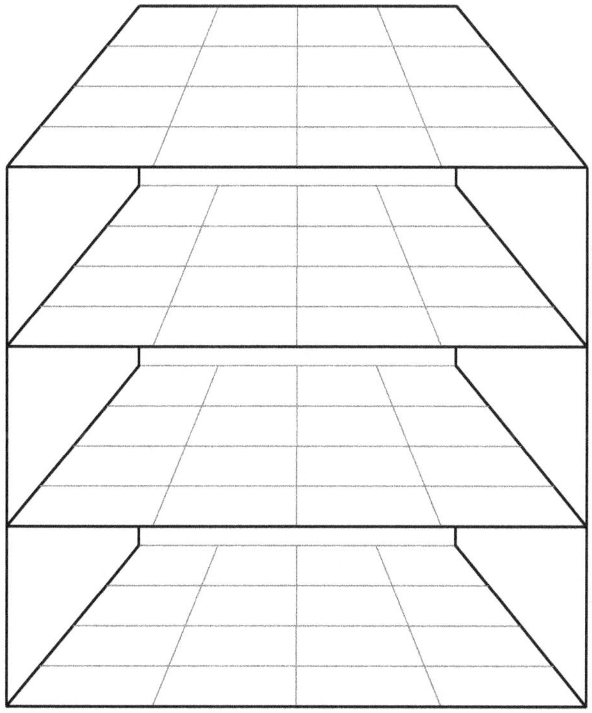
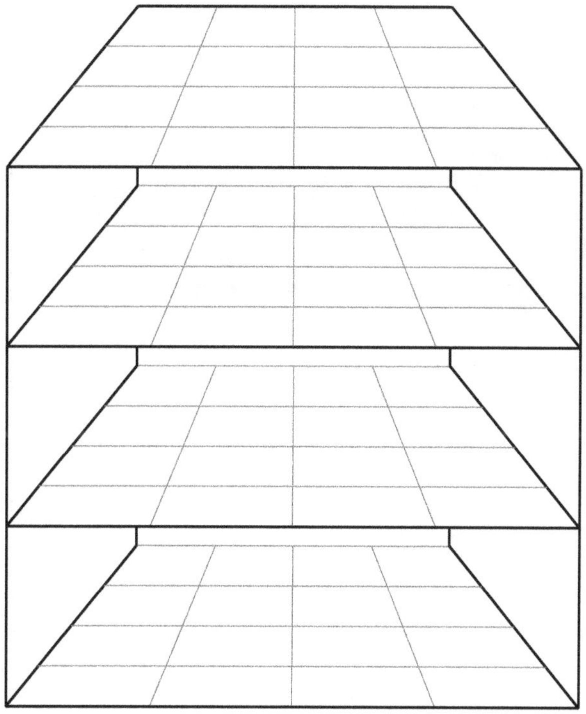

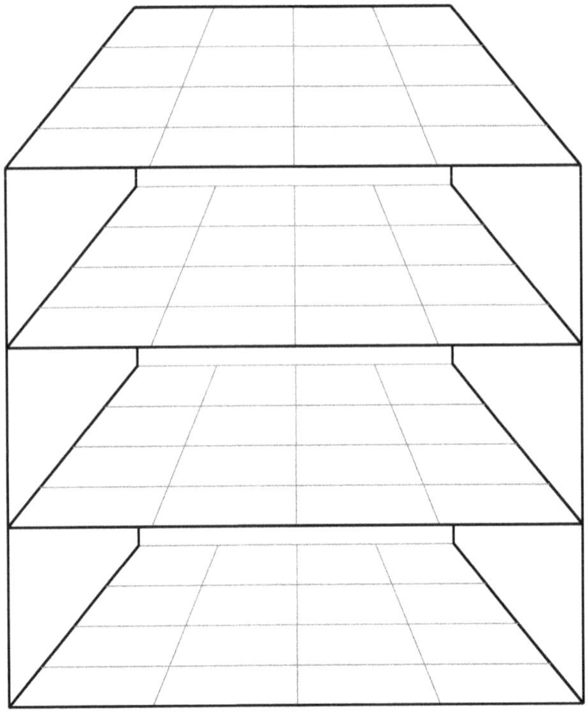
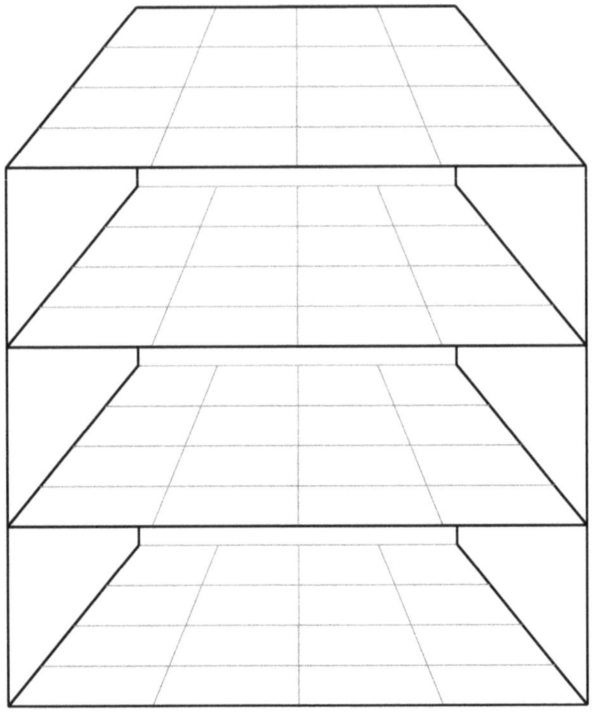
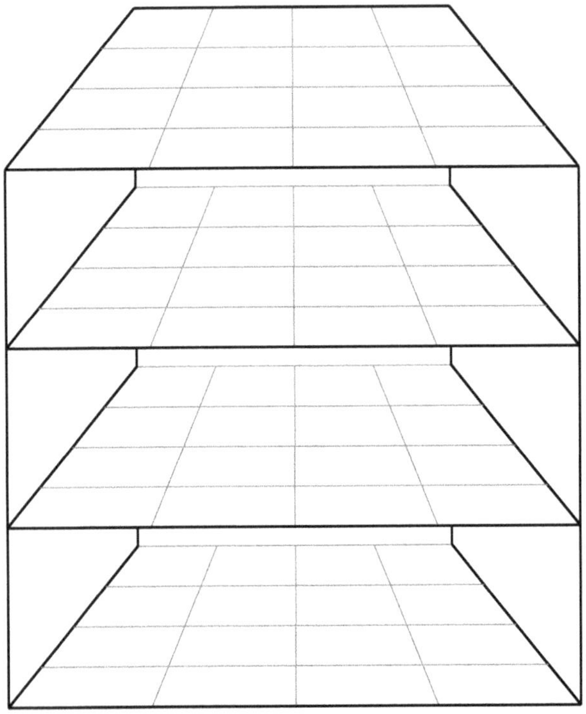
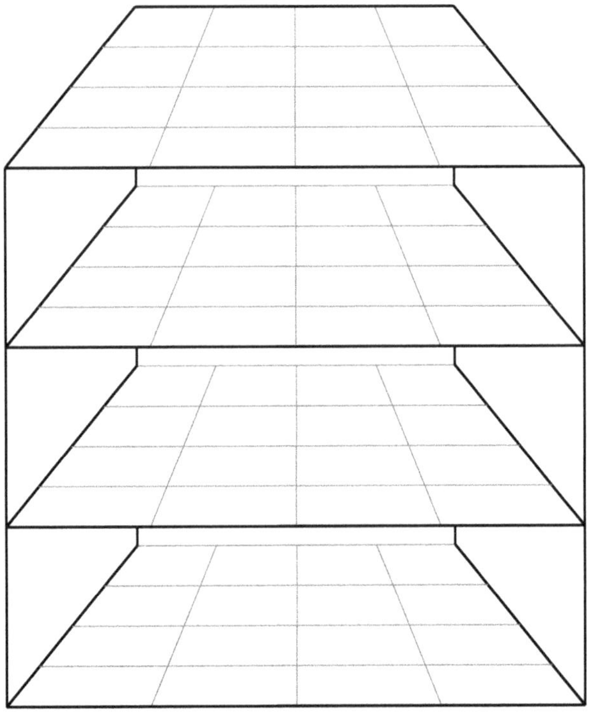

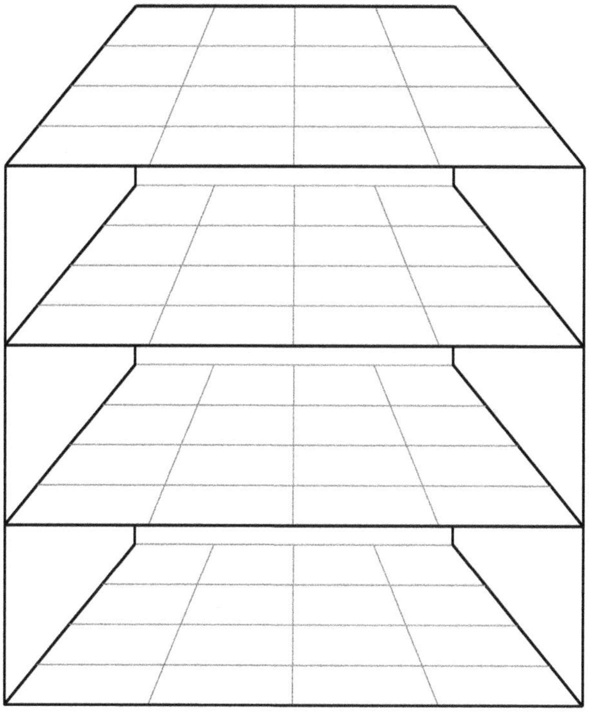

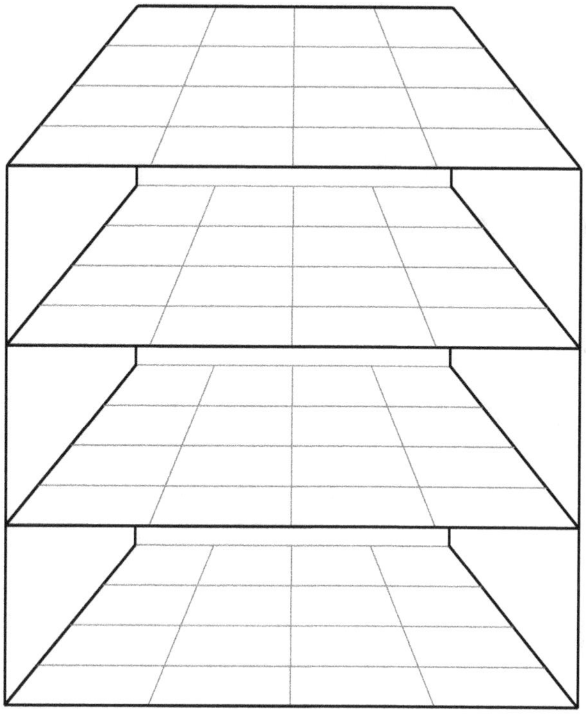

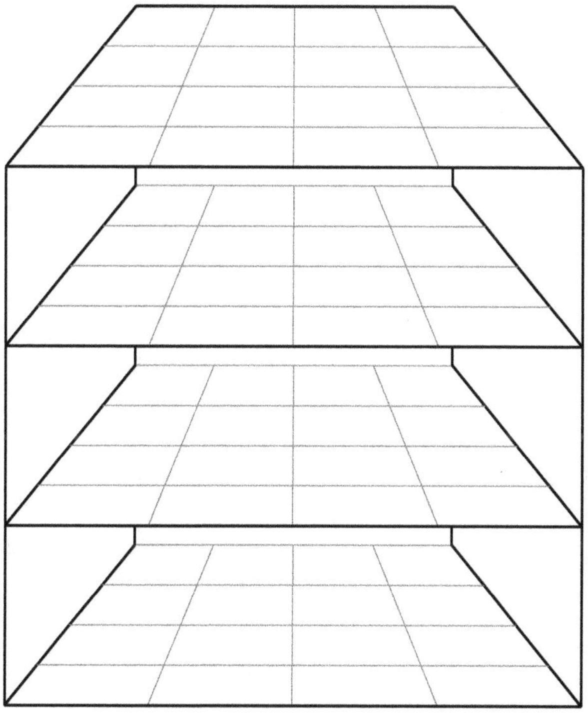

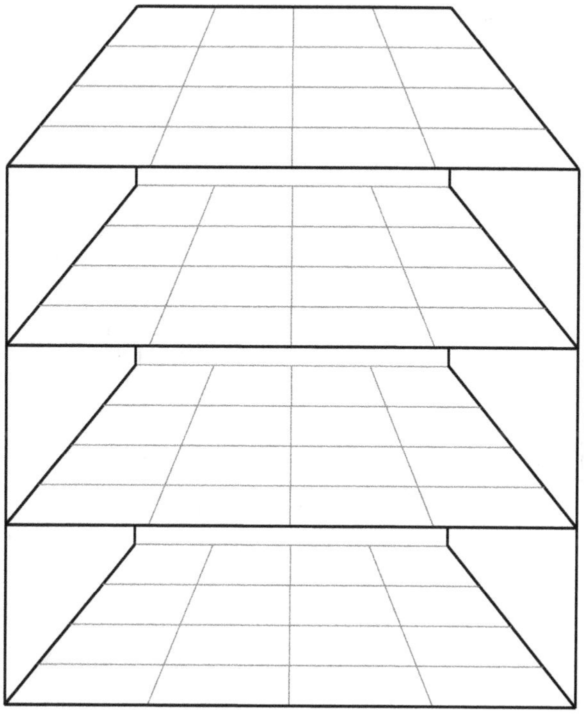

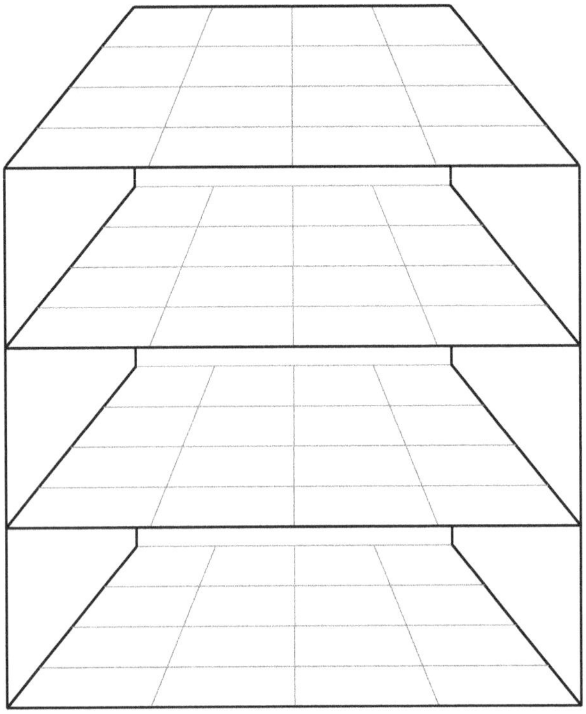
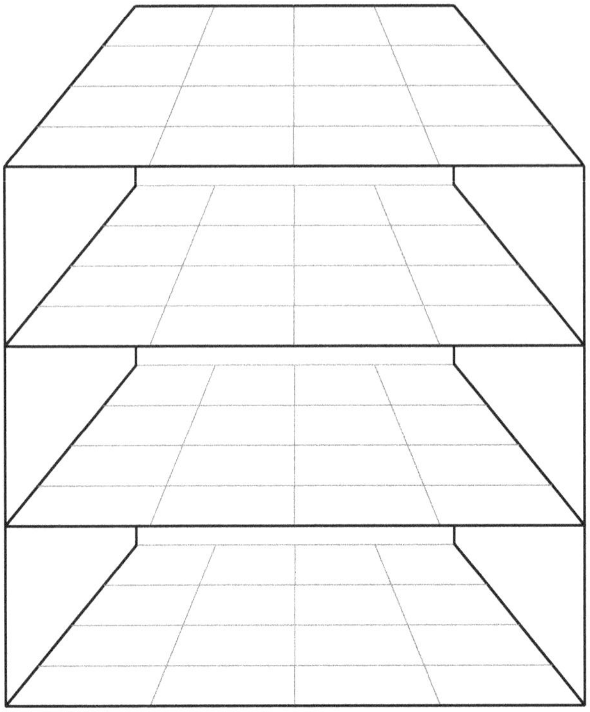
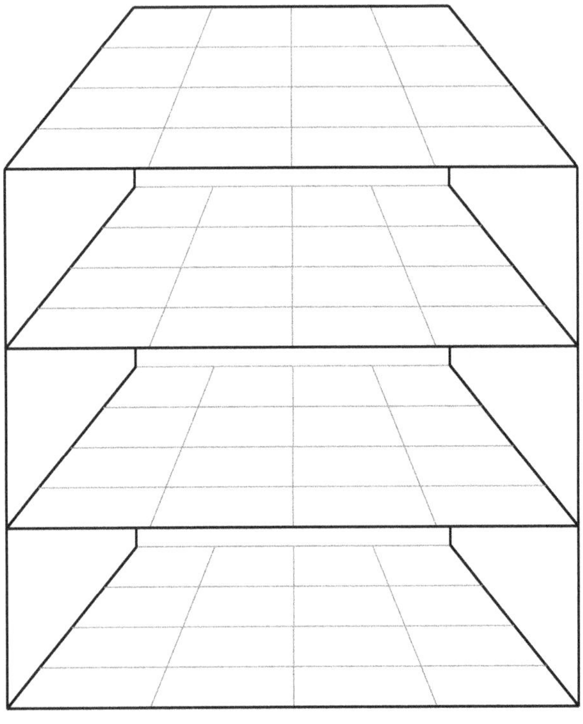
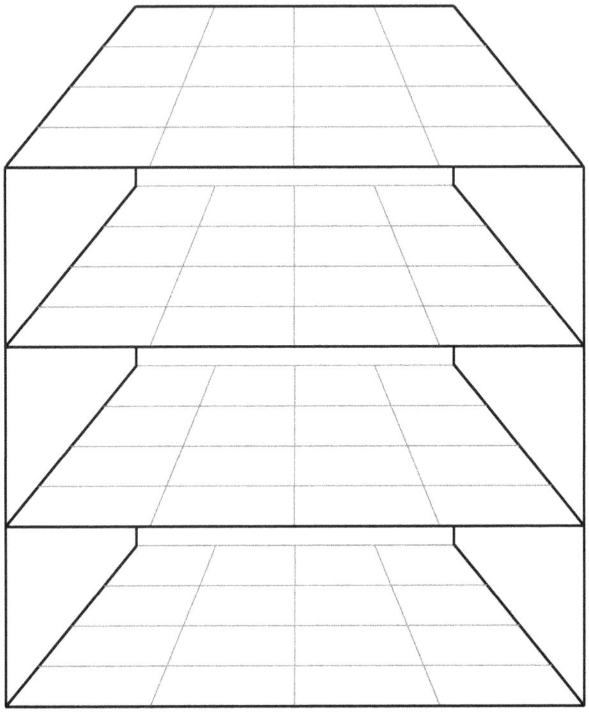

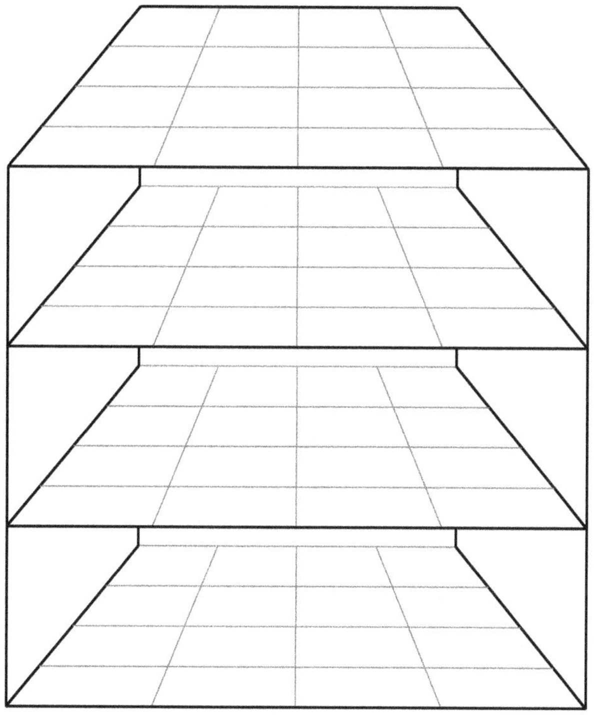
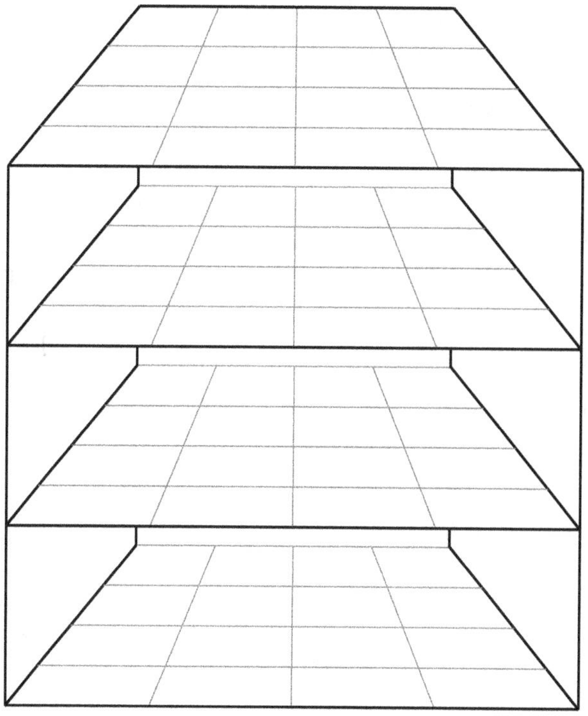
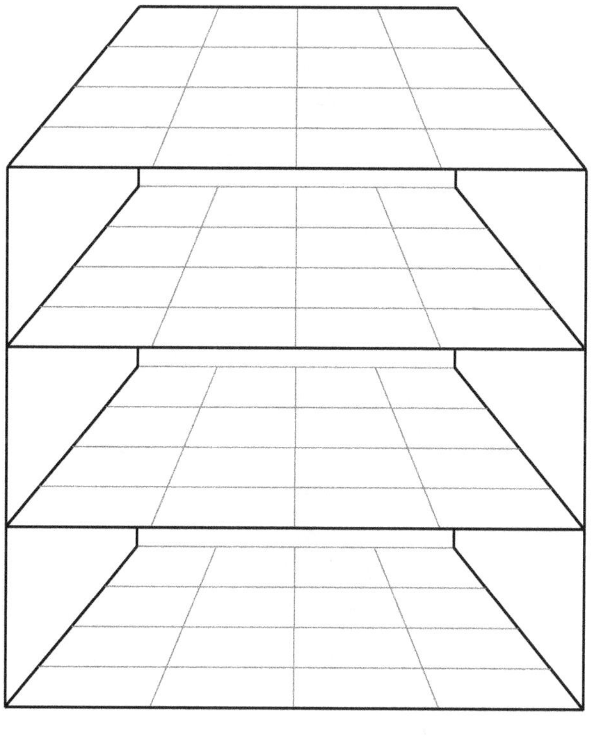
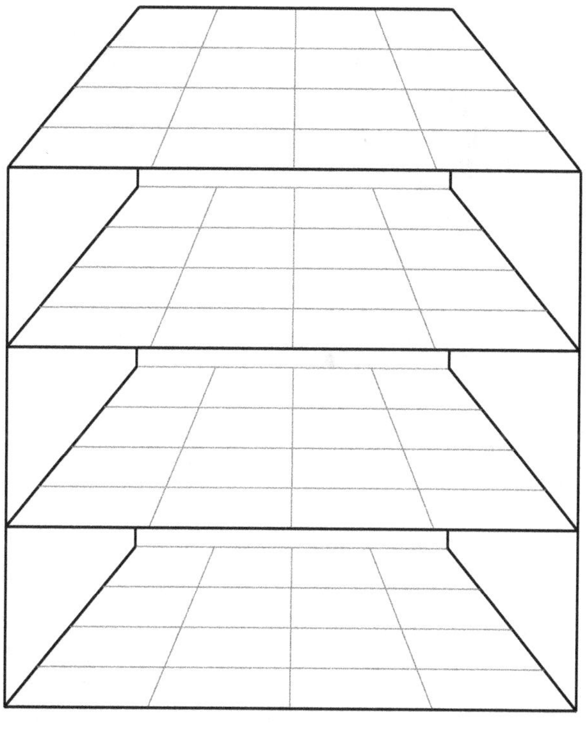

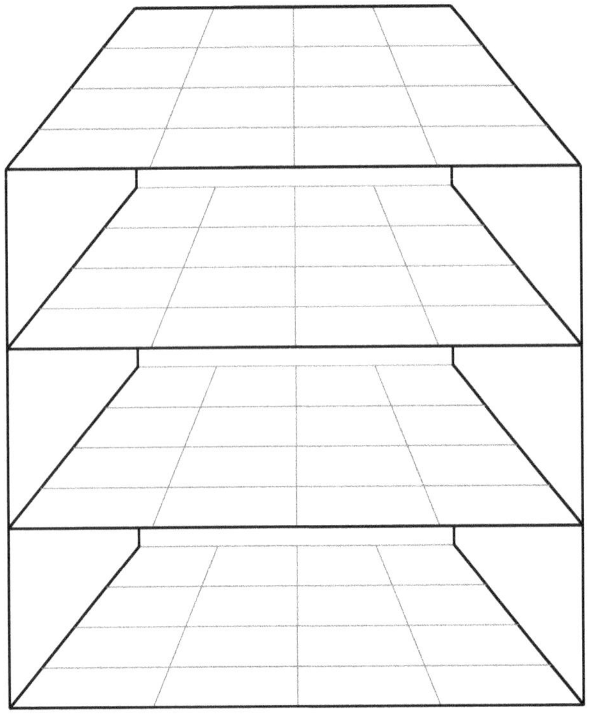
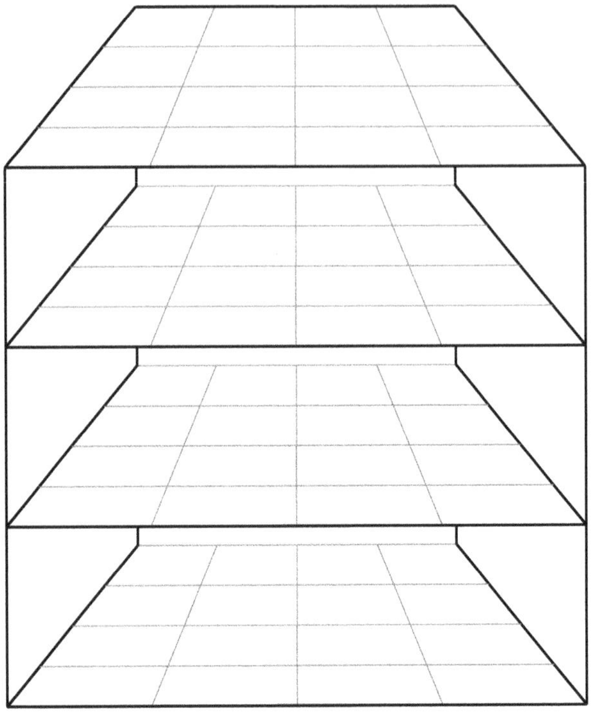
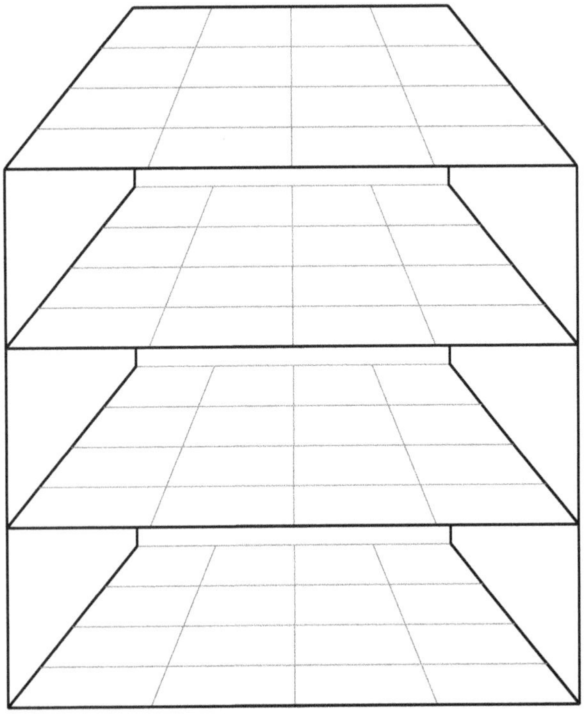
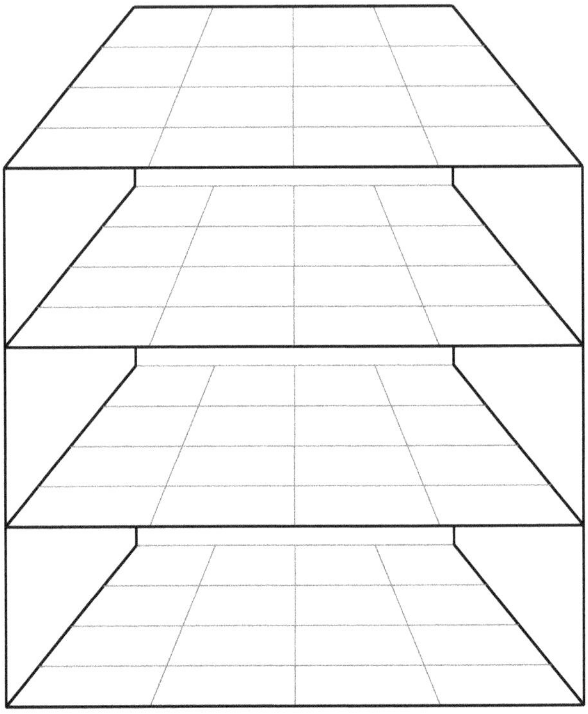

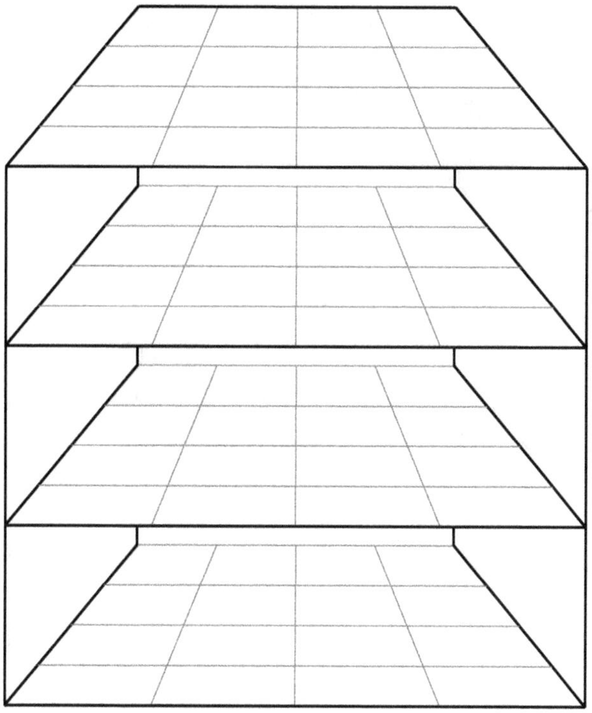
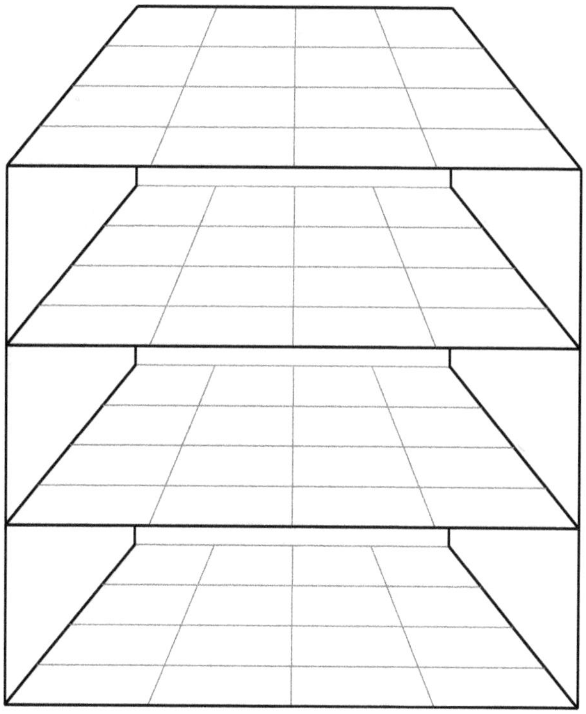
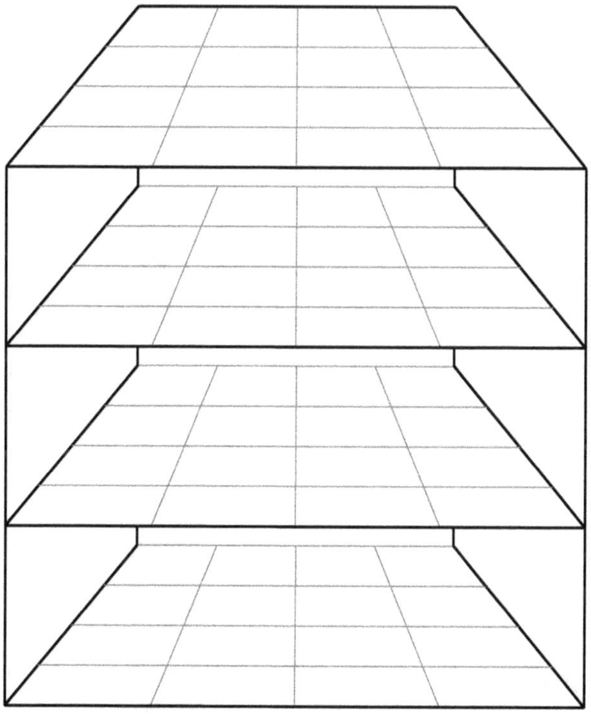
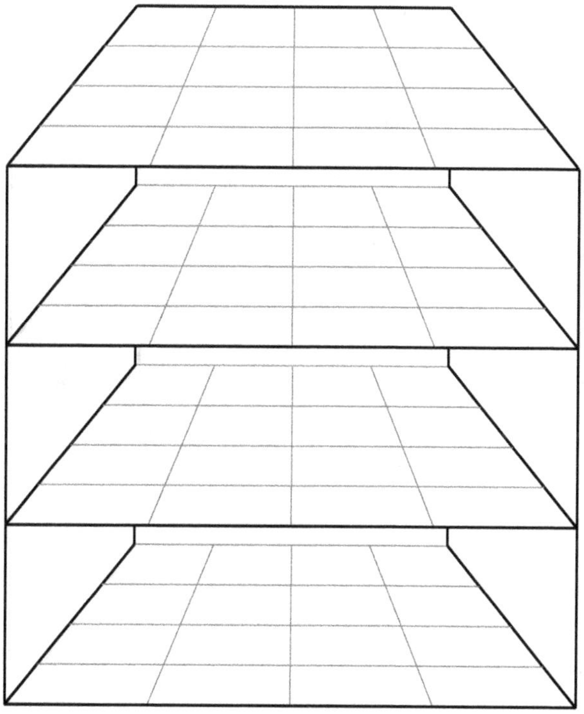

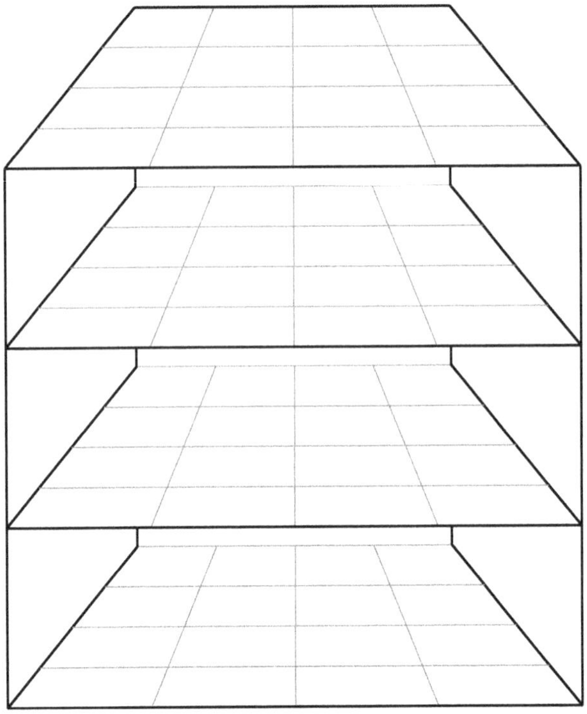

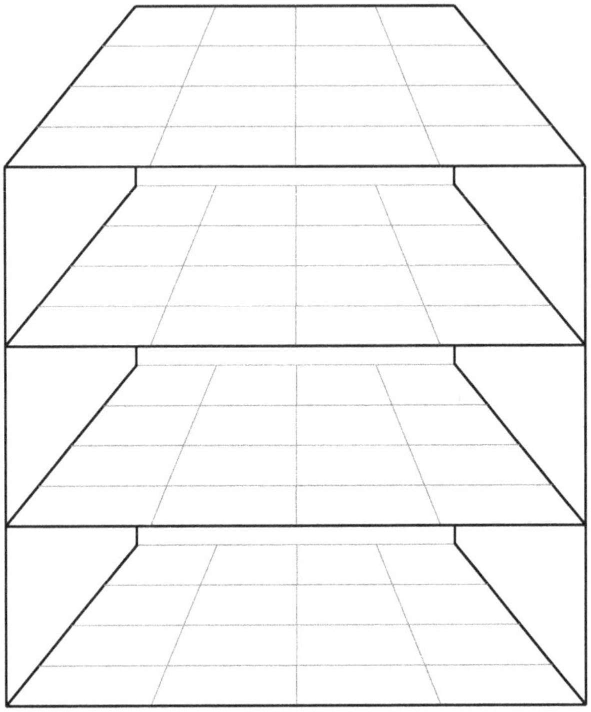

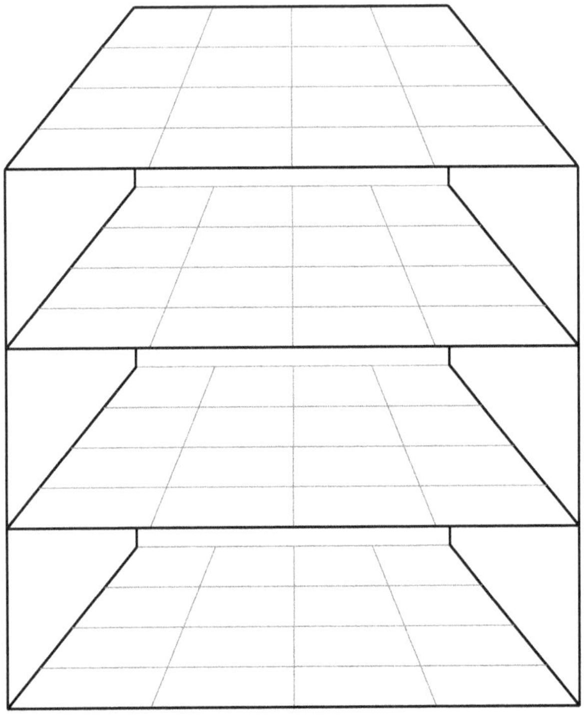

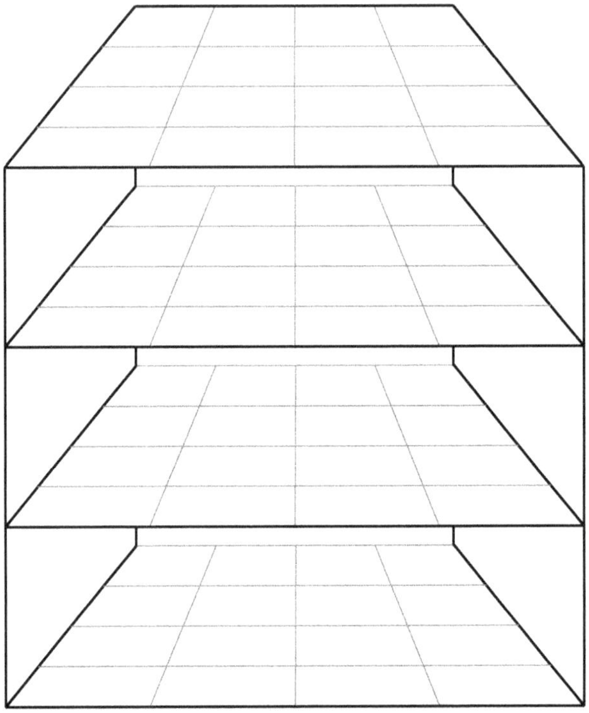

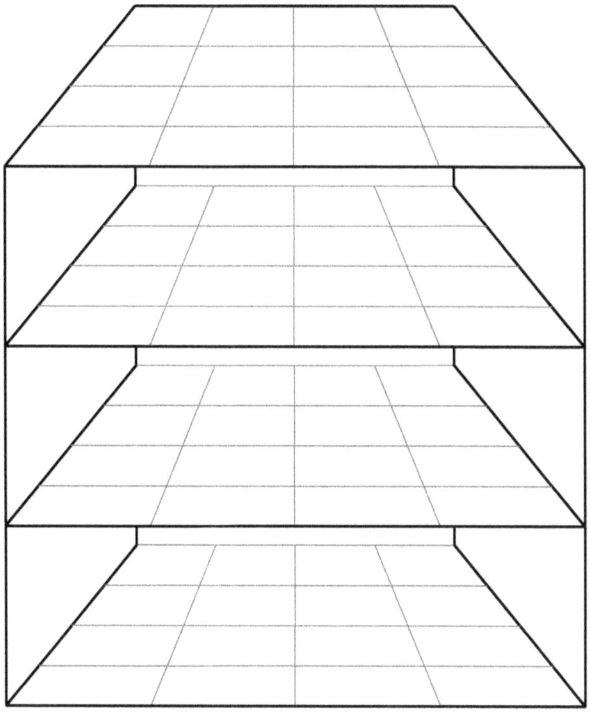
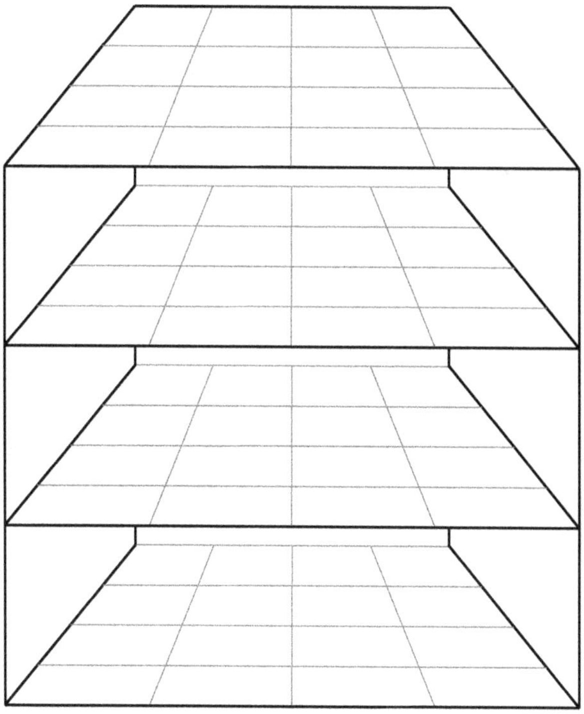
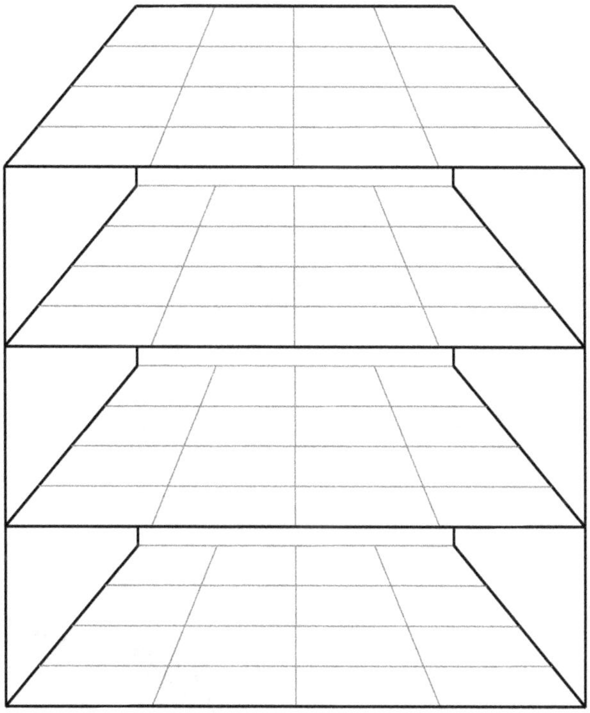
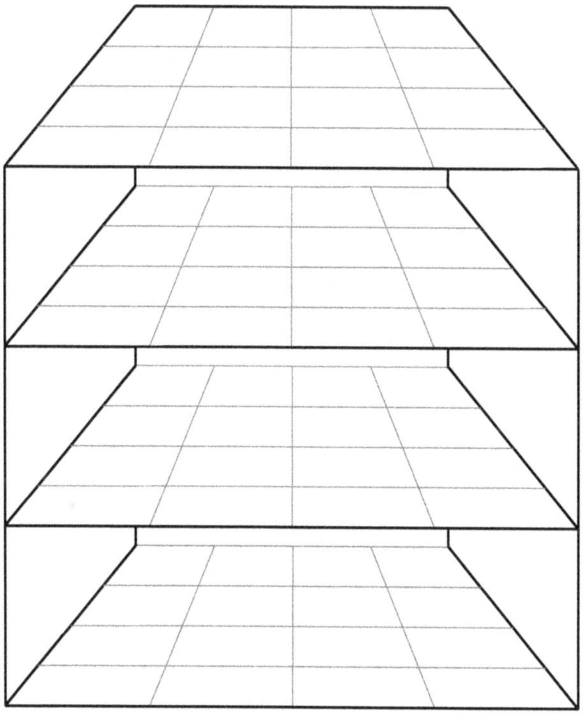

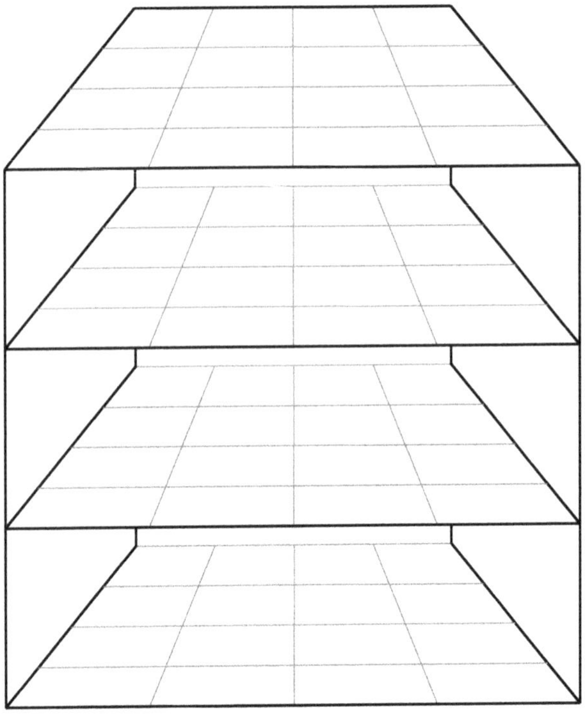
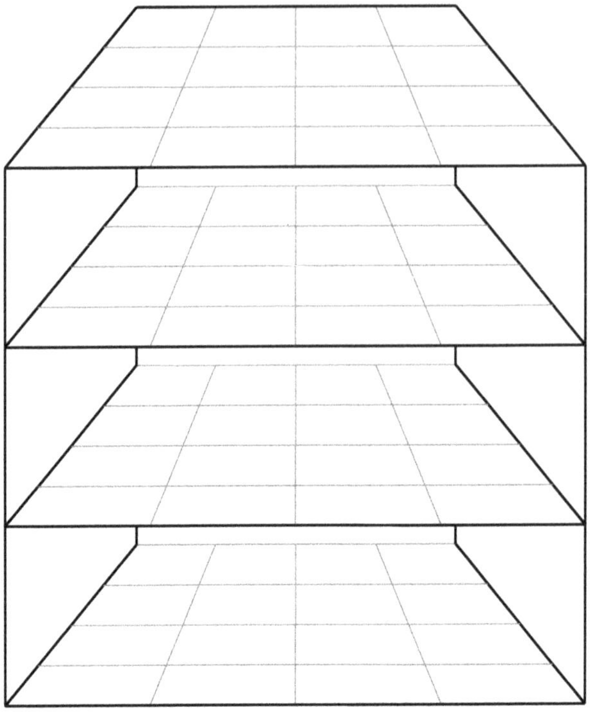
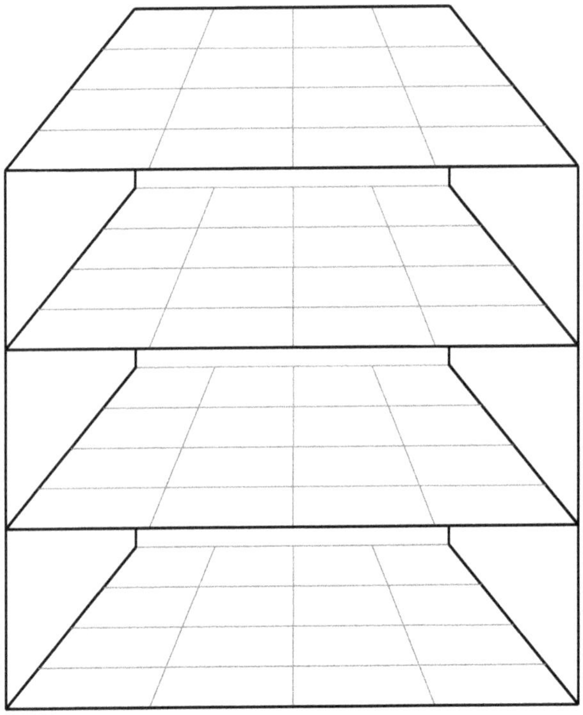
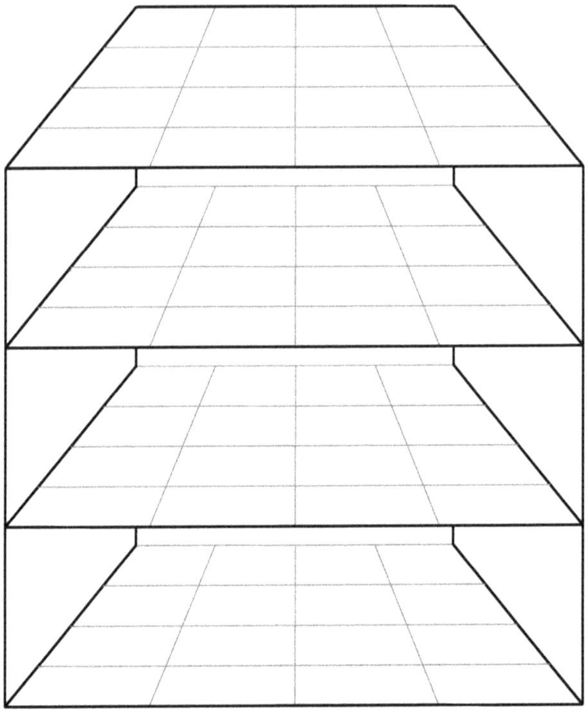

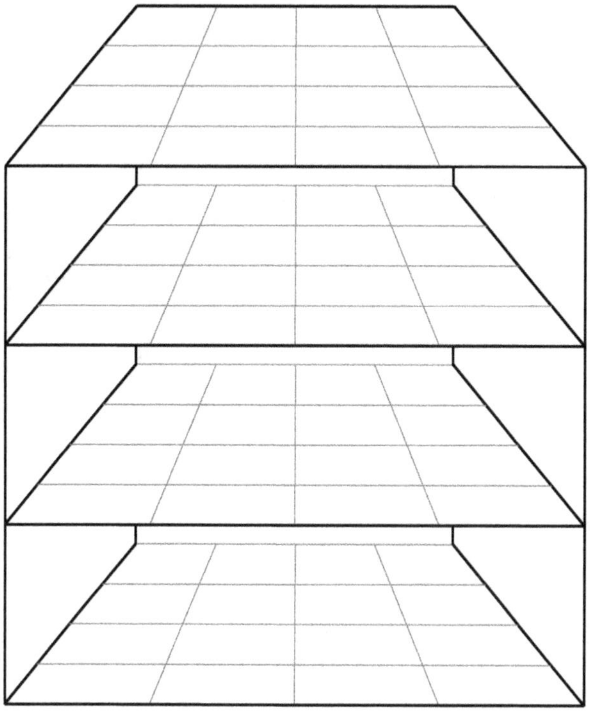
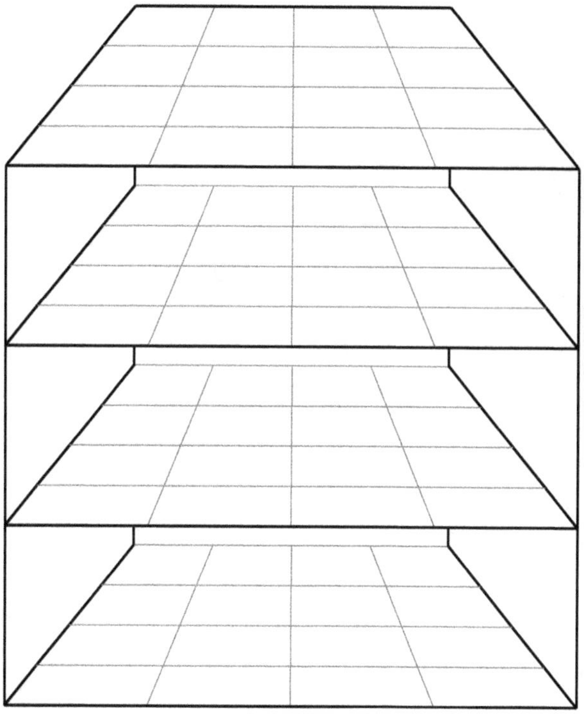
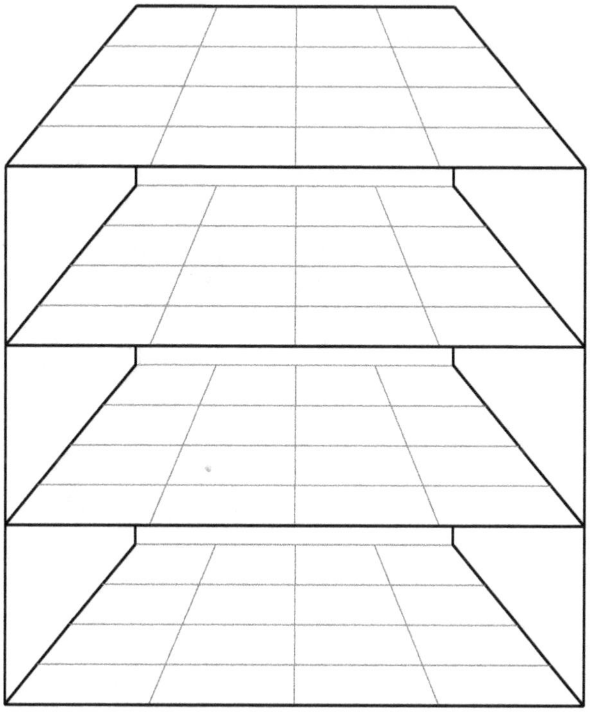
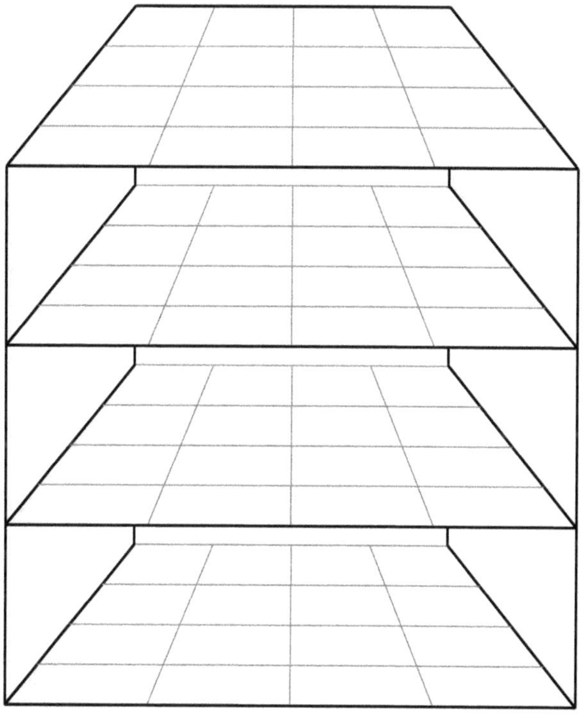

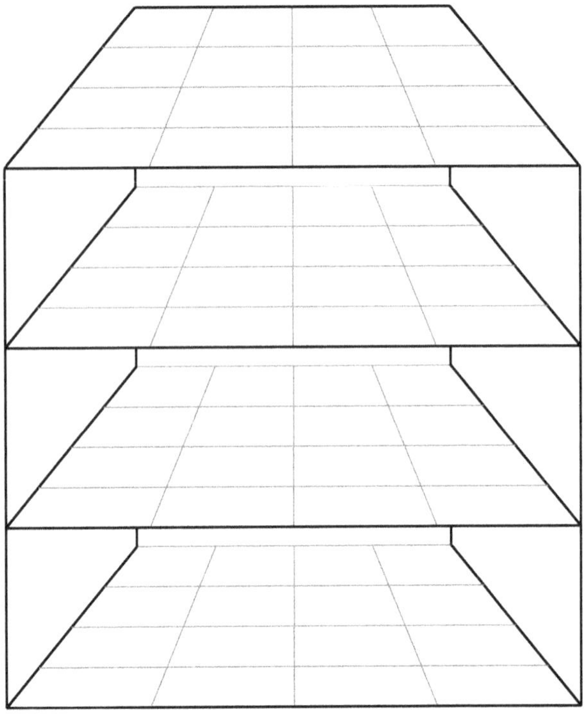
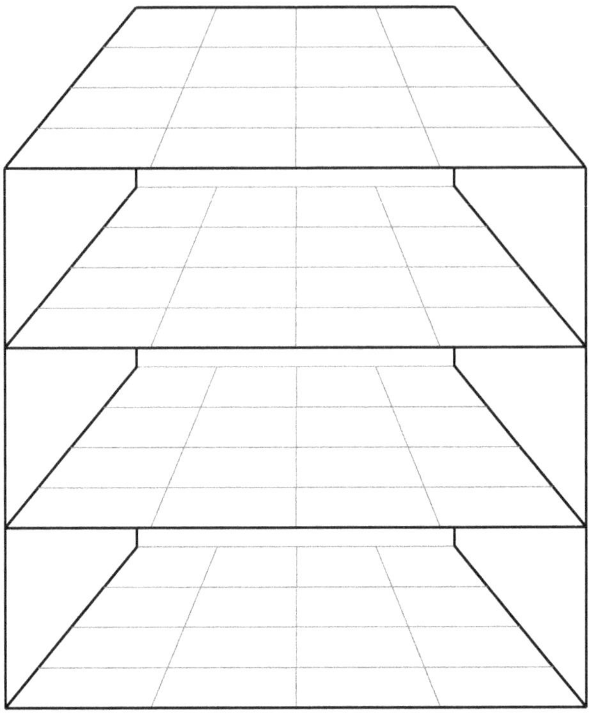
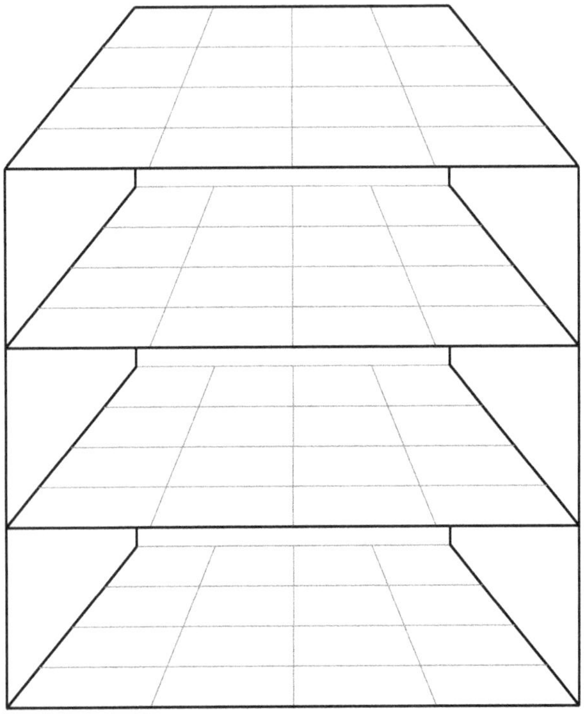
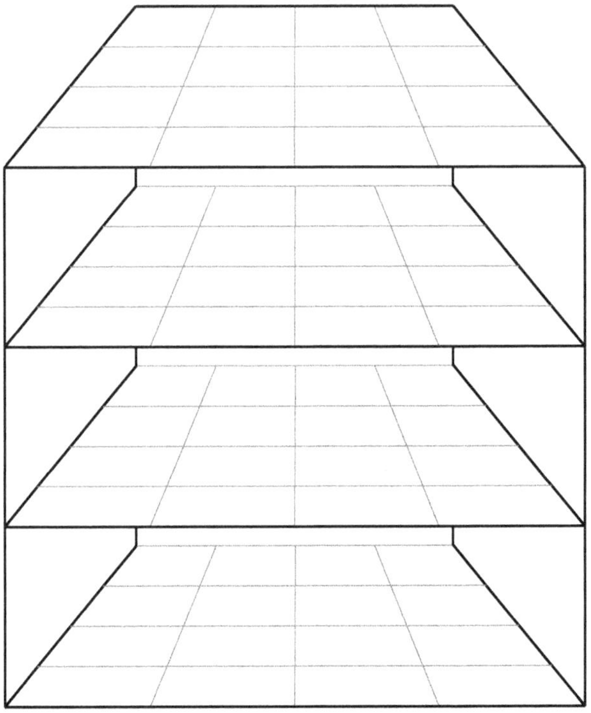

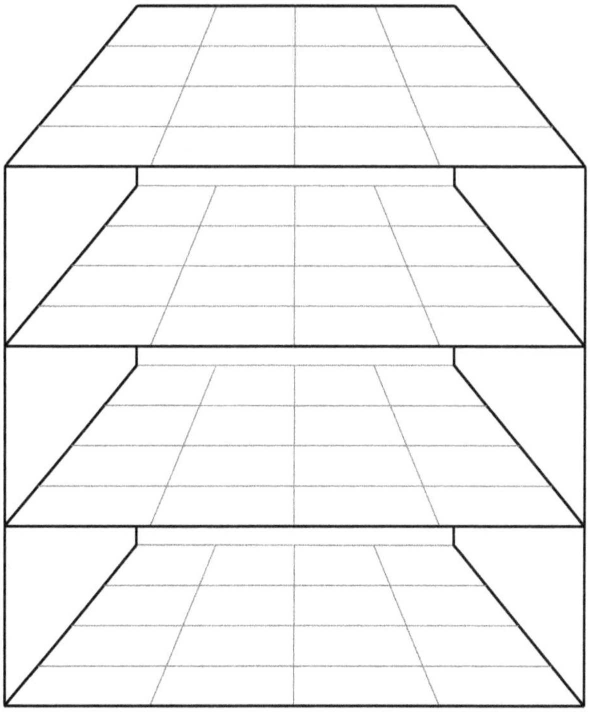

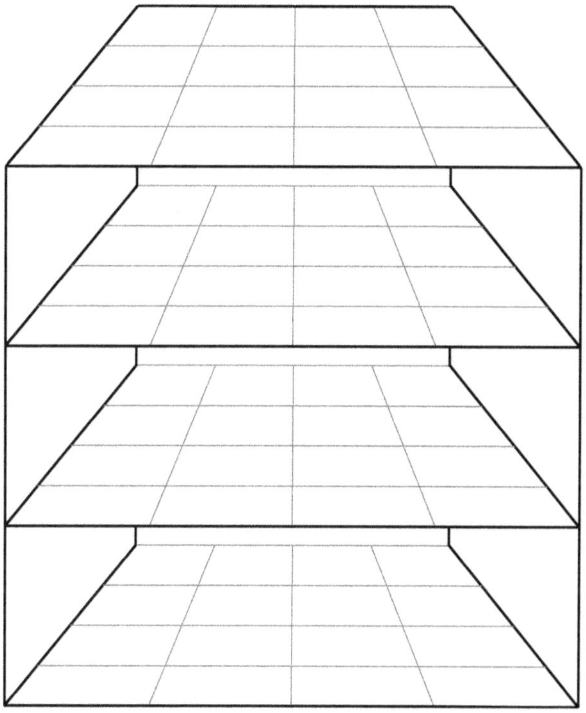

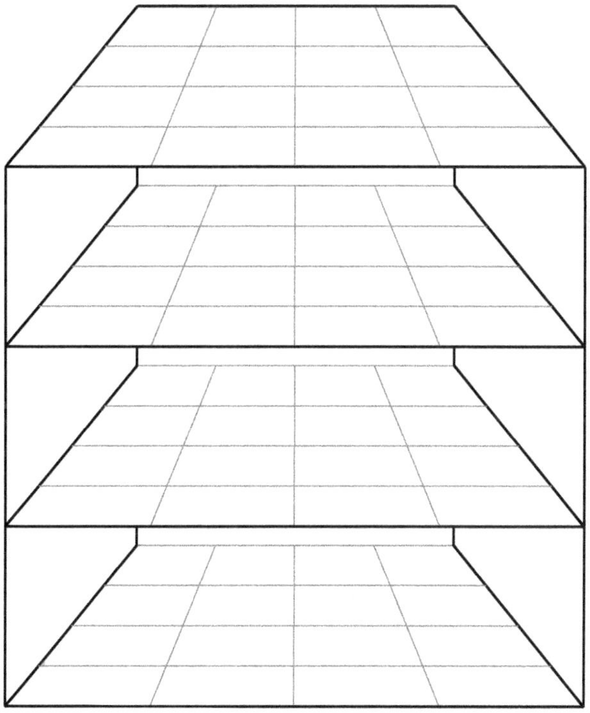

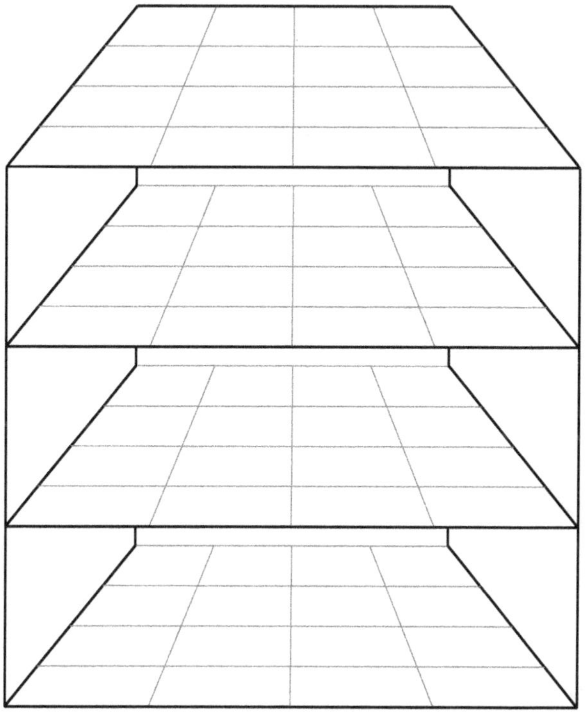

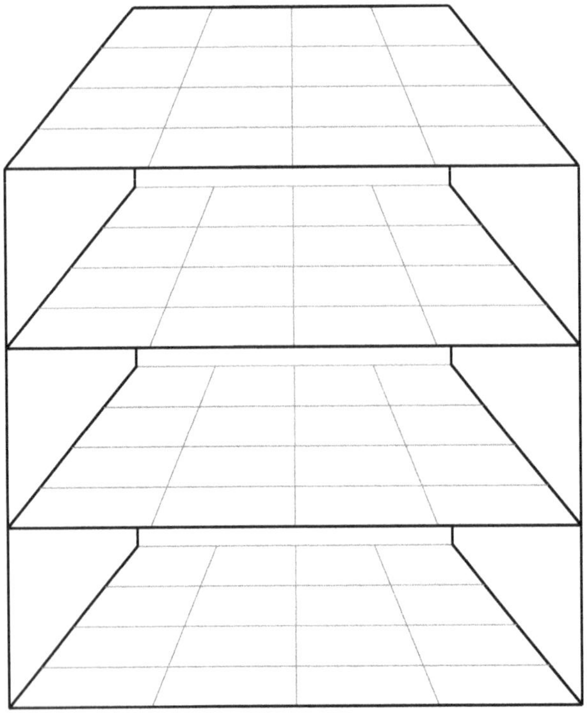

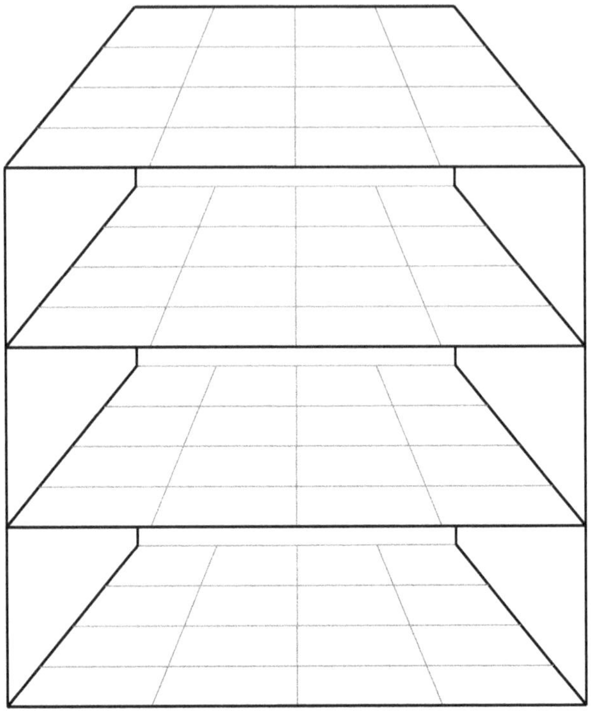

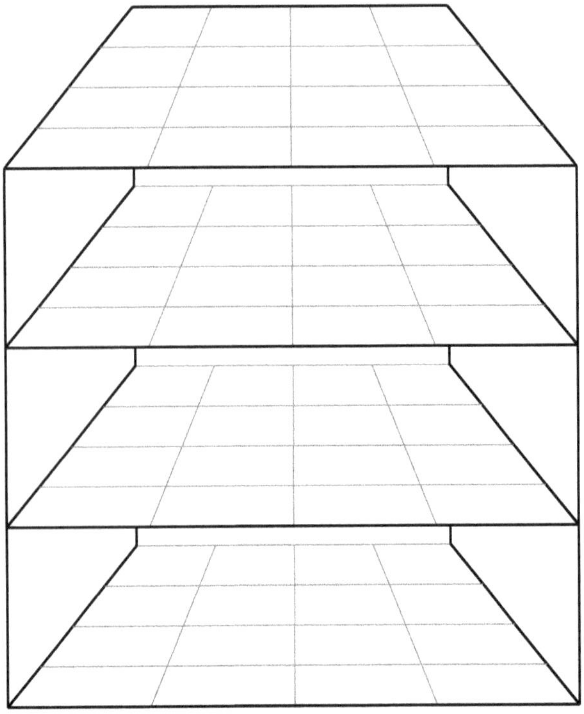

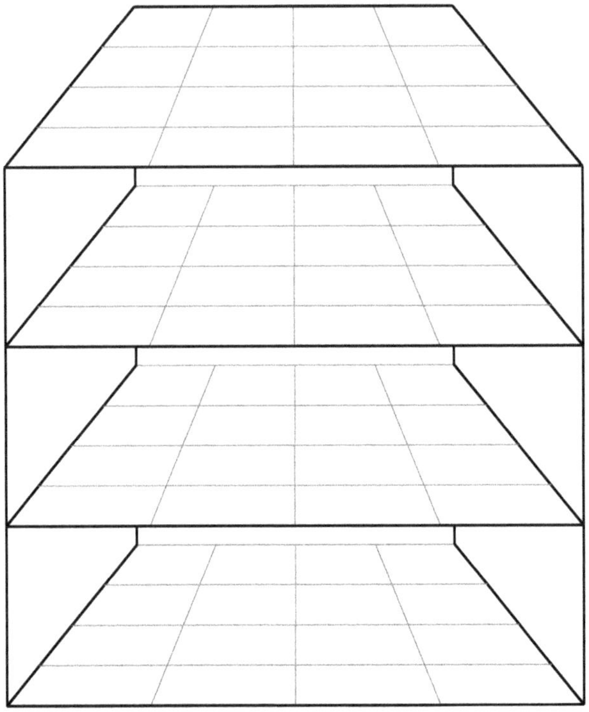

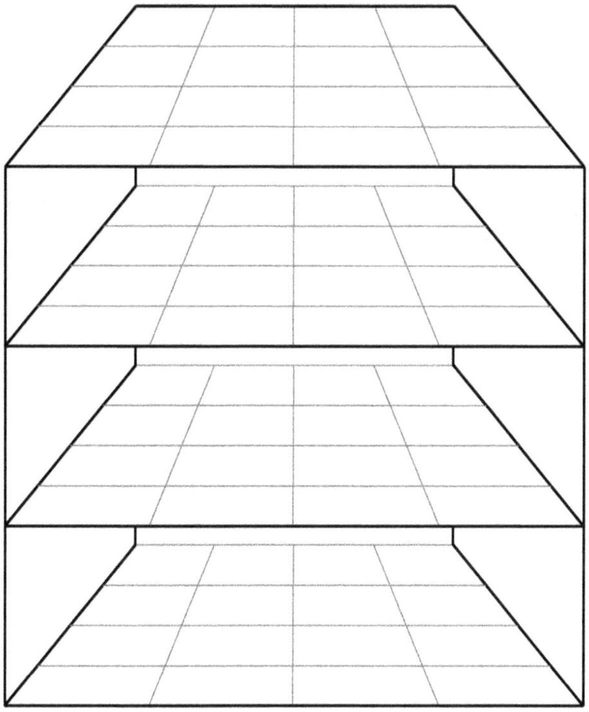
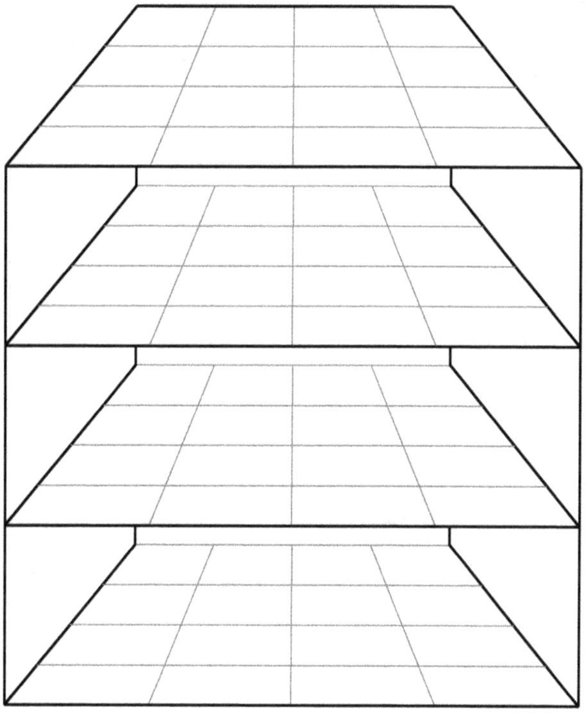
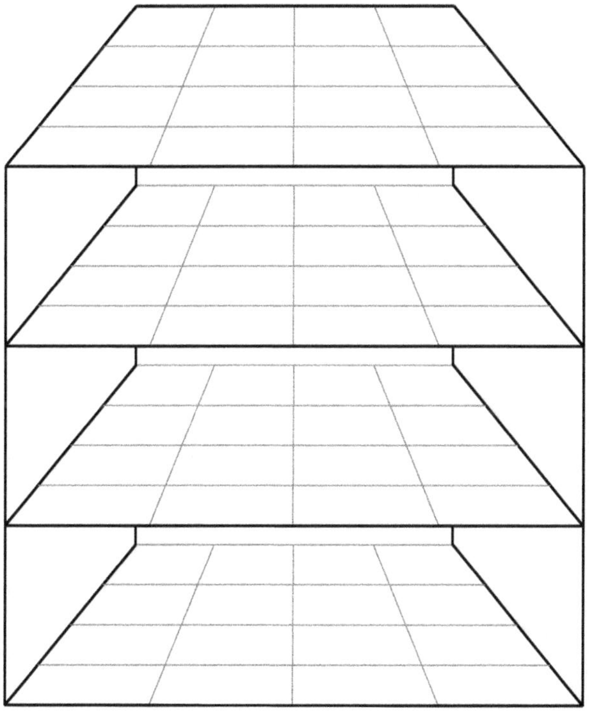
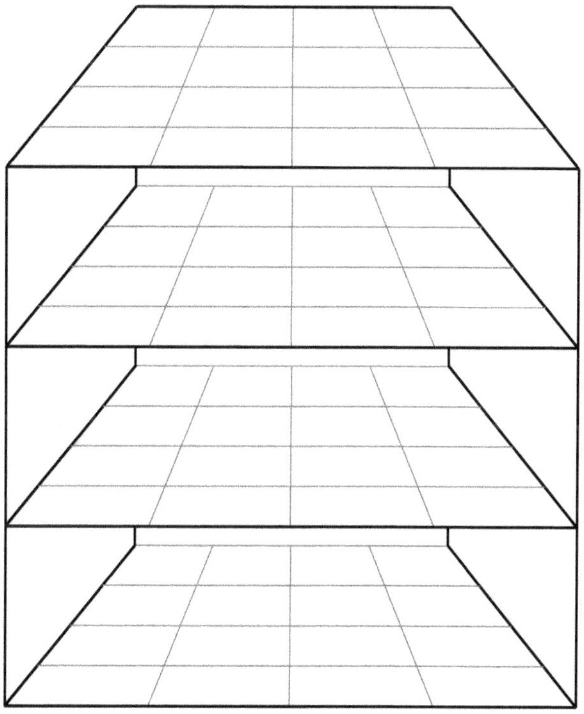

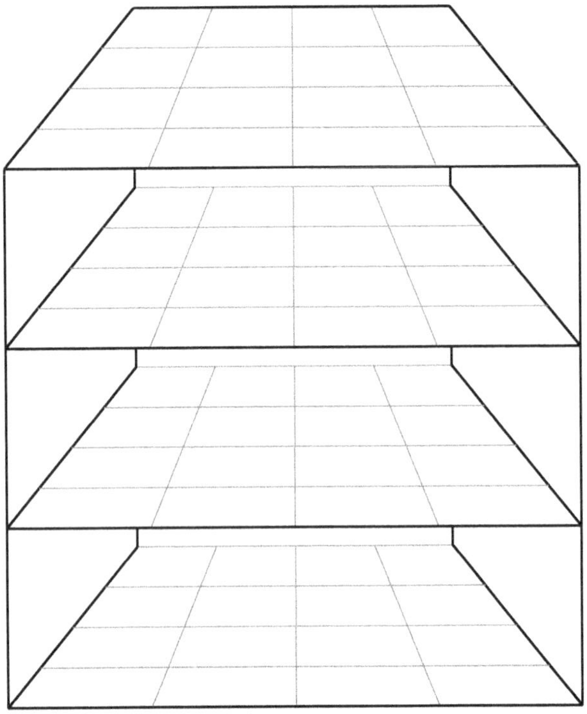
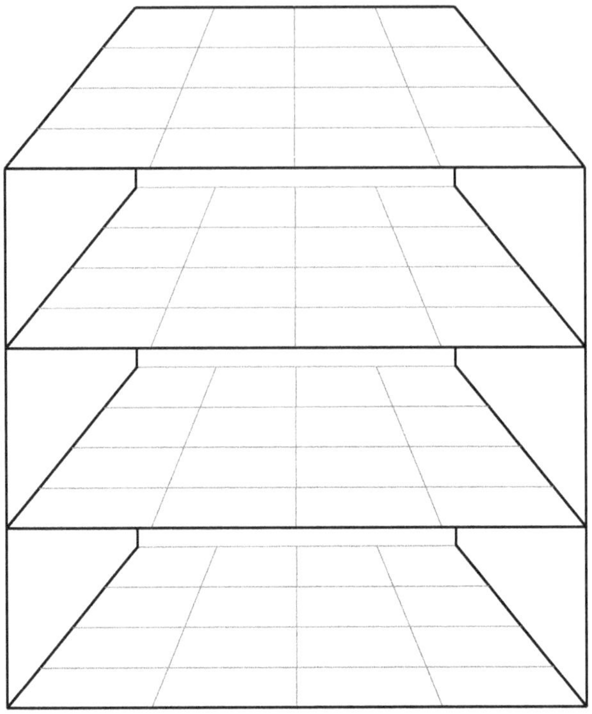
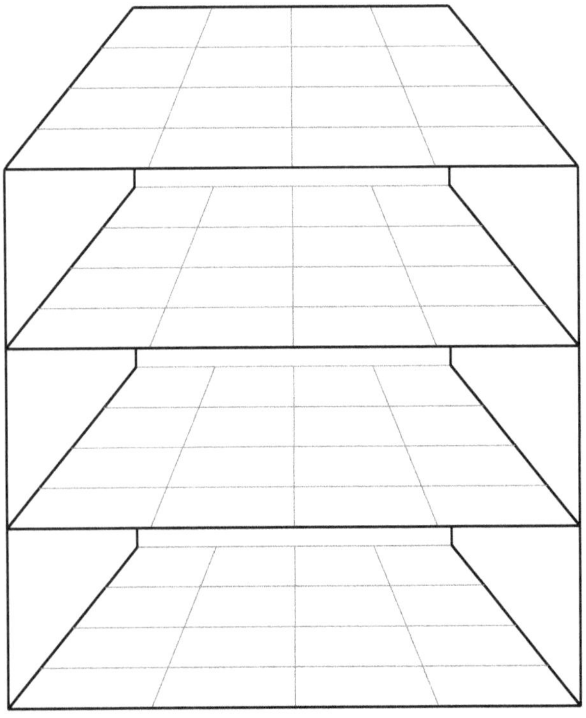
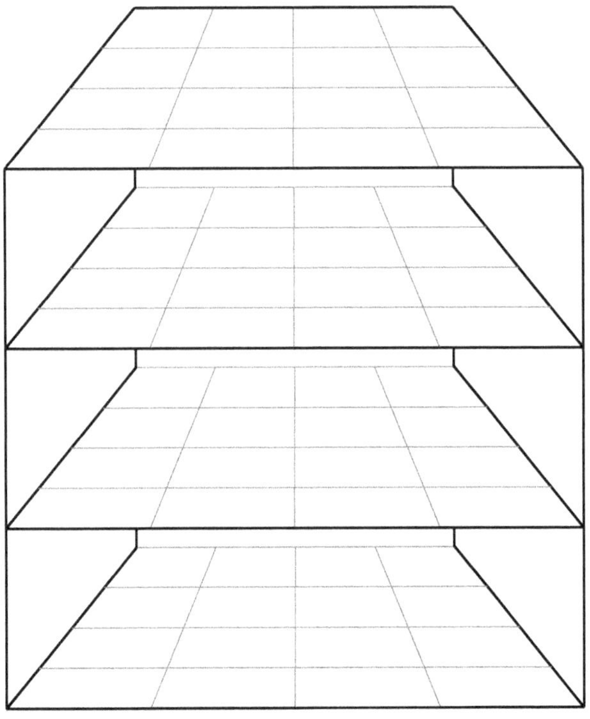

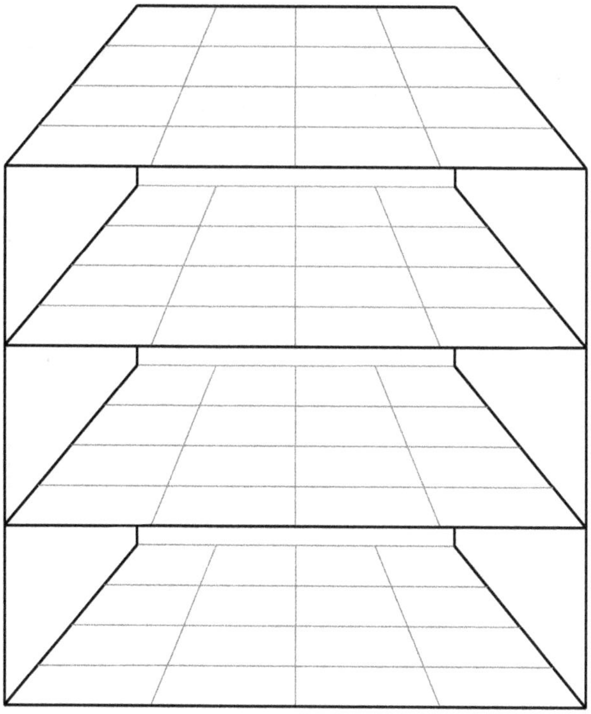

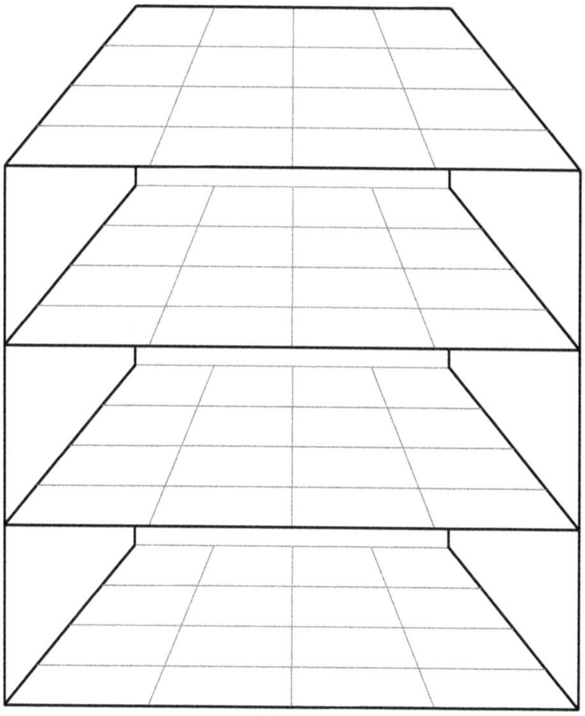

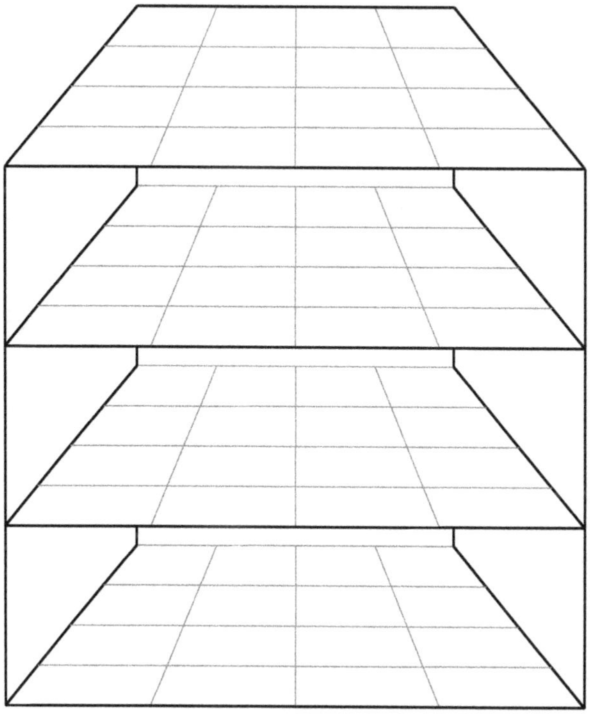

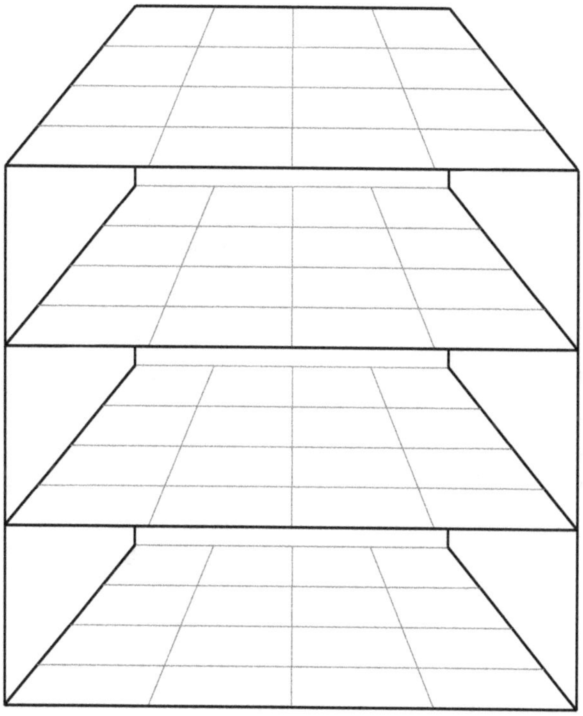

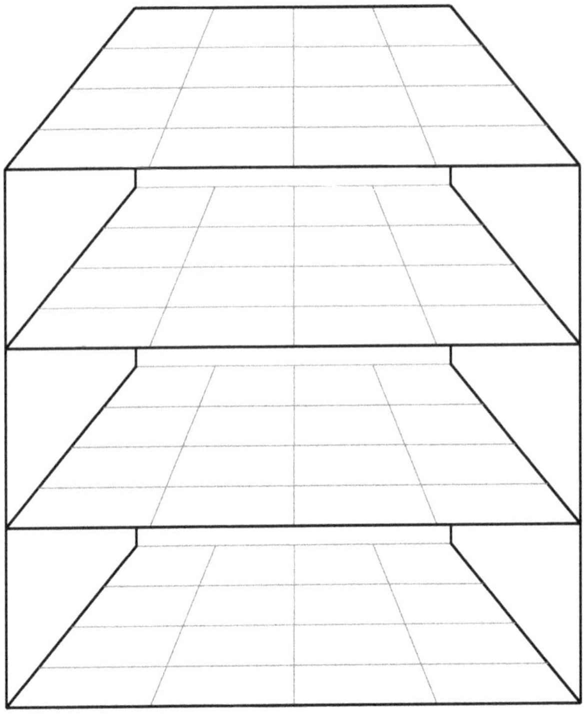
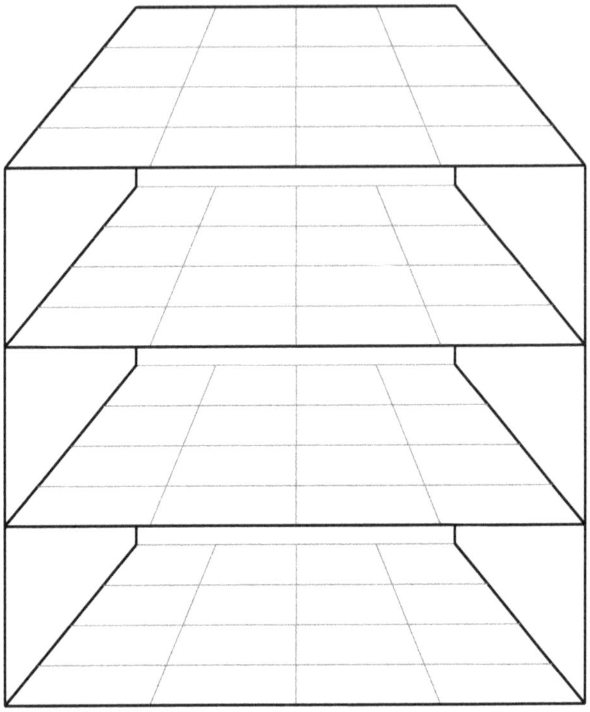
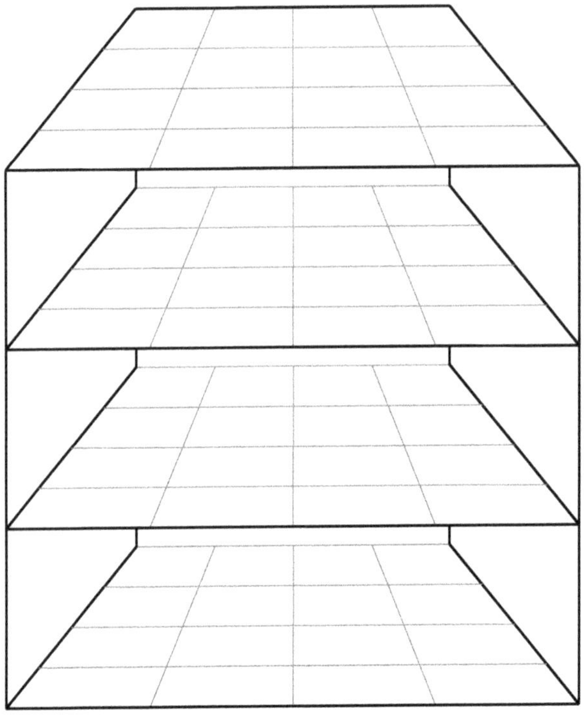
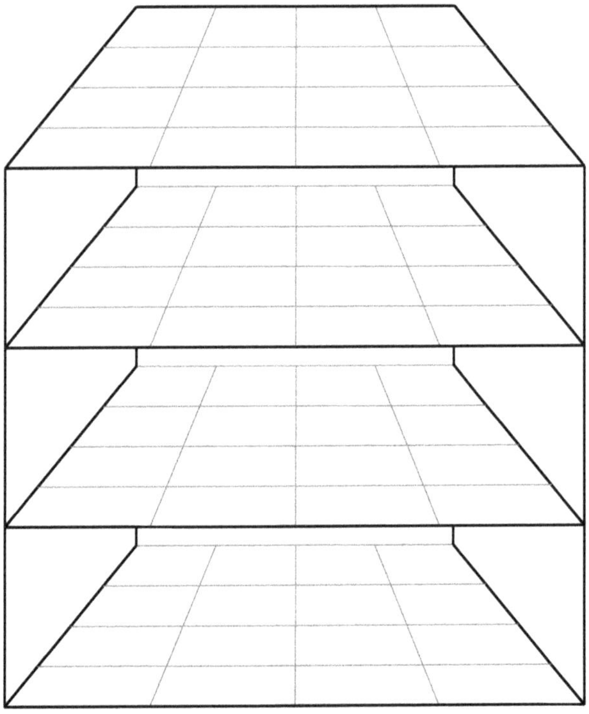

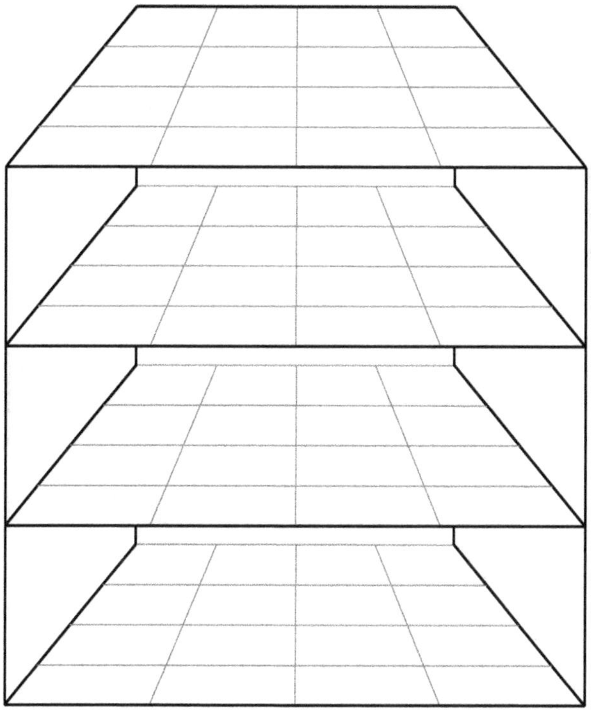
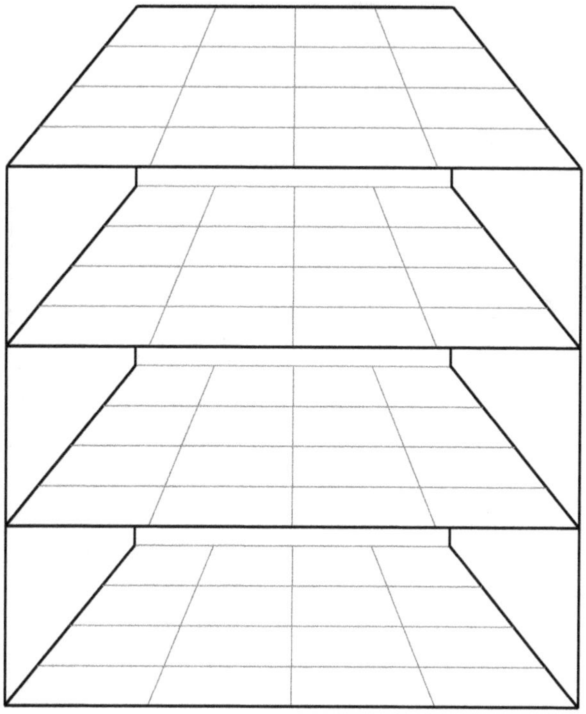
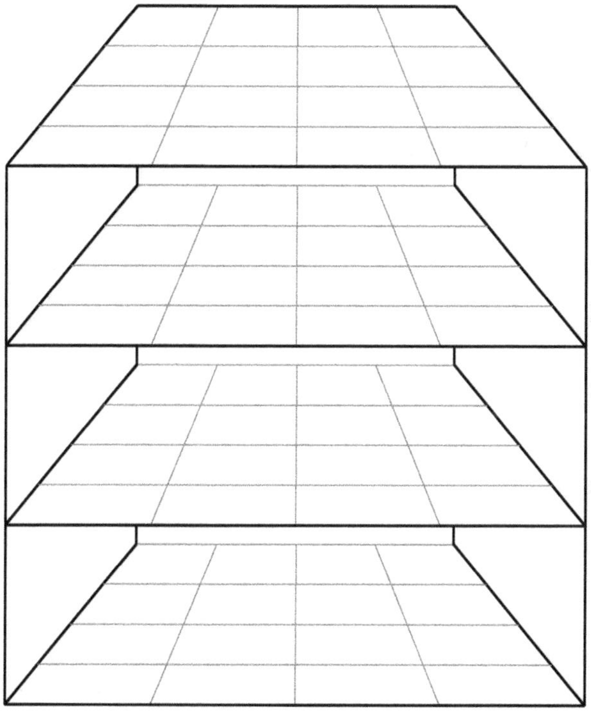
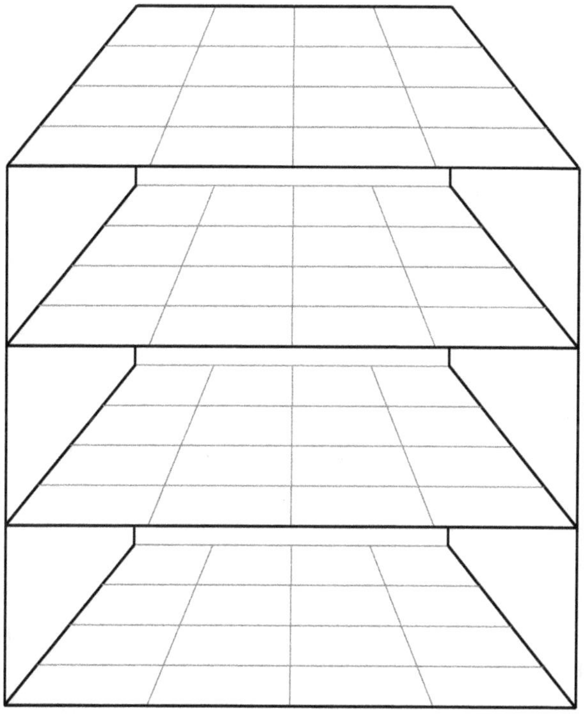

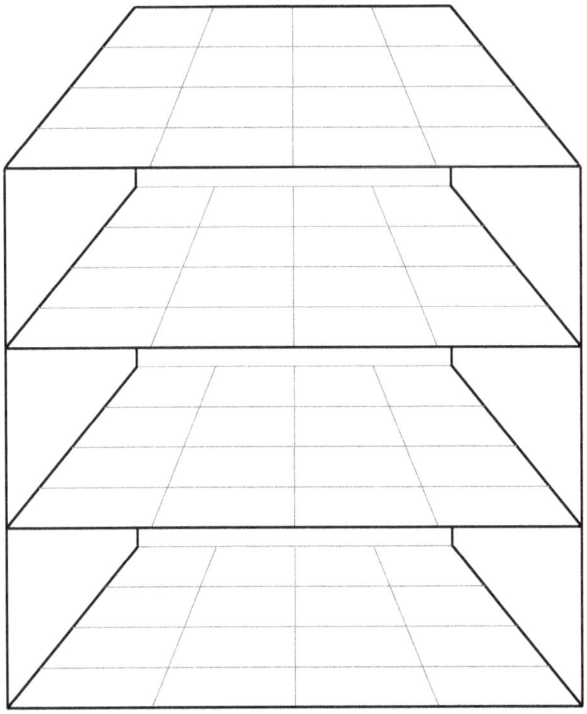
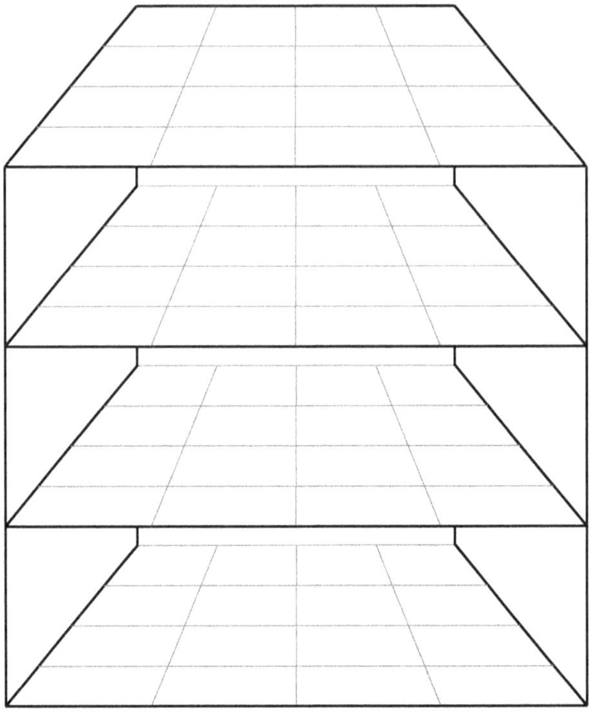
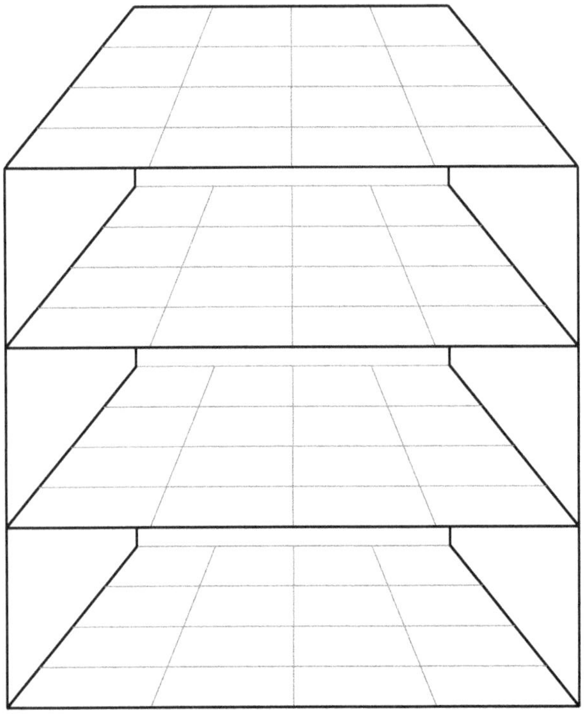
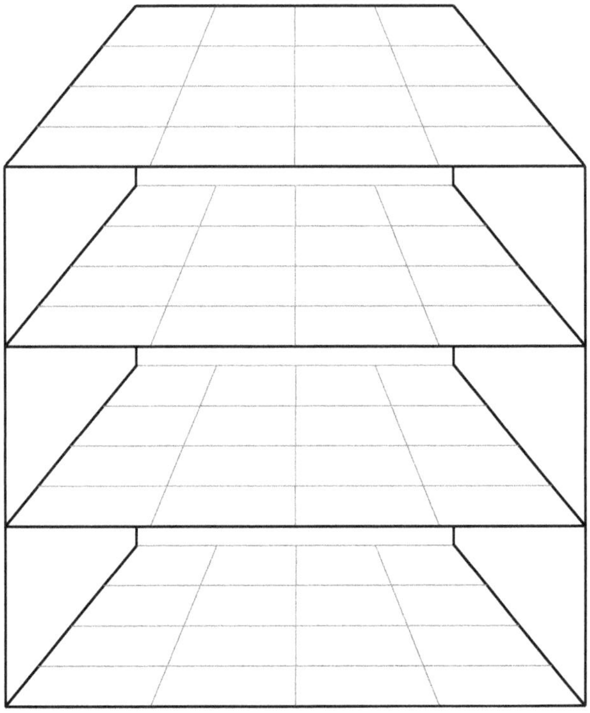

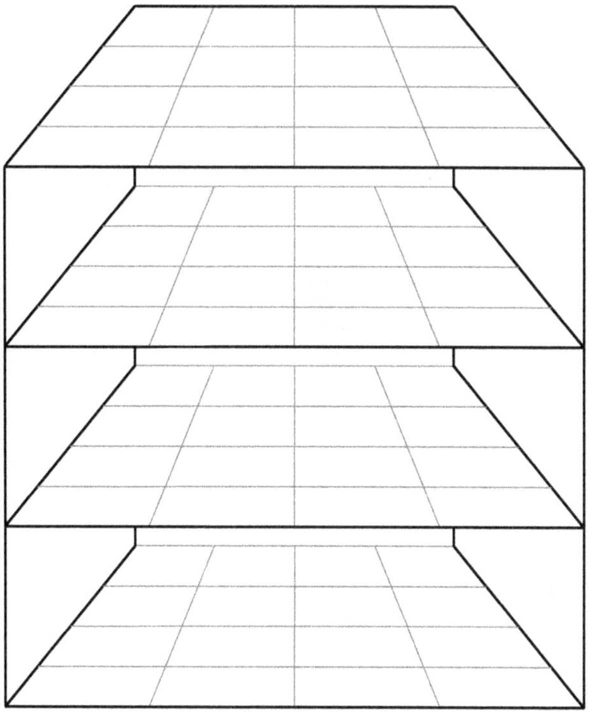
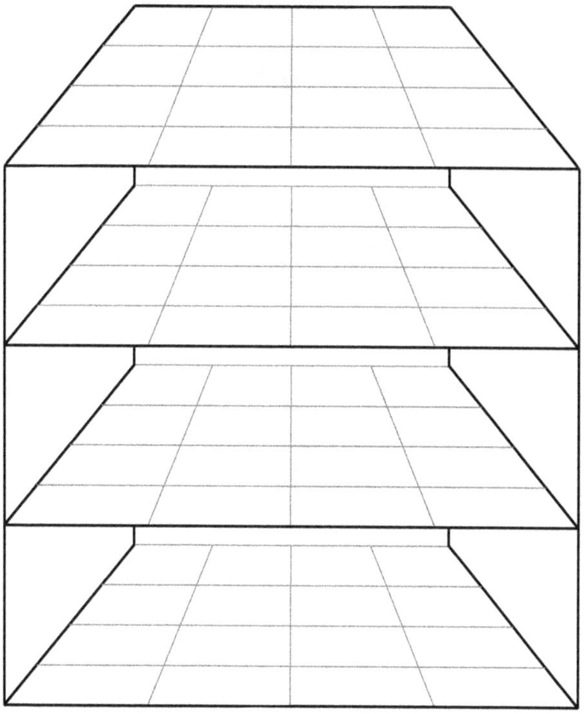
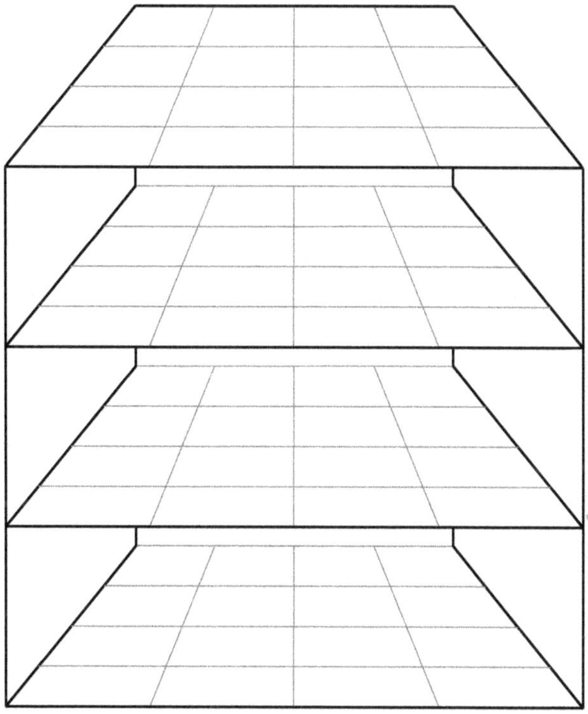
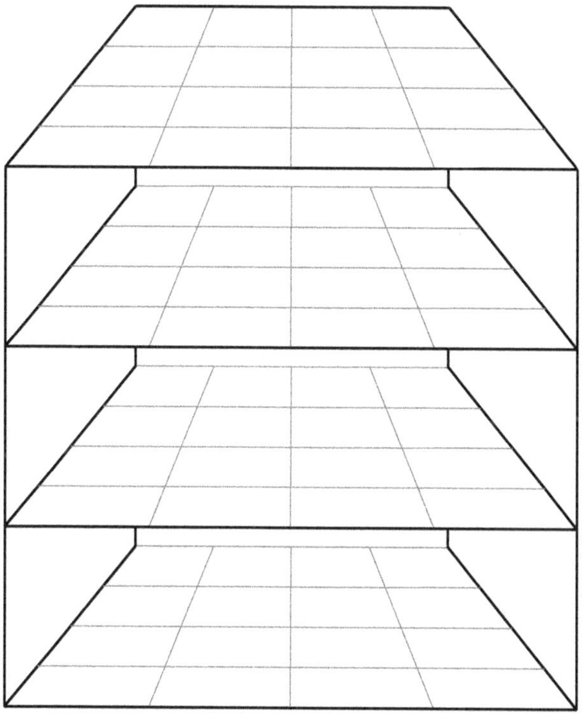

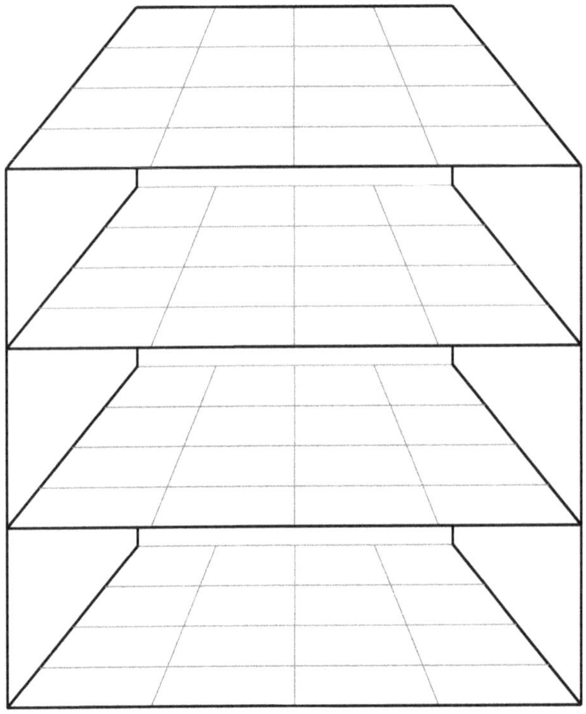
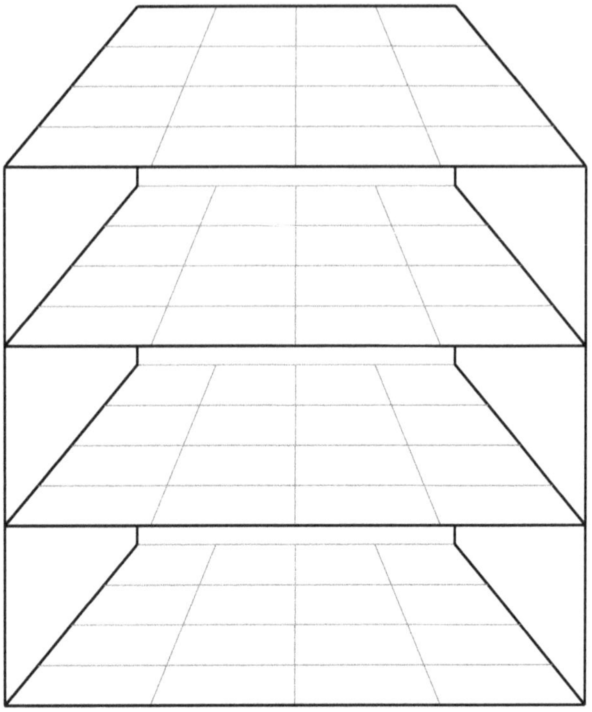
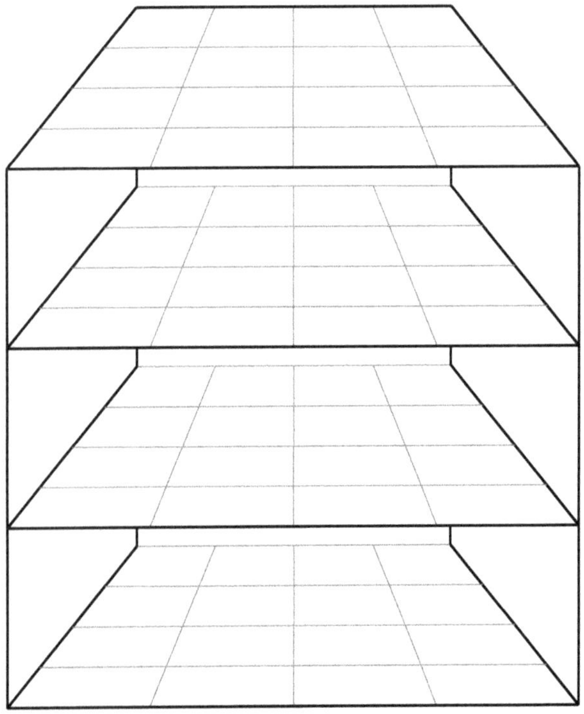
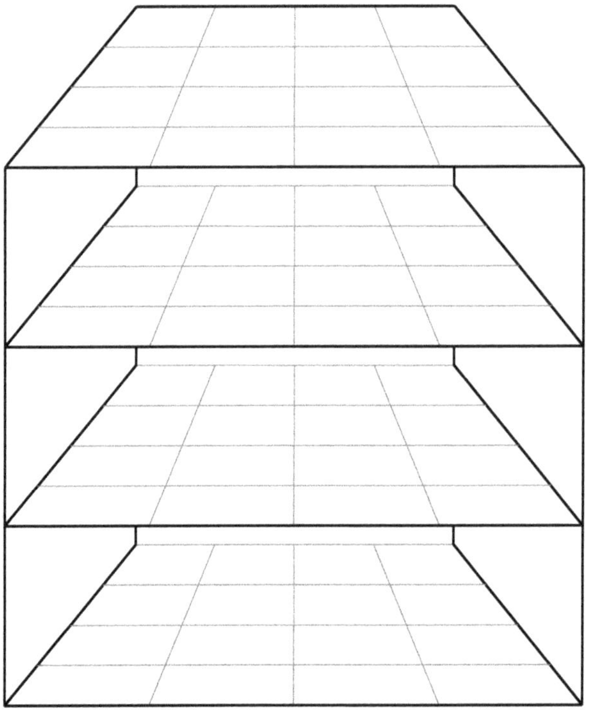

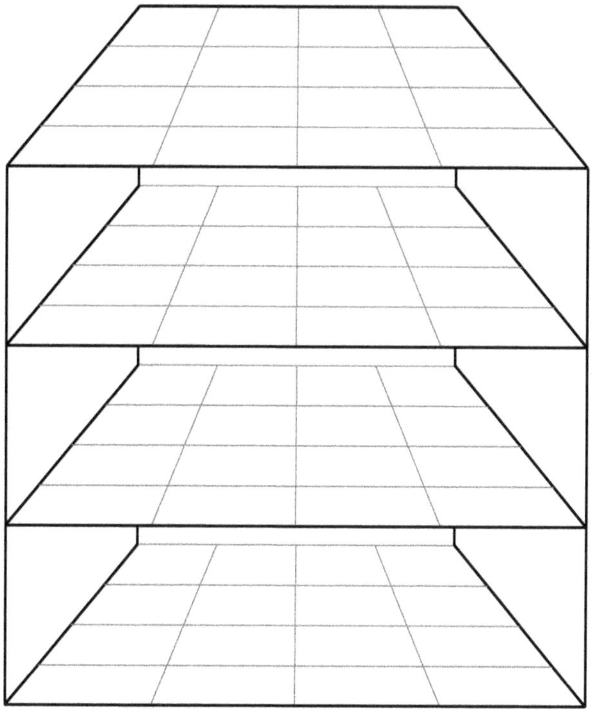
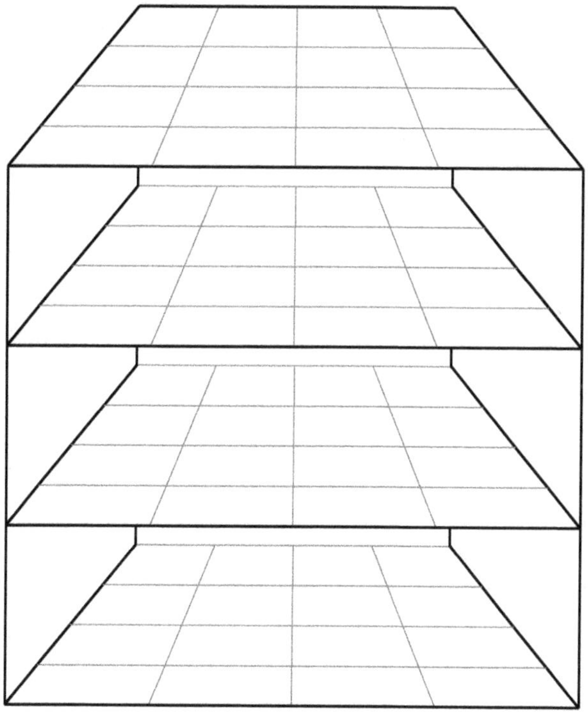
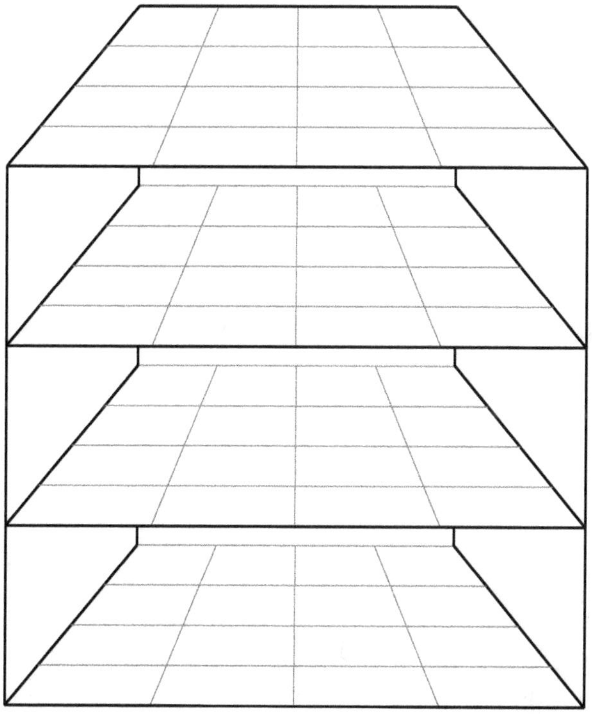
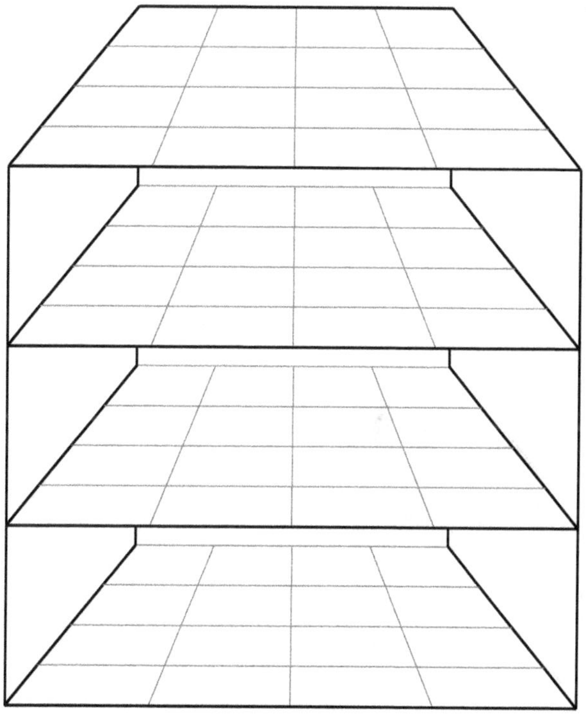

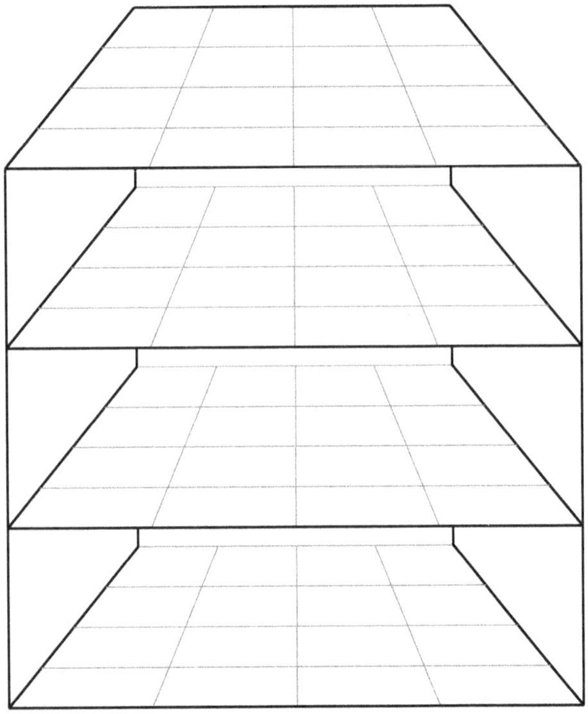
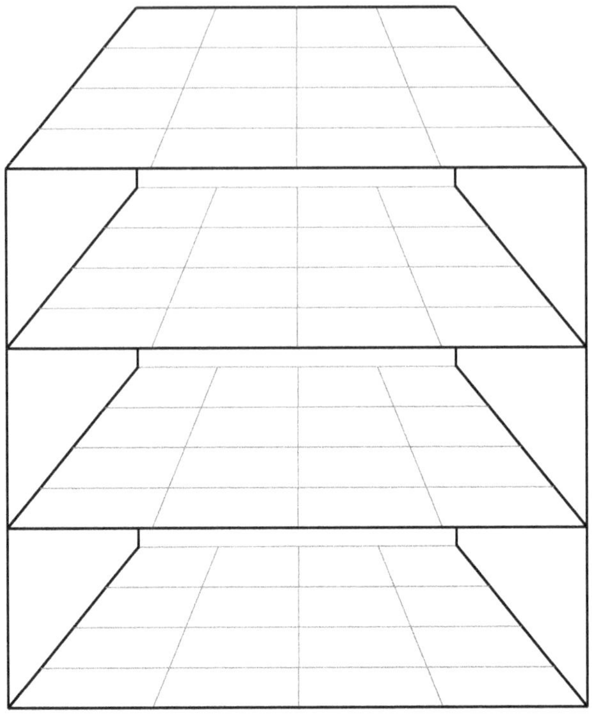
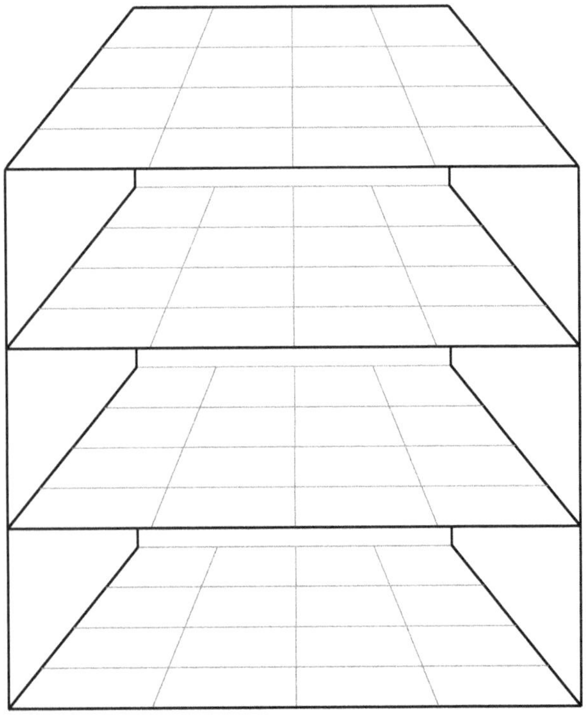
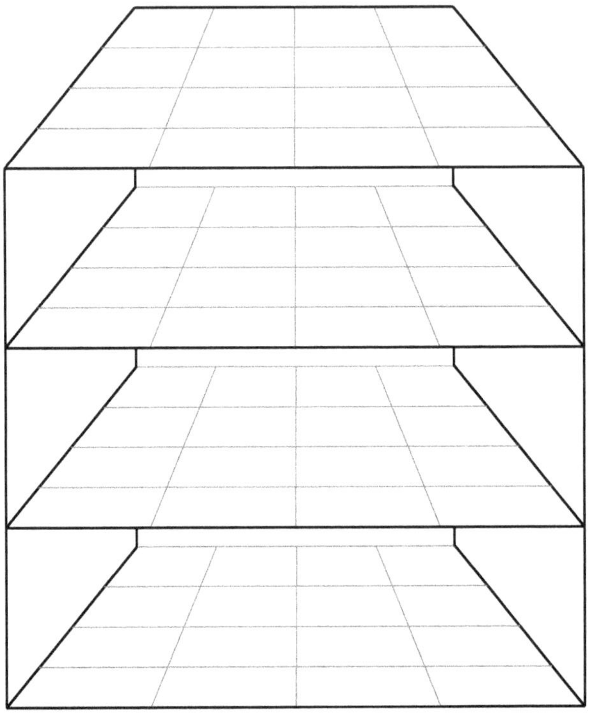

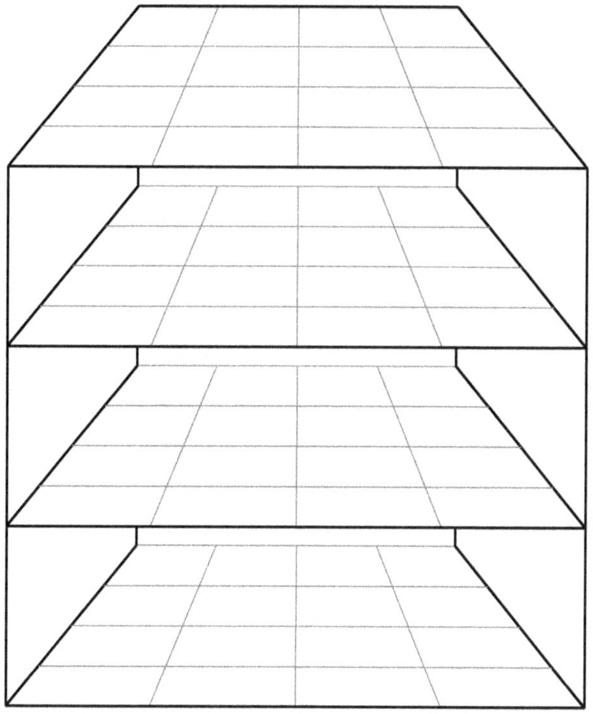
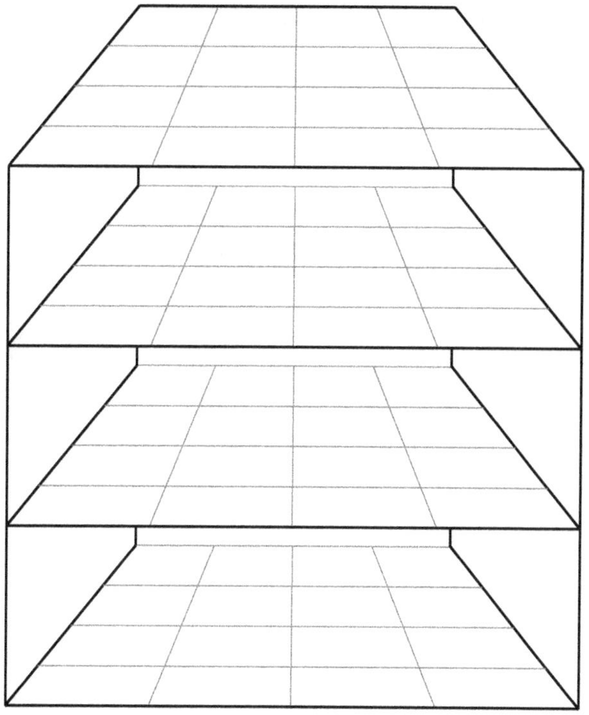
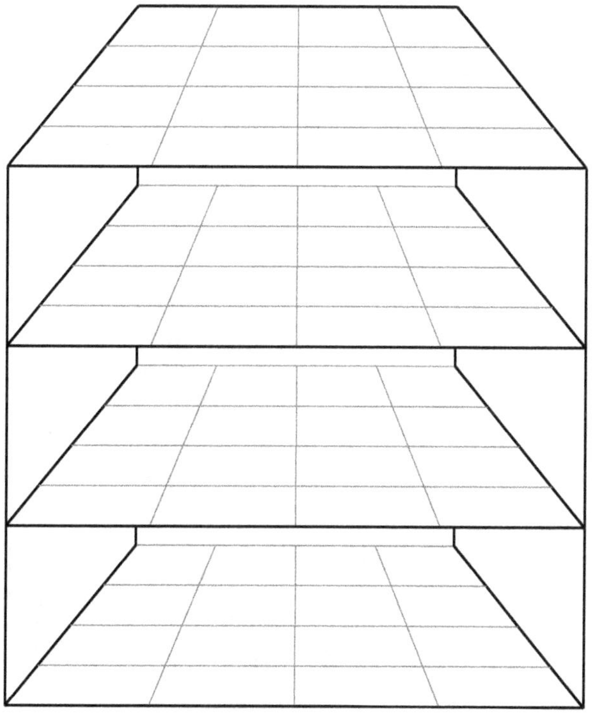
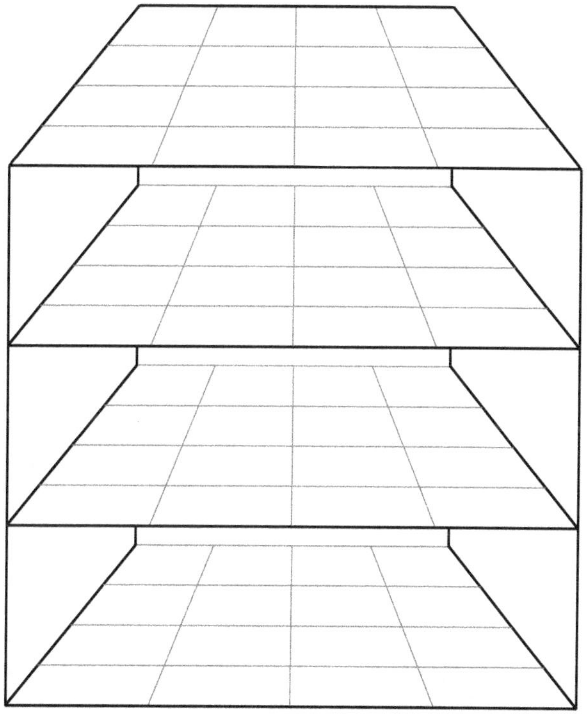

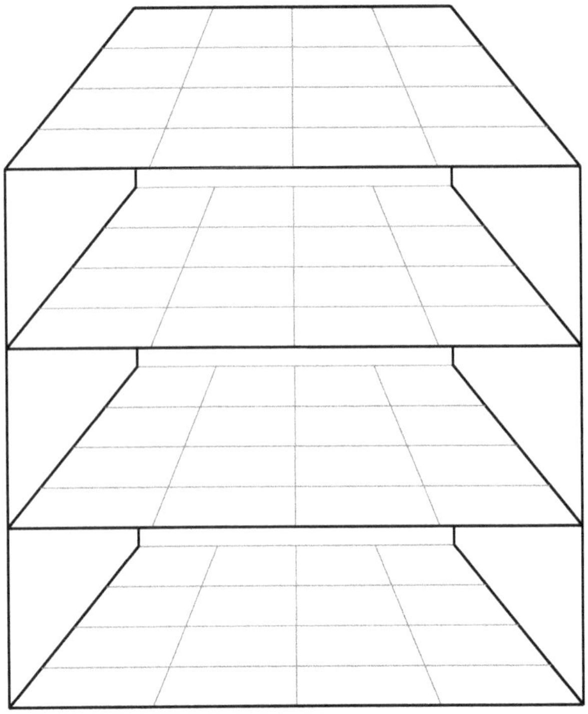

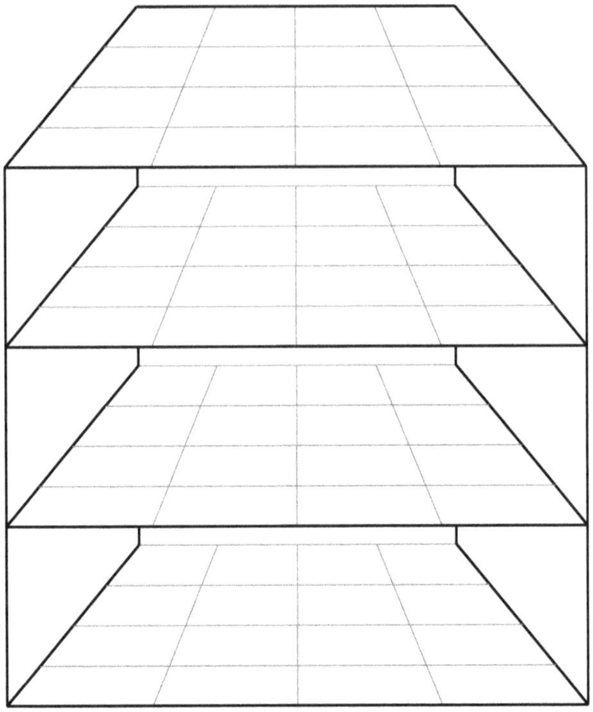

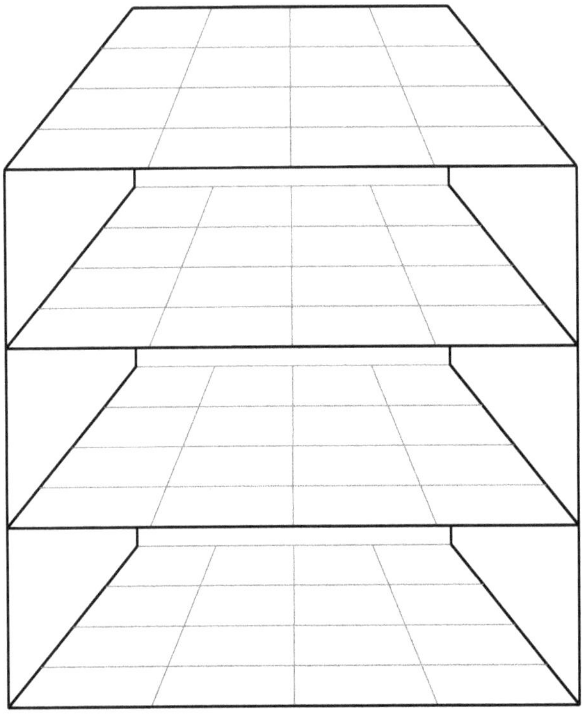

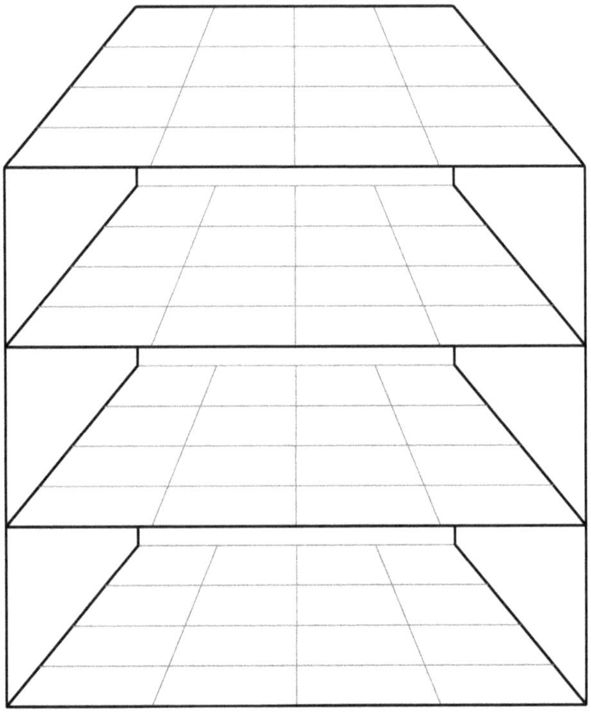

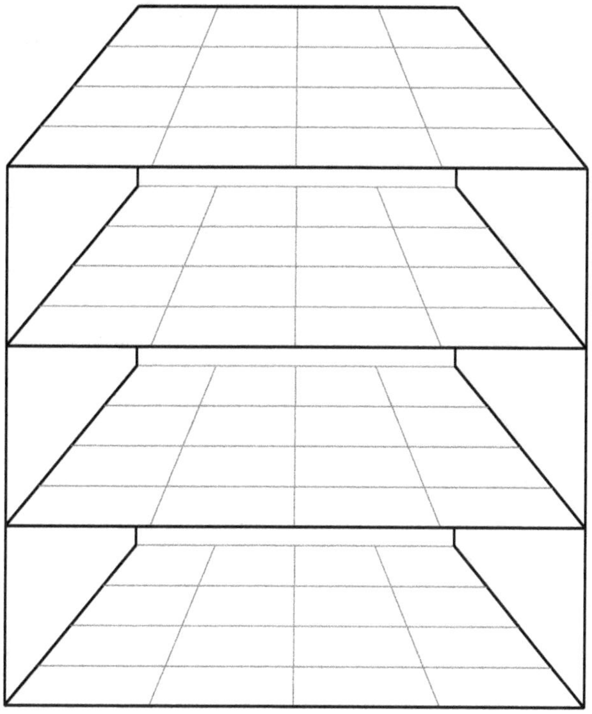
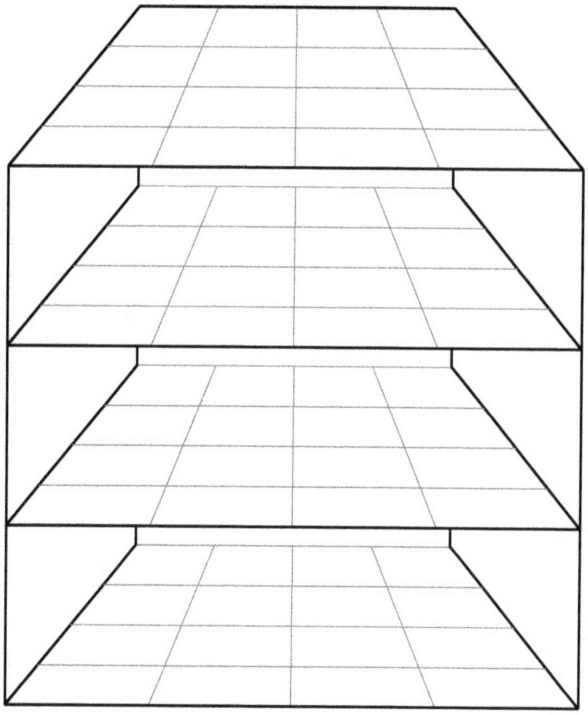
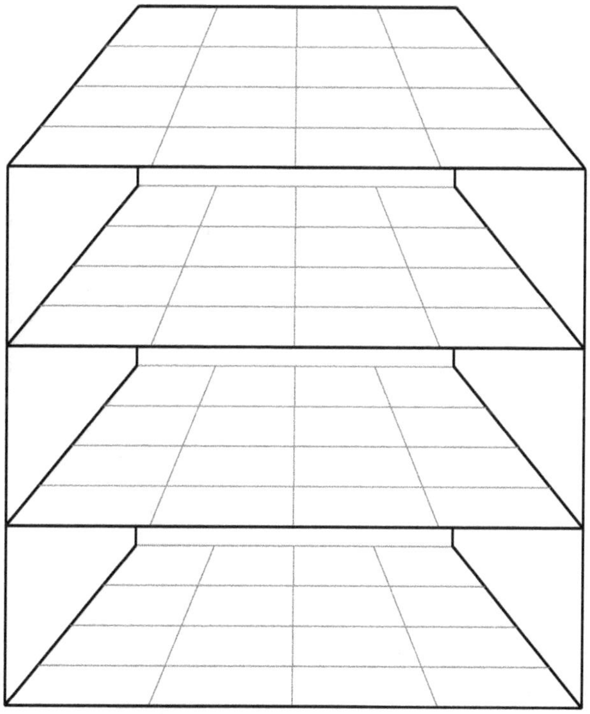
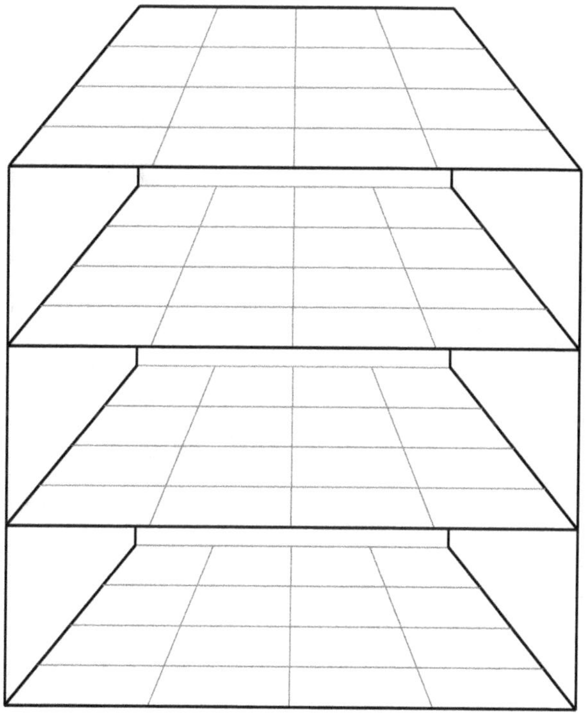

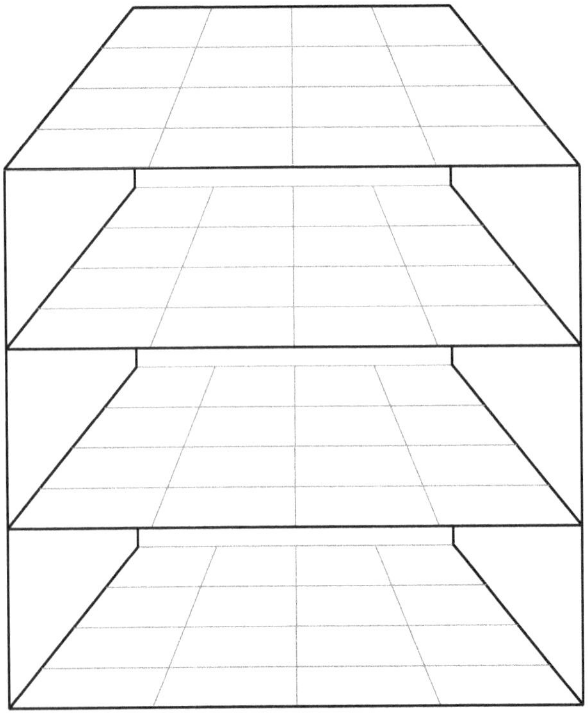
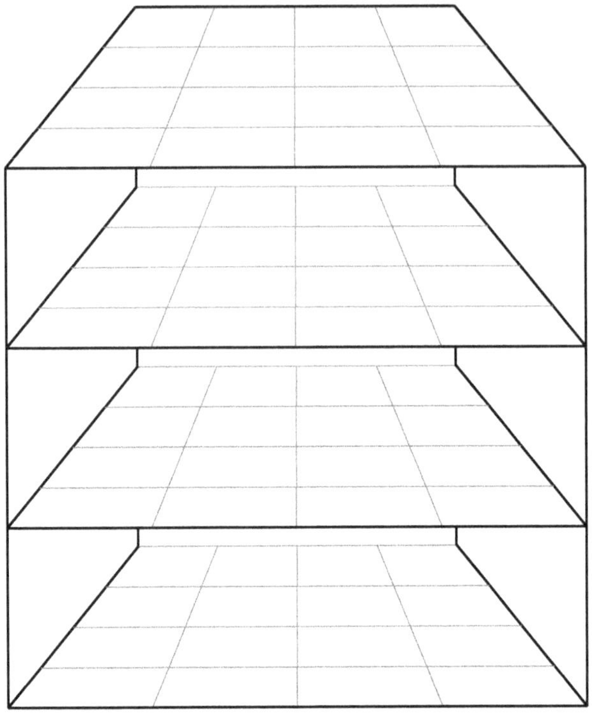
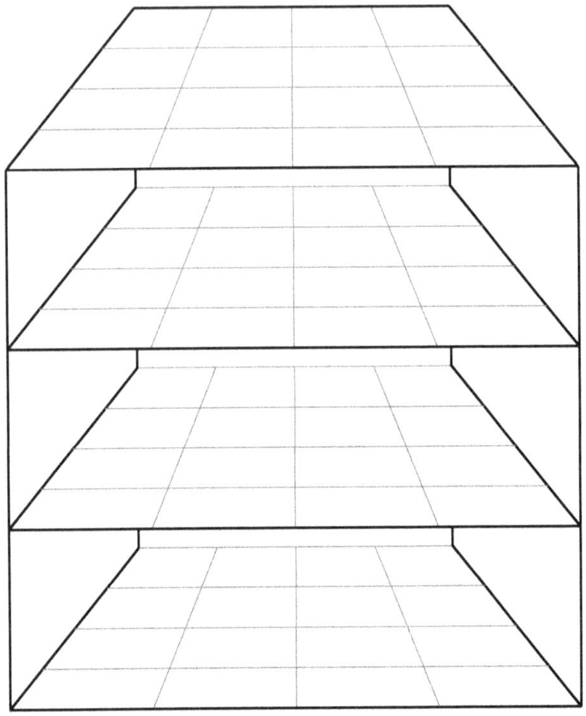
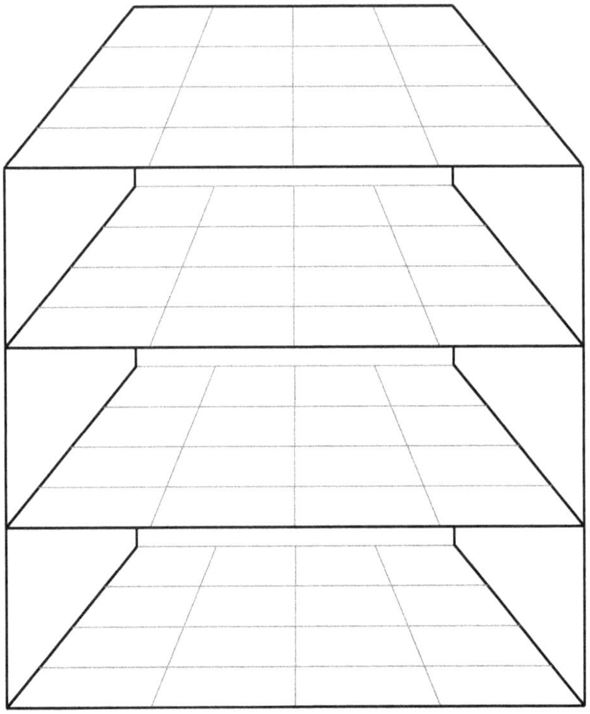

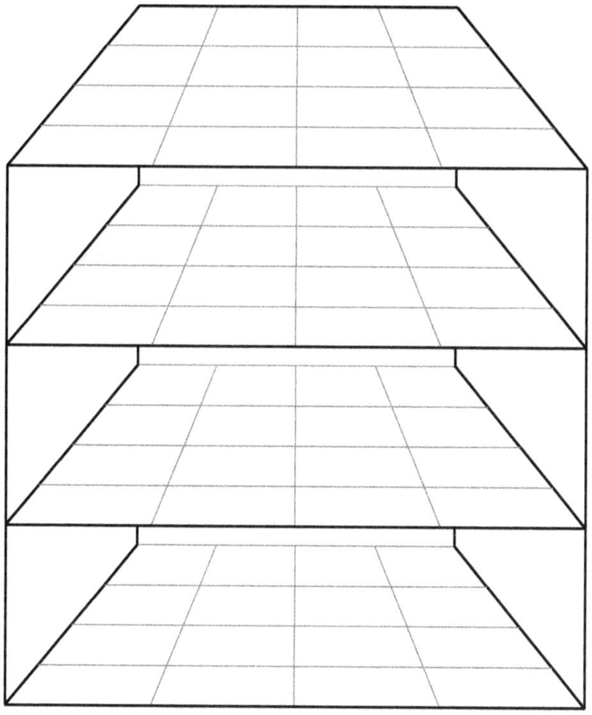
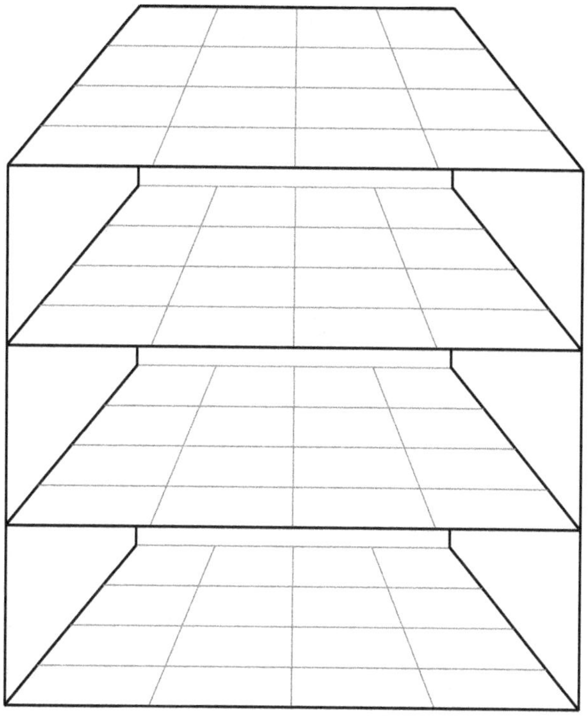
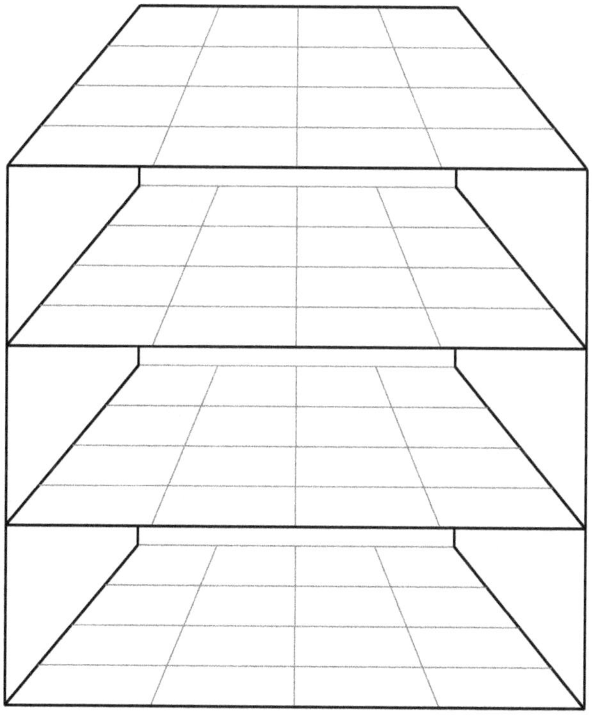
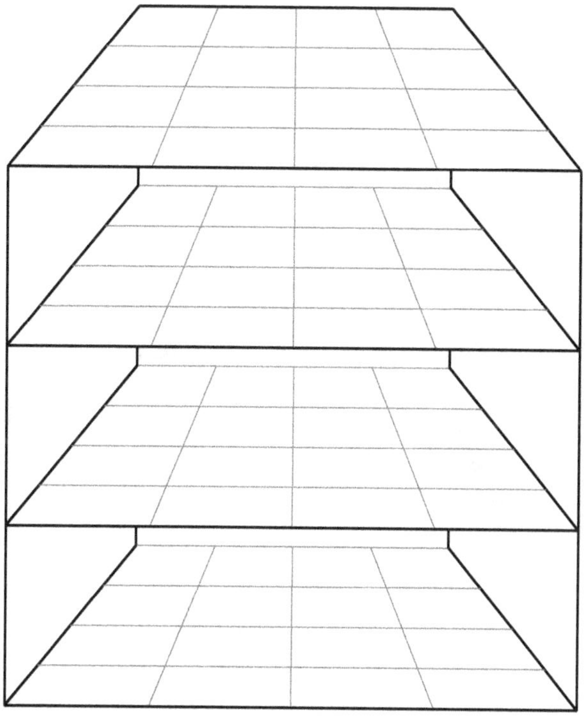

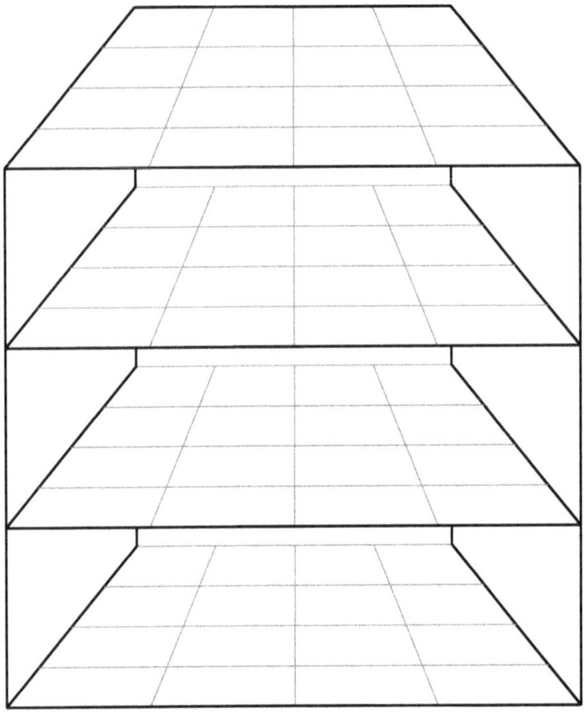
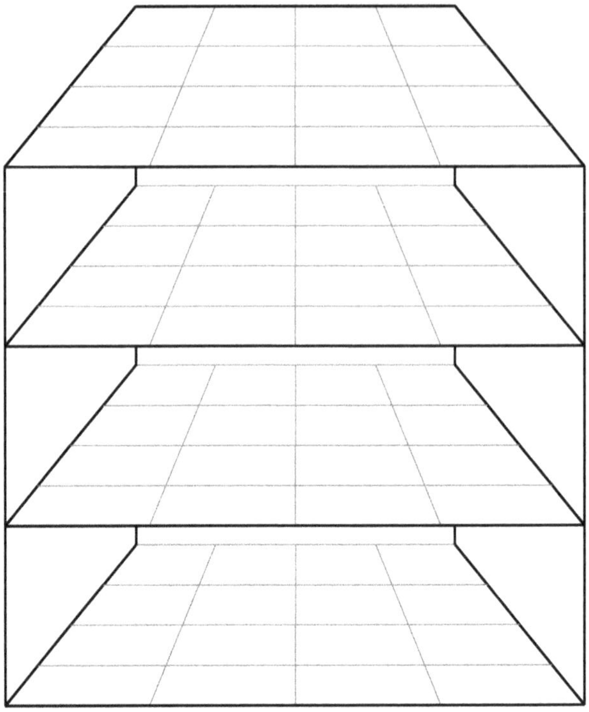
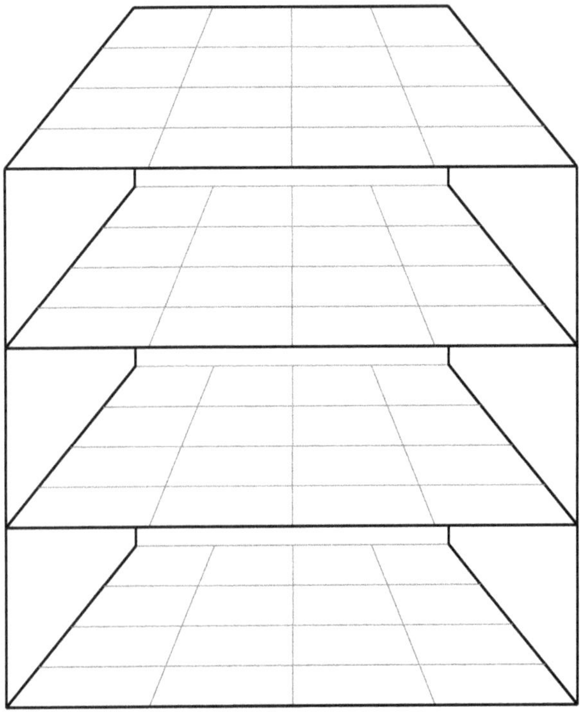
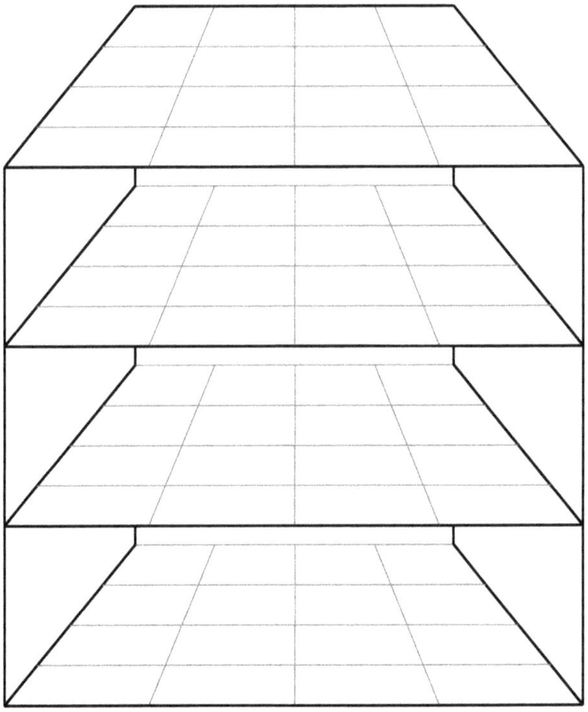

www.ingramcontent.com/pod-product-compliance
Lightning Source LLC
Chambersburg PA
CBHW080538060326
40690CB00022B/5168